與其幻想一切順遂，
不如現在洗洗就睡

痛苦的不是現實，別讓不如意之事影響你！
十招轉念手法，擁抱更美好的生活

韓立儀，張權 編著

人生，不如意事怎麼那麼多！

人在江湖飄，哪能不挨刀，誰能一帆風順到達人生的終點？

十招祕訣教你在面對挫折時，用正向態度迎接人生中的各種挑戰！

目錄

目錄

PART FOUR
當生活布滿陰霾時 —— 日子難過，更要認真度過

目錄

PART FIVE
當跌入人生低谷時 —— 人生沒有過不去的坎

PART SIX
當承受失去的折磨時 —— 感謝自己，可以重新開始

目錄

PART SEVEN
當現實與理想遙遙相隔時 —— 活在當下

PART EIGHT
當情感的堡壘搖搖欲墜時 —— 不要為瞬間的激情迷了雙眼

PART NINE
當心靈開始迷惘時 —— 心盲只會讓你不斷迷失

目錄

PART TEN
當心情備感壓抑時 —— 做心情的主人

前言

　　生於塵世，每個生命都是一個或長或短的過程，而不是結果。在這漫長的生命之旅中，有看透人生的智者；亦有看破紅塵的愚人。在這世界上，有些人之所以沒有拋開一切多餘的東西，去做自己想做的事，是因為總認為自己還會活很久，生命的路還很長。正是這一點的差別，使我們的生命有了品質的不同 —— 有些人，把一生的瑣碎連同諸多苦悶一併帶進了墳墓，而另外一群人，在生命中的陰霾和不如意蒞臨時，則選擇用一顆豁達的心來勇敢面對。

　　法國文豪羅曼·羅蘭（Romain Rolland）曾說：「累累的心靈創傷，就是生命給你的最好東西，因為，每個創傷上面都標示著邁向成功之路的記號。」的確，平靜的湖面，訓練不出精鍊的水手；安逸的環境也締造不出劃時代的英豪。因此，當生命中的諸多不如意與我們不期而遇時，唯有用堅強和坦然的心態度過，才能在垂垂暮年，凝眸生命之時無愧的對自己說：「我不枉來這世上走一遭，短促的生命之旅中，可謂不虛此行。」

　　有個泰國企業家，玩膩了股票後，轉而去炒作房地產。他將自己所有積蓄和銀行貸款全部投資到曼谷郊外一個備有高爾夫球場的 15 棟別墅裡。

　　不料，別墅剛蓋好，時運不濟的他卻遇上了亞洲金融風暴，不但別墅一間未賣出，連貸款也無法償還清。

　　情緒低落的企業家，鬥志全失，他怎能料到，從未失過手的自己，居然會陷入如此困境。

　　有一天，他坐在早餐店裡，忽然靈光一閃，想起太太親手做的美味三明治，他決定要振作起來，重新開始。

　　當他向太太提議從頭開始時，太太也非常支持，還建議丈夫要親自上街叫賣。企業家經過一番深思遠慮之後，終於下定決心行動。

從此，在曼谷街頭，每天早上大家都會看見一個頭戴小白帽，胸前掛著售貨的小販，沿街叫賣三明治。

「一個昔日的億萬富翁，沿街叫賣三明治」的消息很快的傳播開來，購買三明治的人也越來越多，這些人之中有出於好奇的，也有出自同情的，而更多人只是因為三明治的獨特口味，慕名而來。

從此，三明治生意越做越大，企業家也很快走出了人生的低谷。

這個企業家名叫施利華，幾年來，他以堅韌的精神，獲得大家的尊重，後來更被評為「泰國十大傑出企業家」之首。

從施利華的經歷，我們可以得出這樣一個結論：永遠不要向生命中的不如意低頭，只要還活著，生命就有絢爛的機會。而面對這些，我們唯一能做的就是，笑對那些不如意，把沒做完的事繼續做完，把不幸變成幸運，把抱怨轉化為感恩，把失敗轉化為成功。

要相信，上天散布給人間的苦難與月光一樣均等，這世上，沒有一個人活得容易，更沒有一個人整日被鮮花縈繞，既然生命賦予了我們，縱使再多的跌跌撞撞、瑣瑣碎碎，我們也要努力著、抗爭著、堅強著，因為，我們都明白一個道理：生活中有很多不如意，笑一笑也就過去了；想讓平淡的生活蕩起漣漪，認真點，幸運也就來了；想要有位心愛的人來愛自己，自己珍惜，默默的付出也就會如願以償了。

是啊，對於生命，源於生活，總別奢望得太多，只要有堅持到底的勇氣，生命的花總會在那些不如意的洗滌下悄然綻放！

編者

PART ONE
當壓力浸滿身心時 ── 做個硬肩膀的人

生活在這個鋼筋、水泥混合著的繁華都市，壓力總是不期而遇的就光顧我們。當我們感覺自己肩上的擔子越來越沉重時，只要將之視為幸福的負擔，讓自己做個硬肩膀的人，便會贏得生命中更多的機會。

忙，別讓心「亡」

　　曾有人說過這麼一句話：「成功與失敗的分水嶺可以用這五個字來表達──　我沒有時間。」

　　當你面對著沉重的工作任務感到精神與心情緊張和壓抑的時候，不妨抽一點時間出來，讓自己享有片刻的休息，才能使自己的生活有張有弛。

　　記住，戰勝它的最佳辦法是：先放「心」面對，再用「心」解決。

　　凱莉這一天真是「諸事不順」：上班路上認錯了人，尷尬得要命；在辦公室裡手竟被影印紙割了個傷口；更不可思議的是，在這個城市已生活了十幾年，她搭公車居然會坐錯方向，駛過兩站才恍然大悟！

　　她實在是壓力太大了，腦子裡的那根弦一直緊緊繃著，一會是工作，一會是家庭，這件那件的事想個不停，難怪心神不定了。

　　一年才到一半，全年的工作計畫離完成還遠著呢，的確應該多做些嘗試，輕鬆釋放壓力！

　　凱莉常常要為很多事情操心：自己的工作、丈夫的事業、夫妻感情、孩子的成長、父母的健康，這些事情時常占據著她的大腦。

　　另外，還有一大堆讓她不得不尋思的瑣事：公司要的報告今天要是趕不完怎麼辦？下午有個不太想見的客戶要來，晚上還得請他吃飯，明天他要是不走怎麼辦？過兩天要出差，得帶些什麼東西？她不僅擔心的事情多，甚至還要為尚未發生的事情擔心，這怎能不占用精力、耗費時間呢？

　　其實，凱莉完全可以全力以赴的寫完報告，讓其他事情暫時靠邊站，更何況下午的客戶還不一定來，即使來了也可能自己另有安排，完全無須提前緊張。

　　生活中無休止的忙碌就有如那不停往下滴水的水袋，只要你不離開，它就會一刻不停的打擊著你的心靈，不會放鬆的人終將被其擊垮。所以，

我們在工作之餘，應該學會放鬆，學會盡情享受美好人生。

哪怕喧囂的城市，鋼筋水泥構築的快節奏生活，也應適時、適當的放鬆沉重已久的肩膀。

非做不可的事不能太多

由於生活節奏的加快，我們忙忙碌碌的為工作而生活著，或迎接挑戰，或情緒低落，或麻木不仁，或舉止失態 …… 似乎每天都因這些繁瑣之事將生活弄得雜亂無章。

其實，只要合理的分配好時間，妥善的處理好工作與生活，忙碌與休閒之間的關係，你就會減輕壓力而不是承受壓力。更甚，你會感受到生活競爭之外的愜意，這種愜意不是單純享樂，不是消磨時光，而是積蓄力量，為更好的去工作而積蓄無限的活力。

珍·莫尼克是康乃狄克州一家公司的市場部顧問。她對待壓力的觀點是：由生活、工作所產生的心理壓力是不可避免的現代病之一。對待的方法不應是迴避而是正確處理。她常說：「主動、正確的去處理各種問題、困難，你得到的回報是快樂和自信；相反，被動應付的做法則使你疲憊不堪。」

她的有力武器有兩件：第一件是周密的工作計畫，無論你選用電腦或鉛筆和紙來做都無關緊要，重要的是用制定計畫的方法來保持清醒的頭腦，明確先做什麼後做什麼、哪些是最重要的和哪些又是次重要的 ……

「那麼，每天面對一份如此詳盡的工作計畫，你難道不覺得累嗎？」當有人這樣問她時。「噢，不！一點也不！」伴隨著輕鬆的笑聲，珍亮出了她的第二件「武器」：那就是靈活性。「我的計畫本身就具有相當的靈活性，我不僅計劃『要做什麼』，也計劃『可以不做什麼』。」珍不無幽默的說：「比如陪孩子看場足球賽，每月與丈夫外出共進一頓浪漫的晚

餐，這些都沒寫進我的計畫裡，卻是非做不可的，別的事則可以量力而行。記住，『非做不可的事情』不能太多。」

珍就是這樣利用自己的強勁武器，在紛擾的塵世裡，依舊活得自由自在，在擁擠的領域中，她輕鬆的謀得一席之地。

當我們面對繁重的壓力時，想一想，這真的是非做不可的嗎？

人生不是你死我活的戰場，也不必懷著不成功則成仁的決絕，如果你想奔跑，希望你能像電影《阿甘正傳》（*Forrest Gump*）裡的阿甘那樣——「有一天，我忽然想跑步，於是我就跑了起來。」無論道路多長，都跑得興趣盎然；無論多少人追隨，都跑得心無旁騖；有一天不跑了，就轉身而去，也不需管身後多少人嘰嘰喳喳。

有度的壓力才能激發潛力

人生就像一根弦，太鬆了，彈不出優美的樂曲；太緊了，容易斷裂，只有鬆緊合適，才能奏出舒緩且優雅的樂章。進而可以悟出，適當的壓力，不僅是我們發揮潛能的刺激因素，更是讓我們挑戰自我的最佳助力。

大多聰明的人都懂得，適時而適度的壓力是成長的必備養分，更是成就我們亮麗生活的重要元素。

有位名不見經傳的年輕人，第一次參加馬拉松比賽便獲得冠軍，而且還打破了世界紀錄。

當他衝過終點時，許多記者蜂擁而上，不斷的問：「你怎麼會有這樣好的成績？」

年輕的選手氣喘吁吁的回答：「因為，我身後有一匹狼！」

聽他這麼一說，所有的人全都驚恐的回頭張望，當然，他身後沒有什麼可怕的東西啊！

這時，他繼續說：「三年前，我在一座山林間，訓練自己長跑的耐

力。每天凌晨，教練就叫我起床練習，但是，即使我盡了全力練習，卻一直都沒有進步。」

年輕人這時停下腳步，坐在地上繼續說：「有一天清晨，在訓練的途中，我忽然聽見身後傳來狼的叫聲，剛開始聲音很遙遠，但是沒幾秒鐘的時間，就已經來到我的身後，當時我嚇得不敢回頭，只知道逃命要緊。於是，我頭也不回的往前跑，而那天我的速度居然突破了！」

年輕人停下來，喝了一口水後，說：「教練當時對我說：『原來不是你不行，而是你身後少了一隻狼！』我這才知道，原來根本沒有狼，那是教練偽裝出來的。從那次之後，只要練習時，我都會想像自己身後有一隻狼正在追趕，包括今天比賽的時候，那匹狼依然追趕著我！」

如何激發自己的潛能，是許多人追尋的目標。為了發揮潛能，有人隨時調整自己的思考與習慣，讓自己面對更多的挑戰，並不斷的突破自己。

更有人把「吃苦當作吃補」，從各種挫折中，發揮堅毅的生命力，展現驚人的創造力。

每個人都要隨時想像自己的身後有一匹狼。只有當適當的壓力適時的蒞臨時，才能賦予予我們生命更新穎的意義，才能讓潛力發揮到極致，而我們的世界也會因此而精彩絕倫。

放下，是成功的預言

生命的品質從來都是以人所做的事，而不是以人度過的光陰來衡量的。

法國文豪大仲馬（Alexandre Dumas）所言：「一個人活在世上，應該有與命運較量的勇氣，有創造一番事業的雄心。」所以，這世上不乏諸多為了能過上「好生活」創造「大事業」，而整日奔波勞累之人，他們盲目的在浮華之中追逐著。

　　如果你被生活的重擔壓得喘不過氣來，不喜歡現在這種缺乏信心的窩囊樣子，不妨換個角度，先改變自己，再找回你的信心。

　　人生有時候就像棒球比賽，每個人都可以是優秀的投手，球在你手上，想丟出什麼速度和變化，操之在你，只要你信心重建，戰勝敵手肯定遊刃有餘。

　　在 1976 年舉行的大聯盟棒球賽中，球迷都對一支球隊充滿信心，認為他們一定能贏得總冠軍，因為他們擁有許多出色的打擊手。

　　但是，事情卻出乎意料，這支球隊場場敗北，在上半季比賽中連輸了18 場。於是，投手責怪捕手，捕手埋怨一壘手，一壘手又責怪游擊手，結果大家互相埋怨，整個隊陷入一片混亂。

　　球隊的經紀人歐瑞利，清楚的知道這個團隊所具備的實力，發現他們屢屢戰敗的原因是由於心態不正，壓力讓他們悲觀、消極的情緒蔓延，於是歐瑞利開始尋找醫治這種心病的良方。

　　那時，在達拉斯有一個叫史洛特的知名牧師，當地信徒盛傳他有特異功能，可以治好很多疾病，於是歐瑞利突然想到了一個計畫。

　　在某次比賽還有一個小時就要開始時，歐瑞利採取了行動。

　　他興奮的衝進了球員休息室，對球員們說：「夥伴們，我想出了獲勝的辦法；你們不必再擔心了，把你們最好的兩支球棒給我，我會在比賽開始之前趕回來，今天的比賽我們一定能贏。」

　　他從每個球員那裡拿走了兩支球棒，然後匆匆離開。

　　在距離比賽開始還有五分鐘的時候，他興奮的回來了，高聲說：「夥伴們，問題已經解決了，大家不用擔心。我已經請史洛特先生為我們的球棒祈禱了，他說，我們只要走進本壘，用力揮棒就能擊中球心，今天的比賽我們一定能贏，最後的冠軍也一定屬於我們。」

　　結果，當天球隊的成績是 22 分，擊出 37 個安打，其中還包括 11 個

全壘打。他們不但贏了那場比賽，而且後來也以輝煌的戰果贏得了總冠軍獎盃。

事實上，歐瑞利什麼事也沒做，只是開著車到外頭閒逛，但他的說辭和逼真的演技對那些球員的態度產生了很大作用。

心病還須心藥醫，這是自古以來一貼強有效的藥方，為多種心理症狀族群所適用。

沉重的負荷只會讓心靈累積更多的重壓，聰明的人，不會迷茫的為自己製造無形的壓力，而懂得輕鬆放下，對，放下那些瑣瑣碎碎。因為，他們明白：「放下，預示著成功。」

抖落一身「泥沙」

生活是一種選擇，你選擇什麼，你就得到什麼。幸福是一種心態，坦然的人，從來都是生活中的上流之輩；固執的人或許會淪為生活的無奈之徒。

生活中，你若只懂得為自己締造壓力，注滿「泥沙」，那陰霾就會光顧你。其實壓力也是一種生活的正常現象，它攬括了我們生活的一部分，每個人每天都會經歷。

當壓力無法抒解時，不能承受的人可能會在瞬間做出傷害自己或傷害他人之舉動，更嚴重的會備受精神的折磨，乃至終日委靡不振，彷徨不安。事實上，只要留意以往發生的悲劇，就不難發現當中有不少源頭都是來自壓力。

要避免發生悲劇，便要懂得如何面對壓力，承受壓力，以致抒解心情來應付那來無影去也無蹤的壓力。

有一天某個農夫的一頭驢子，不小心掉進了一口枯井裡，農夫絞盡腦汁想辦法救出驢子，但幾個小時過去了，驢子還在井裡痛苦的哀嚎著。最

後，這位農夫決定放棄，他想這頭驢子年紀大了，也不值得大費周章去把牠救出來，不過無論如何，這口井還是得填起來。於是農夫便請來左鄰右舍幫忙一起將井中的驢子給埋了，以免除牠的痛苦。農夫的鄰居們人手一把鏟子，開始將泥土鏟進枯井中。

當這頭驢子了解到自己的處境時，剛開始哭得很淒慘。

但出人意料的是，一會之後這頭驢子就安靜下來了。農夫好奇的探頭往井底一看，出現在眼前的景象令他大吃一驚：當鏟進井裡的泥土落在驢子的背部時，驢子的反應令人稱奇 ── 牠將泥土抖落在一旁，然後站到鏟進的泥土堆上面！

就這樣，驢子將大家鏟倒在牠身上的泥土全數抖落在井底，然後再站上去。很快的，這隻驢子便得意的上升到井口，然後在眾人驚訝的表情中快步的跑開了！

就如驢子的情況，在生命的旅程中，有時候我們難免會陷入「枯井」裡，各式各樣的「泥沙」會傾倒在我們身上，而想要從這些「枯井」脫困的祕訣就是：將「泥沙」抖落掉，然後站到上面去！

事實上，我們在生活中所遭遇的種種壓力就是加諸在我們身上的「泥沙」。然而，換個角度看，它們也是一塊塊墊腳石，只要我們鍥而不捨的將它們抖落掉，然後站上去，那麼即使是掉落到最深的井裡，我們也能安然的脫困。

本來看似要活埋驢子的舉動，由於驢子處理厄運的態度不同，實際上卻幫助了牠，這也是改變命運的要素之一。如果我們以肯定、沉著穩重的態度面對困境，助力往往就潛藏在困境中。一切都決定於我們自己，我們應該學習放下一切得失，勇往直前邁向理想。我們應該不斷的建立信心、希望和無條件的愛，這些都是幫助我們從生命中的枯井脫困並找到真實自己的工具。

生活的彎曲藝術

　　亞里斯多德說，生命的本質在於追求快樂，使得生命快樂的途徑有兩條：「第一，發現使你快樂的時光，增加它。第二，發現使你不快樂的時光，減少它。」

　　說得多好，可是，生活中，我們又是如何做的呢？非但不選擇輕鬆快樂的活法，反而為了一些原本可以不屑一顧的東西，在跌跌撞撞中鑽著牛角尖，往死胡同裡放肆的擠，最後弄得自己疲憊不堪。

　　其實，何必那麼苦又累呢？當你很累了的時候，先彎下腰去，歇一會，待自己卸下一身沉重的包袱後，再重新起身去面對生活，這就是所謂生活的彎曲藝術。

　　加拿大的魁北克有一條南北走向的山谷，山谷沒有什麼特別之處，唯一能引人注意的是它的西坡長滿松、柏、女貞等樹木，而東坡卻只有雪松。這一奇異景觀是個謎，許多人不明所以，試圖找出原因，卻一直沒有得出令人滿意的結論。揭開這個謎的是一對夫婦。

　　那是 1983 年的冬天，這對夫婦的婚姻正瀕臨破裂的邊緣。為了重新找回昔日的愛情，他們打算做一次浪漫之旅，如果能找回當年的愛就繼續生活，如果不能就友好分手。當他們抵達這個山谷的時候，鵝毛大雪飄零而至，他們架起帳篷，望著漫天飛舞的雪花，他們發現由於特殊的風向，東坡的雪總比西坡的雪來得大、來得密。沒多久，雪松上就積落了厚厚的一層雪。不過當雪積到一定的程度，雪松那富有彈性的枝椏就會向下彎曲，直到雪從枝椏上滑落下去。這樣反覆的積，反覆的彎，反覆的落，雪松依然完好無損。可其他的樹，如那些松樹，因為沒有這個本領，樹枝被壓斷了。西坡由於雪小，總有些樹挺了過來，所以西坡除了雪松，還有松、柏和女貞之類的樹木。

　　於是妻子對丈夫說：「東坡肯定也長過很多雜樹，只是由於它們的枝

條不會彎曲，所以它們才都被大雪摧毀了。」

丈夫點頭稱是。少頃，兩人像突然明白了什麼似的，相互吻著擁抱在一起。

丈夫興奮的說：「我們揭開了一個謎 ── 對於外界的壓力要盡可能的去承受，在承受不了的時候，學會彎曲一下，像雪松一樣讓一步，這樣就不會被壓垮。」

時下是一個競爭激烈，充滿壓力的時代。學生有課業升學的壓力；工作者有失業再就業的壓力；公務員有優勝劣汰的壓力；商家有市場競爭的壓力；就連退了休的人也有壓力，有孤獨的壓力，有疾病的壓力。

人們之所以會產生壓力，是由於一個人的某些需求、欲求、願望遇到障礙和干擾時，從而引發出心理和精神的不良反應。壓力如同「水可載舟，也可覆舟」一樣，既有好的一面，也有壞的一面。如果能把壓力變成動力，壓力就是蜜糖；如果把壓力憋在心裡，讓它無休止的折磨自己，那就是砒霜。

生活中我們承受著這些來自各方面的壓力，累積起來終將讓我們難以承受。這時候，我們需要像雪松那樣彎下身來，釋下重負，才能夠重新挺立，避免壓斷的結局。彎曲，並不是低頭或失敗，而是一種彈性的生存方式，是一種生活的藝術。

確實，彎曲不是倒下或毀滅，它是人生的一門藝術。我們講進退順其自然，並不等於一切聽天由命。如果退是為了以後的進，暫時放棄目標是為了最終實現目標，那麼這退本身就是進了，這種退是一種進取的策略。

忙裡豈能不偷閒

泰戈爾（Rabindranath Tagore）在《漂鳥集》（*Stray Birds*）中寫道：「休息之隸屬於工作，正如眼瞼之隸屬於眼睛。」不會休息的人不會工

作，更不會生活。

而人生就似登山，並不是為登山而登山，而應著重於攀登中的觀賞、感受和互動，若忽略了沿途風光，也就不會體會到其中的樂趣。人們最美的理想、最大的希望便是過上幸福生活，而幸福生活是一個過程，不是忙碌一生後才能到達的頂點。

緊張的工作總會帶給人們「泰山壓頂」之感，久而久之必使身體受損，科學研究證明，人們的各種疾病無不與緊張有關，緊張已日益成為威脅人類健康的殺手。

一位卓越的企業家每天承擔龐大的工作量，可是沒有一個人可以分擔他的一點業務。在整日的繁重的工作之餘，他每天還得提著一個沉重的手提包回家，包裡裝的都是必須由他親自處理的急件。

緊張勞累的工作，使得這位企業家身心疲憊不堪，他不得不去醫院進行診療。醫生開了一個處方給他：每天散步兩小時；每星期空出半天的時間到墓地一趟。

這位企業家對此迷惑不解：「為什麼要在墓地待上半天呢？這與我的身體健康有什麼關係嗎？」「因為 ……」醫生不慌不忙的回答：「我只是希望你四處走一走，瞧一瞧那些與世長辭的人的墓碑。身處墓地時，你仔細思考一下，他們生前也與你一樣，認為全世界的事都得扛在自己肩上，如今他們全都長眠於黃土之中，也許將來有一天你也會加入他們的行列。然而整個地球的活動還是永恆不斷的進行著，而其他世人則仍是如你一樣繼續工作著，絲毫不會因為誰而改變什麼。整個世界年年月月就如此循環著，永無止境。」

企業家領悟了其中的道理，生命的意義不在於緊張、忙碌，應適當放鬆、緩解，有了放鬆的身心，生活才過得更有意義，更加美好。

從醫院回來後，企業家放慢了以往匆忙的腳步。沉重的手提包，在上

班時間一過，就被他慎重的擱下，晚飯之後，他會攜同妻兒一起散步，按照醫生的叮囑，也會抽出一些時間去墓地冥思。當他投身於這一切時，他感受到彷彿有人在靜靜聽他訴說那不堪負重的壓力，安慰他那壓抑的心靈。從前那種累累重壓的苦悶也被驅除了，這種輕鬆的心態也使得這位企業家在事業上平步青雲，在生活中樂觀開朗。

百忙之中的你，一定不要忘了忙裡偷個閒，讓自己的心境放個假，讓它充分享受放鬆帶來的愉悅。別總以為把心裝得滿滿的就是一種充實，其實卸下心靈的負荷更是一種幸福。

人生如果失去了閒暇，只是工作，為活下去而拚命工作，還有什麼情趣可言？為自己留點時間輕鬆一下，生活才會多姿多采。置身大自然，漫步山水間，任我心自由自在的馳騁，讓人在物我兩忘的意境中，將天地萬物置於空靈之中，這是何等的快意，何等無拘無束的心境啊！

衝破時間的壓力

忙碌是那些不懂得支配時間的人習慣尋找的藉口，那不是時光匆匆流逝的現象，而是我們浪費太多時間的事實。

妥當的安排時間，調整好心態，就能夠更好的適應生活節奏，不管生活節奏有多快，工作有多麼緊張，人們都不要被時間給壟斷住，被它所困。但是，時間施加給人們的壓力，具有一定的危害性。適當的壓力說不定能幫助我們中的某些人成為奧運冠軍，但過度的壓力卻可能將另一些人逼上絕路。合理的使用時間，為自己贏得時間上的自由度。

疲憊的你，是否應該為了自己，把時間安排妥當些呢？

王明在一家知名外商工作，他懷疑自己得了健忘症。和客戶約好了見面時間，可放下電話就搞不清楚是 10 點還是 10 點半，說好一上班就發傳真給客戶，可一進辦公室忙別的事就忘了，直到對方打電話來催 …… 王

明感覺，自從半年前進入公司後，陀螺一樣天旋地轉的忙碌，讓他越來越難以招架，快撐不住了。

　　「那種繁忙和壓力是原先無法想像的，每人都有各自的工作，沒有誰可以幫你，我現在已經沒什麼下班、上班的界線，常常加班到 10 點，把自己搞得很累，有時想休假，可假期結束後還有那麼多的工作，而且因為休假，手頭的工作會更多。」其實，在實際工作當中，類似於王明這種情況時常發生，尤其是在外商高薪收入的工作人員。

　　工作時間施加給人的壓力，很容易造成一些病症的發生，如果你有上述病症，那麼，你也許也患上了壓力病：我們每個人都不要忽視壓力所產生的危害性，壓力過重，在生理上容易導致高血壓和心臟病，很有可能致命。輕些的包括失眠、持續性的疲勞感、頭痛、皮疹、腸胃不適、潰瘍結腸炎、食欲下降、暴飲暴食或痛性痙攣，這些反應常會在受到某種壓力後一段時間才表現出來。另外一些會立刻表現出來，諸如噁心、呼吸困難或是口乾舌燥。

　　如果你得了壓力病，要注意適當休息，並檢查一下自己的工作時間是否安排妥當，時間是否利用得合理有效，要科學的安排一下時間。

　　超高速運轉的車撐不住；繃得過緊的琴弦容易斷；發條永遠上得十足的錶走得不會久；心情日夜緊張的人易生病。

　　如果時間安排得井井有條，在什麼時間做什麼事，工作起來才能從容不迫，有條不紊，有序進行，才不會感覺有負擔，心情才能放鬆。在輕鬆的心情下工作，即使是工作緊張，肩負的擔子很重，也不會覺得疲憊。

　　你沒時間嗎？你是真的沒有時間，還是根本不懂分配時間呢？別急著一股腦的往前衝，留點空間和時間休息，或停下腳步重新評估、審查，這樣你才不會衝過了頭，讓自己一不小心掉入壓力的萬丈深淵之中。

　　生活中的你，不管有多忙，多累，只要調整好自己，適當的把時間安排好，就能減輕時間的壓力。

讓心底的光照亮夜行的路

　　生命就是這樣，從來沒有人一生坦途而歸，總會有壓力偶然侵襲。我們完全有權選擇對待生命的態度，在壓力面前，要麼使自己崩潰，要麼，亮起心中的明燈堅強的度過。

　　只要充滿希望就會有扭轉的機會，因為充滿希望是恐懼感的對立面，它們能鼓勵你知難而進。消極的力量，如緊張、壓力等都會使身體衰弱，而積極的力量，如快樂、愛情、信念、歡笑、希望等都能產生相反的作用。

　　沒人能斷言我們戰勝自身消極情緒的能力，不會引起我們身體內部生物化學的積極變化。我們完全能夠安排自己的生活，去求得生存。

　　日本著名的豐田汽車公司的締造者石田退三，幼年時家庭環境很差，他就到京都的一家家具店當店員。在家具店工作了 8 年，由朋友的母親介紹，到彥根去做贅婿。入贅後才知道太太家沒有一點財產，他感到大失所望。

　　生活逼人，他就把新婚太太留在彥根，一個人到東京一家店裡當推銷員，實際上是推著車子去推銷貨品的小販。這樣咬緊牙關做了一年多，身體終於支撐不住了，於是就離開這家店回到妻子家。

　　然而，在這裡等著他的並不是溫暖和安慰，而是鄙視的目光和令人難堪的日子，是更加沉重的壓力攻擊。「沒有用的傢伙！」周圍看他的目光是如此，岳母更是絲毫不留情。她說：「我還沒有看過像你這樣沒有用的人。」他氣得眼前一陣陣發黑，幾乎要暈倒，步履艱難的過了幾個月後，他終於承受不了這些沉重的壓力，被逼得想自殺。他抱著黯淡的心情，前去「琵琶湖」自殺時，忽然間恍然大悟，他猛然抬起頭來：「像我如此沒有用的人應該非死不可。但如果我真有跳進琵琶湖的勇氣，為什麼不拿這勇氣來面對現實，奮力拚搏，打開一條出路呢？我該盡最大的努力，奮

發圖強，克服重重困難，做出轟轟烈烈的事業給鄙視我、不斷對我施加無盡壓力的人看才是。」

石田奮然的站起來，一股強大的力量在他體內激盪。他不再滿臉愁容了，於是搭上了回家的火車。從此，他不再自憐自嘆，他讓別人介紹他去一家服裝商店當店員。在這裡，他重新鼓起奮鬥的勇氣，把憂愁化為力量。

40歲時，他到豐田紡織公司服務。他不怕艱難，刻苦奮鬥，全力以赴的投入工作。對他處事得當的能力，一絲不苟的精神，豐田公司的創業者豐田佐吉大為賞識。石田在50歲時，豐田就派他任汽車工廠經理，53歲時，公司就把經營的大權交給了他。

石田感慨的說：「人生就是戰場，你要在這戰場上打勝仗的唯一法寶，便是鬥志和努力。」

要是沒有那些周圍的冷言冷語，要是沒有那場自殺，要是沒有那次自殺前和自己的對話，要是自己沒能頂住那些壓力的話，石田退三要麼命沉「琵琶湖」，要麼如今還是個默默無聞小職員，那今天豐田的狀況又怎麼樣呢？

我們要理解生命的意義，要珍惜生命的內涵，要舒緩生命的壓力，創造生命的價值。

不管漫漫黑夜有多長，走過去了，就能迎接光明。在「無盡」的夜裡，讓自己的心底深處升起一盞希望之燈，讓它照亮你前行，直到看到光明。

學會隨遇而「安」

世上本無事，庸人自擾之。生活中本來就充滿酸甜苦辣。

生而為人自然要體驗百味人生。既然已經選擇生活，就應寵辱不驚，

閒看庭前花開花落；去留無意，漫隨天外雲卷雲舒。

在人生中，不應該逃避生活，在奮鬥的過程中應保持一顆平常心，坐看雲起，一任滄桑，就會活得愜意。

然而我們之中卻少有人懂得或體會個中含意，於是只會在黑暗中哭泣，在陽光下才敢現出活力。殊不知接著黑暗而來的就是燦爛的黎明，接著光明而來的也將會是深沉的黑暗。光明與黑暗一樣短暫，也一樣可以是我們人生旅途中絢麗的風景。只要我們能靜下那顆浮躁的心，「天下萬物皆如此」的看，我們將會知道：不用強求，該來的很快就會到來，無須為自己施加壓力，順其自然。

三伏天，禪院的草地枯黃了一大片。「快撒點草種子吧！好難看哪！」小和尚說。

師父揮揮手：「隨時！」

中秋，師父買了一包草籽，叫小和尚去播種。

秋風起，草籽邊撒邊飄。「不好了，好多種子都被吹飛了。」小和尚喊。

「沒關係，吹走的多半是空的，撒下去也發不了芽。」師父說：「隨性。」

撒完種子，跟著就飛來幾隻小鳥啄食。「要命了，種子都被鳥吃了！」小和尚急得跳腳。

「沒關係，種子多，吃不完！」師父說：「隨遇。」

半夜一陣驟雨，小和尚早晨衝進禪房：「師父，這下真完了，好多草籽被大雨沖走了！」

「沖到哪裡，就在哪裡發芽！」師父說：「隨緣！」

一個星期過去了，原本光禿的地面，因為沒有過多的壓力所局限，居然長出許多青翠的草苗。一些原來沒播種的角落，也泛出了綠意。

小和尚高興得直拍手。

師父點頭：「隨喜！」

老和尚凡事講究一個「隨」字。但隨不是盲從，不是消極，而是順應事物發展的自然規律，不怨天尤人，不悲觀失意。

生活中不會一切都圓圓滿滿，不要幻想在生活的四季中都享受春天，每個人的一生都注定要跋涉溝坎，品嘗苦澀與無奈，經歷挫折與失意。

當遇到溝坎時，我們首先是要想辦法通過，而不能只是「望坎興嘆，束手無策」。那只會徒增自己的苦惱。嘗過苦澀時，不要只是急著想丟掉，因為往往「苦」盡「甘」會來。當我們遇到挫折與失意，更加不能就此悲觀絕望，誰能說它不是通向成功的必經之路，必勝之前提呢？柳暗花明又一村啊！

所以，「兵來將擋，水來土掩」，我們要學會遇到什麼情況就正確面對什麼情況，如此隨遇而「安」，我們就可以活得輕鬆，過得逍遙。

苦盡甘來終有時

生命之中，不被壓力和繁瑣之事壓垮，且能在生活中活得悠然自在，才算是會生活之人。有人說，相對論不是科學定律，是人文邏輯。因為有哭就有笑，有緊必有鬆。如此，為何不能輕鬆面對那些看似壓力實則考驗的人生經歷呢？

有個商人因為經營不善而欠下一大筆債務，由於無力償還，感覺自己承受的壓力無比沉重。在債權人頻頻催討下，精神幾乎崩潰了，他因此萌生了結束生命的念頭。

於是，他抱著那樣的念頭，獨自去到親戚的農莊拜訪，心裡打算在僅有的時間裡，享受最後的恬靜生活。

當時，正值八月瓜熟時節，田裡飄出的陣陣瓜香吸引了他。守著瓜田

的老人見他到來，便熱情的摘了幾個瓜果，請他品嘗。不過，心情仍然低落的他，一點享用的心情也沒有，但是又無法拒絕老人家的好意，便禮貌的吃了半個，並隨口讚美了幾句。

老人家聽到讚揚，顯得異常欣喜，於是他開始如數家珍的向商人訴說起自己種植瓜果所付出的心血與辛苦。

老人家仔細的訴說種瓜的過程：「四月播種，五月鋤草，六月除蟲，七月守護……」

原來，他大半生都與瓜秧相伴，流了不少汗水，也流過許多淚水。曾經就在瓜苗剛出土時，便遭遇旱災，但是為了讓瓜苗得以成長，老人家還是堅持每天來回挑水澆灌它們，儘管烈日炎炎，他也不覺得辛苦。

又有一年，就在正要收穫時，一場冰雹來襲，打碎了豐美的瓜果，也打碎了他的豐收夢；還有，有一年金黃花朵開得相當茂盛，然而，一場洪水卻讓一切都泡了湯……

老人樂觀而堅定的說：「人和老天爺打交道，少不了要吃些苦頭或受點氣，但是，只要你能低下頭，咬緊牙，挺一挺也就過去了。因為，最後瓜果收穫時，仍然全部都是我們自己的。」

老人又指著纏繞樹身的藤蔓，對著憂鬱而絕望的商人說：「你看，這藤蔓雖然看上去活得輕鬆，但是它卻是一輩子都無法抬頭呢！只要風一吹，它就彎了，因為它不願靠自己的力量活下去。」

這番話讓商人忽然醒悟了過來，他吃完手中剩下的半個瓜果，在瓜棚下的椅子上放了 1,000 元，以示感激，翌日便邁著堅定的步伐離開了農莊。

五年後，他在城市裡重新崛起，並且成為一個現代化企業的龍頭。

生活往往就是這樣：在關閉面前的那扇門後，卻在另一邊為你打開一扇窗。如果你不善發覺，而只是在那扇已關閉的門前痛哭流涕乃至絕望，

那你還將錯過窗子外面那美麗的風景。

　　所以，當我們備受生活壓迫時，一定不要輕易就低頭認輸，就算已被壓得完全倒下，也要立即站起來，拍拍手，拂拂塵，堅定而執著的繼續向前走 …… 這樣我們才不會因為一個人生的不如意，而放棄了將人生進行得更美的機會。

做個硬肩膀的人

　　生命中的壓力，並不是阻礙我們前進的絆腳石，也不是束縛你飛越的鎖鏈。它是一杯酒，促使你去調劑百味的人生；它是一劑藥，鞭策你去填補心靈的空白；它是一張相片，引領你去回顧走過的路。

　　當肩膀上的擔子比以前稍有加重時，或許那正表示你的成就也將越來越高。這是幸福的負擔，還是沉重的負擔，關鍵在於我們自己如何看待。

　　肩上的擔子挑得太輕，一個人的責任感與能力自然顯得微不足道了。

　　機會只會降臨肎一肩挑起重擔的人身上，唯有做個硬肩膀的人，你的肌肉才會越挑越健壯。

　　亞倫一直覺得自己的生活壓力很沉重，為了尋求解脫的方法，他前去向一位知名學者請教。

　　這位學者，交給亞倫一個竹簍子，還要求他背在肩上，接著指著眼前的一條石頭路說：「你每走一步，就撿一顆石頭放進竹簍去，看看有什麼感覺。」

　　沒多久，亞倫走到石頭路的盡頭，這時學者便問他感覺如何。

　　亞倫頓了頓，接著嘆了口氣說：「感覺肩上越來越沉重啊！」

　　學者點了點頭，說：「這也就是為什麼你的生活會越來越沉重的原因。我們來到這個世上時，每個人其實都背著一個空簍子。生命開始後，我們每走一步，便會把我們想要的東西拾起來，並放進簍子中，所以我們

便會越來越累，雙肩也越來越沉重。」

亞倫問：「那麼，有什麼方法可以減輕這個沉重呢？」

學者反問他：「那你願意捨棄工作、愛情、家庭或友誼嗎？」

亞倫聽到後，低下頭，沉默不語。

學者接著說：「既然不願意捨棄，就應該坦然承受，適度為自己放鬆。你的生活壓力真的那麼沉重嗎？也許你應該慶幸自己不是總統，因為他的簍子比你的大，也比你的沉重啊！」

從出生開始，我們就有各式各樣的困難要面對，不管是適應新環境，還是求生存，每通過了一場挑戰，我們便會成長一分，之後，下一個新的考驗又會接踵而來。

人生皆是如此，沒有人躲得過這些必須承受的壓力，即使含著金湯匙出生的孩子，也有他必須面對的難題，因為這叫人生。

為了生活，我們必須工作；為了家庭，我們得養活家人；為了友誼，我們必須公關交流。每件事都有其關聯性，而我們肩上的擔子，會因此而不斷加重分量。但是，這些都只是生命賦予你的甜蜜的負擔。

成就越大的人，與他們連結在一起的人事物也會越多，所以他們必須承受的壓力也越大。不過，那是他們的回饋，也是上天賜予的機會。

那些沒有硬肩膀的人，連自己的生活擔子都不肯挑了，誰又敢委以重任呢？

任何磨練都是成功的基石

生命注定要承受更多的痛苦和挑戰，更少不了襲滿周身的壓力。即使今天安逸，明天也許會有壓力和痛苦接踵而至。生於憂患，死於安樂。面臨挑戰的生活經歷可以使你的靈魂得到鍛鍊和成長，可以給予你好運氣和福氣。如果極力逃避，自然就得不到其中隱藏的好運和福氣。

誰都會有承受壓力的過程，但更多的人是被它打擊得面目全非。

其實，這時只要我們鍥而不捨的將它視為生命裡不可或缺的養料，就像安然承受雨後霓虹的絢麗多彩。

辛蒂·克勞馥（Cindy Crawford）是美國著名的模特兒。她小時候是個非常喜歡大自然的孩子，一有時間就會往公園或森林裡跑。

讀小學的時候，她會在課餘時間收集棕色蛾繭，等到春天來臨之時，她便可以看見小蛾們從蛹中掙扎出來。每當她看見小生命出生的情景，心中總是充滿了感動。

有一次，她看見一隻小蛾慢慢的從蛹裡爬出來，但是，卻非常辛苦的撥弄身上的絲繭。心生不忍的小克勞馥見狀很想為牠分擔一些壓力，於是便找了工具，幫牠把纏繞在身上的那些細絲剪斷。

當她把絲繭處理乾淨後，小蛾卻死了。

傷心的小克勞馥難過的大哭起來，不知道為什麼結果會是這樣。

母親聽見女兒的哭聲，便急忙跑過來，等她把事情始末搞清楚後，便輕輕拍著女兒的肩膀說：「我的小寶貝，當小蛾從繭裡出來時，必須有一段生命的搏鬥經驗啊！因為只有這樣，牠才能將身上的廢物排除乾淨，否則廢物一旦留在牠的體內，會造成牠先天不足而死亡啊！」

小克勞馥抹了抹眼淚，認真仔細的聽媽媽的解釋，明白的點了點頭。

隨著年歲的增長，她也慢慢的體會到，人也像小蛾一樣，一旦失去了奮鬥的目標，生命就會變得軟弱無力，承受不住任何風吹雨打，生存機會自然也會慢慢的消失。

所以，克勞馥從未懈怠過，她不斷提醒自己必須勤奮努力，必須適宜的承受有壓力的過程，最終，她終於成為世界名模的翹楚！

把壓力呼出去，把動力吸進來，就必須改變態度。當你面對無法擺脫的壓力時，就應該反覆的對自己說：「這是對我的挑戰和考驗。」「這是

催促我努力學習、積極工作、奮發向上的動力。」只要換個角度去思考，態度一改變，壓力很快就能減輕。一個人不但要學會「卸壓」，有時還要善於「增壓」。

因為壓力是孕育成功的土壤，只有在沉重的現實面前，壓力才能將潛能激發出來。有時人太幸運了，太安逸了，太一帆風順了，就會離開壓力的「哺育」，痛苦的「滋養」，變得毫無追求，蒼白暗淡。如果你現在就未老先衰，駐足不前，失去了必要的壓力，有一天你會發現自己身後原來只是一片懸崖。

在苦難面前自強不息，一定可以贏得成功和幸福

每年過生日的時候，在吹蠟燭前，你都許了什麼願望？

過著幸福快樂的日子，還是有個成功的未來？

然而，人的一生難免會遭受很多的苦難，無論是與生俱來的殘缺還是慘遭生活的不幸，唯有在面對苦難時，自強不息，才能贏得笑聲、贏得成功，贏得幸福。

在他 8 歲那年，曾意外遭遇一場爆炸事故，致使雙腿嚴重受傷，而且腿上沒有一塊完整的肌膚。醫生曾斷言他此生再也無法行走。然而，他並沒有哭泣，而是大聲宣誓：「我一定要站起來！」

他在床上躺了兩個月之後，便嘗試著下床了。他總是背著父母，拄著父親為他做的那兩根小拐杖在房間裡挪動。鑽心的疼痛把他一次次擊倒，他跌得遍體鱗傷，卻毫不在乎，因為他堅信自己一定可以重新站起來，重新走路奔跑。幾個月後，他兩條傷腿可以慢慢屈伸了。他在心底默默為自己歡呼：「我站起來了！我站起來了！」

他又想起了離家兩哩有一個湖泊。他喜歡那裡的藍天碧水和那裡的玩伴。

　　他一心想去湖泊，於是，他更加頑強的鍛鍊著自己。兩年後，他憑藉自己的堅忍和毅力，走到了湖邊。從此，他又開始練習跑步，他把農場上的牛馬作為追逐對象，數年如一日，寒暑不放棄。後來，他的雙腿就這樣「奇蹟」般的強壯了起來。再後來，他透過不斷的挑戰，成了美國歷史上有名的長跑運動員。

　　他就是美國體育運動史上偉大的長跑選手 —— 格蘭·康寧漢（Glenn Verniss Cunningham）。

　　在我們身邊也有一些普通的人，他們雖然不像格蘭·康寧漢那樣有名，但卻一樣用辛酸的汗水與淚水譜寫著自己精彩的一生。

　　她從娘胎裡出來，就無手無腳，手腳的末端只是圓禿禿的肉球。8 歲時，有了想法的她就想到了死。但可悲的是，她無法找到死的方法：用頭撞牆，因為沒有四肢支撐，在碰得幾個血泡、摔得一臉模糊後還是安然活著；絕食，又遭到母親怒罵：「8 年，我千辛萬苦拉扯妳 8 年了 ……」看著母親辛酸的眼淚，她毅然決定要像常人一樣活下去！

　　她開始訓練拿筷子。她先用一隻手臂放在桌邊，再用另一隻手臂從桌面上將筷子滑過去，然後，兩個肉球合在一起。她從用一根筷子開始，再到用兩根筷子，日復一日，血痕復血痕，9 歲那年，她終於吃到了自己用筷子夾起的第一口飯。

　　學會拿筷子後，她又開始學走路。她將腿直立於地面，努力保持身體的平衡，和地面接觸的部位從血痕到血泡，從血泡到厚繭，摔倒爬起，爬起摔倒，血水夾汗水，汗水夾淚水。10 歲那年，她學會了走路。

　　也就在這年，她有了讀書的念頭。在父母及老師的幫助下，她成了村上小學的一名插班生。不論寒暑和風雨，總是早早到校。她用手臂的末端夾筆寫字，付出比常人多數十倍的努力，從小學到國中，再到自學財務。

　　後來，一家工廠破格錄用她為會計。她為了回報父母的養育之恩返回

父母身邊。回家後,她自謀出路販賣水果。再後來,她不僅成了遠近聞名的孝女,而且「販回」一個高大健康的丈夫,膝下有一對活潑可愛的兒女,一家人溫馨、甜蜜,其樂融融。

在自然萬物之中,只有人類才被賦予擁抱希望生活的特權。正因為如此,我們更應該用自己頑強的力量,面向未來的希望之光,創造自己的美麗人生。

一路辛苦的人生旅途,最重要的不是財產,也不是地位,而是存在我們心底的毅力,也就是永不磨滅的希望。

一個不計較代價,只為希望而生活的人,肯定會生出無比的勇氣,堅強的扛住生命拋給他們的考驗,苦難再多,他的生命越發光亮。

懷抱希望,自強不息的與苦難奮鬥,任何磨練對他們而言,都是另一種獲得勝利的方程式。

PART TWO
當往日的陰影籠罩生命時 —— 把影子甩在背後

覆水難收，漫漫人生路是不可逆轉的，當然也無所謂重新選擇的機會了。也許生命裡曾有過失敗和傷痛，可那只是過去的演繹，若沉湎其中，只會是一種自傷。人不可能停滯在昨天，過去。在有生之年裡，我們每一個人都應該讓自己懂得一門叫做「健忘」的精深哲學。

只要面對陽光，就能甩掉背後的陰影

面對光明，陰影就永遠只能在我們身後。

人們常說，福不雙降，禍不單行。這句話深刻的講述了我們煩惱的一個根源：對不可預知的未來的一種深深的恐懼。

這種煩惱和擔心，就像我們的影子一樣困擾著我們。也正是這個影子，可能會把我們的人生毀掉。

美國年輕人梅爾，是被醫生確定為身障的人，他靠輪椅代步已 10 年了。

梅爾 19 歲那年，他赴越南打仗，被子彈打傷了背部的下半截，送回美國醫治，身體雖然康復了，卻沒有辦法行走，只好坐上輪椅。從此，他對人生十分消沉，不僅整日把自己埋在往日那不堪回首的痛苦之中，還經常借酒澆愁尋刺激。

有一天，他從酒館出來，坐輪椅回家，正好碰上三個劫匪，搶他的錢包。他拚命吶喊，並拚命抵抗，卻觸怒了劫匪，竟然放火燒他的輪椅。

輪椅突然著火，梅爾竟然忘了自己是殘疾，跳下輪椅拚命逃走。他一口氣竟然跑完了一條街。當他停下步來，才發覺自己能夠走動。不久，梅爾已在奧馬哈城找到一份職業。

梅爾在火焰面前得到生命的暗示，才逃出了「身障」的成見。

在此之前，梅爾生活在醫生的「身障」的牢籠之中，定格在往日的陰影之下，不想走動，這才成了名副其實的身障者。

如果我們曾經有許多並不愉快的經歷和痛苦的經歷，只要願意，我們可以轉過身，邁出以下三步，把它們統統甩在身後。

第一、實事求是的分析整個情況，問問自己，我們煩惱的，不能忘卻的苦痛究竟是什麼。

常常使我們為過去而煩惱的另一種情形是：我們曾經期盼過一件快樂

的事，但是又被發生的另一件事破壞了這種快樂。曾經被感情傷過了一回的人，害怕開始另一段新的愛戀，鄰居家的小孩因為沒有人看管，被摔成左臂骨折，所以父母害怕他們去度假的時候自己的孩子會生病或也發生什麼意外。但是發生這些情況的機率真是太微小的。

不能或不願意接受不能改變的情況，也是使人煩惱的一大因素。因為無法忘懷，以致終日為那些揮之不去又無法改變的事煩惱，不僅令人沮喪，更有損於個人的心智和身體的健康，因此，必須學會適應不可避免的事情。

第二，找出可能發生的最壞的情況之後，讓自己在必要的時候能夠接受它。對自己說，這次的失敗，在我的人生歷程中會是一個很大的汙點，可能我會因此而丟掉差事。我們會馬上輕鬆下來，感受到幾天以來所沒有經歷過的一份平靜。

第三，平靜的把時間和精力，用來試著改善在心理上已經接受的那種最壞的情況。

從心理學上來講，這三個步驟能夠把我們從那個龐大的灰色雲層裡拉下來，讓我們不再因為煩惱而盲目的摸索。它可以使我們的雙腳穩穩的站在地面上，而我們也都知道自己的確站在地面上。

臺灣作家劉墉在他的一篇作品中說：「我們可以轉身，但是不必回頭，即使有一天，發現自己錯了，也應該轉身，大步朝著對的方向去，而不是一直回頭怨自己錯了。人生路，不回頭。」

人常說，覆水難收，已經潑出去的水和說過的話、做過的事都難以挽回。人生之路是不可逆轉的，當然也就不可能重新選擇。如果做出了選擇，即使再不滿意，也無可奈何，只有硬著頭皮繼續走下去。

只要不再為過去發生的事後悔，不再讓那些已經過去已經做過的事影響我們，我們所挽救的是整個人生的快樂和圓滿。

活過了，就不算遺憾，又何苦計較曾經的得與失、高與低呢？

事情既然如此，就不會另有他樣

不要回頭看，這是多麼簡潔而且深刻的真理，當我們的「過去之城」不可避免的毀滅，而我們已經幸運的逃到另一個天地的時候，最實用的告誡就是：不要回頭看。

為了忘記煩惱，我們有時可以說是不計代價：花錢買醉、瘋狂購物、狂歌亂舞，還有人吃些瘋狂的東西讓自己興奮起來……然而，這樣的發洩之後，糾結在心頭的煩惱是不是馬上逝去了呢？

沒有，身體的放縱無法帶來精神上的完全鬆懈，於是我們追問：如何為我們的生活解壓？我們究竟怎樣才能忘記曾經的傷疤呢？

當美國著名成功學大師拿破崙·希爾（Napoleon Hill）還是一個小孩的時候，有一天，他和幾個朋友一起在密蘇里州西北部的一間荒廢的老木屋的閣樓上玩，當他從閣樓爬下來的時候，先在窗欄上站了一會，然後往下跳。他左手的食指上戴著一個戒指。當他跳下去的時候，那個戒指勾住了一根釘子，把他整根手指拉脫了下來。他尖聲的叫著，嚇壞了，還以為自己死定了，然而他活了下來，但永遠的失去了一個手指，在他的手好了之後，他就再也沒有為這個煩惱過。再煩惱又有什麼用呢？他接受了這個不可避免的事實。後來，他幾乎根本就不會去想，他的左手只有四個手指頭。

幾年之前，拿破崙·希爾碰到一個在紐約市中心一家辦公大樓裡管理貨梯的人，拿破崙·希爾注意到他的左手被齊腕砍斷了。拿破崙·希爾問他少了那隻手會不會覺得難過，他說：「噢，不會，我根本就不會想到它。只有在要穿針的時候，才會想起這件事情來。」

令人驚訝的是，在不得不如此的情況下，他們差不多都能很快接受任何一種情形，或者使自己適應，或者整個忘了它。

拿破崙·希爾常常想起荷蘭首都阿姆斯特丹一家 15 世紀的老教堂的廢

墟上刻的一行字：事情既然如此，就不會另有他樣。

我們都知道，魯迅筆下的祥林嫂，心愛的兒子被狼叼走後，痛苦得心如刀絞，她逢人就訴說自己兒子的不幸，以致她久久的不能忘懷這些痛苦，讓自己受到諸多折磨。

在漫長的歲月中，一個人一定會碰到一些令人不快的情況，它們既是這樣，就不可能是那樣。但你可以有所選擇。你可以把它們當作一種不可避免的情況加以接受，並且適應它，或者你可以用憂慮來毀了你的生活，甚至最後可能會弄得精神崩潰。

過去的就讓它過去吧，沉湎過去的不愉快和陰影中，只會是一種自傷。而忘卻了的人，會重新開始站在太陽初升的地平線上，展望一個燦爛的明天。

面對失敗時，尋找另一個成功的契機

人生的狀態猶如數學中的曲線函數，當數值到達最低點後，接下來的必然是一個再次回升的階段。失敗，只是一種人生函數中的相對狀態。在這個時候，誰能積蓄能量，不消沉，不墮落，不執著於從前的成功，誰就能在未來獲得豐厚的回報。

不要局限自己前進的路，機會將只會留給肯付出的人；也別囿於自己曾經甚至眼前的困境，任何時候都是你重新開始的最好時機。

忘記過去的成功與失敗，給自己一個全新的開始，我們便會從未來的朝陽裡看見另一次成功的契機。

有個泰國企業家，玩膩了股票後，轉而去炒作房地產。他把所有的積蓄和銀行貸款全部投資在曼谷郊外一個備有高爾夫球場的 15 棟別墅裡。

沒想到，別墅剛剛蓋好時，時運不濟的他卻遇上了亞洲金融風暴，別墅一間也沒有賣出去，連貸款也無法還清。

企業家只好眼睜睜的看著別墅被銀行查封拍賣，甚至連自己安身的居所也被拿去抵押還債了。

情緒低落的企業家，完全失去鬥志，他怎麼也沒料到，從未失手過的自己，居然會陷入如此困境。

一開始他是承受不起此番沉重打擊的，在他眼裡，只能看到現在的失敗，更不能忘記自己以前所擁有過的輝煌。

有一天，他坐在早餐店裡，忽然靈光一閃，想起太太親手做的美味三明治，決定要振作起來，重新開始。

當他向太太提議從頭開始時，太太也非常支持，還建議丈夫要親自到街上叫賣。企業家經過一番思索，終於下定決心行動。

從此，在曼谷的街頭，每天早上大家都會看見一個頭戴小白帽，胸前掛著售貨箱的小販，沿街叫賣三明治。

「一個昔日的億萬富翁，今日沿街叫賣三明治」的消息，很快的傳播開來，購買三明治的人也越來越多。這些人中有的是出於好奇，也有的是因為同情，當然更多人是因為三明治的獨特口味，慕名而來。

從此，三明治的生意越做越大，企業家也很快的走出了人生困境。

他之所以能失而復得一個如此明媚的今天，是因為，在曾經的失敗向他挑戰現在和未來時，他沒忘記先將身上的灰塵拍落，然後再輕輕鬆鬆的與之應戰。

這個企業家幾年來以不屈不撓的奮鬥精神，獲得全國人民的尊重，後來更被評選為「泰國十大傑出企業家」之首。

名人跌倒之後，想忘卻曾經的慘痛失敗，並重新開始，需要比一般人更大的勇氣與耐力。一旦能抹去心頭的一團陰霾，從谷底再爬起來，他們的成功都將比過去更加輝煌。

當我們看著別人的成功故事時，不要只顧著羨慕他們名利雙收時的成

果，我們要學習的，是他們只顧前瞻而不屑後仰的奮進精神。「要怎麼收穫，先要怎麼栽培」是一種自然定律，沒有任何人能例外。

「隨它去吧！」哲學家說。「它不會持久的，沒有一個錯誤會是持久的！」

每個人都應該把忘掉一切不愉快的、不幸的人或事視作一條人生的規則。我們應該從記憶中抹去一切使我們消沉、痛苦、討厭的事情，只有把這些放下了，忘記了，我們才能重新開始另一種人生，所以，對於那些經歷，唯一值得去做的，就是徹底的埋藏它。

終日想著那些不幸的經歷和已經錯誤的路途，只會越來越加劇自己的傷痛，而那樣的過去只會讓你未來的看法越來越厚重、黑暗，越來越可怕。忘掉它們，把它們從記憶中逐出，就像把一個盜賊從自己家逐出一樣。

和過去說再見

世事未必能盡如人意，有欣喜，當然也有黯然。它固然有成串的歡笑，當然也有令人沮喪而泣的時刻。但那都只是過眼雲煙，終不能永遠定格在生命之中。

人一旦停滯在昨天、過去，就會產生雜念，有執著戀舊之心，便會痛苦、怨恨、嗔怒、不甘心。

1954 年，巴西的男女老少幾乎一致認為，巴西足球隊定能榮獲世界盃賽的冠軍。然而，天有不測風雲，足球的魅力就在於難以預測。在半決賽時，巴西隊意外的輸給了法國隊，結果沒能將那個金燦燦的獎盃帶回巴西。

球員們比任何人都更明白，足球是巴西的國魂。他們懊悔至極，感到無臉去見家鄉父老。他們知道，球迷們的辱罵、嘲笑和扔汽水瓶子是難以

避免的。

當飛機進入巴西領空之後，球員們更加心神不安，如坐針氈。可是，當飛機降落在首都機場的時候，映入他們眼簾的卻是另一種景象：巴西總統和兩萬多名球迷默默的站在機場，人群中有一條橫幅格外醒目：「這已經是過去！」

球員們頓時淚流滿面，低垂的頭都揚了起來。

4 年後，巴西足球隊不負眾望贏得了世界盃冠軍。

回國時，巴西足球隊的專機一進入國境，16 架噴射戰鬥機即為之護航。當飛機降落在機場時，聚集在機場上的歡迎者多達 3 萬人。在從機場到首都廣場將近 20 公里的道路兩旁，自動聚集起來的人群超過了 100 萬。這是多麼宏大和激動人心的場面！

人群中又出現了四年前那條橫幅：「這已經是過去！」

球員們慢慢的把高高揚起的頭低了下來。

人的一生是個漫長的過程，所有眼前的事情，在時間的長河裡都顯得那樣的渺小，真正值得去做的不是緬懷往昔，而是重新開始繼續創造未來。

人總是喜歡懷念過去，並視之為一種睿智的生活態度。「八仙」裡的張果老倒騎毛驢，以一種幽默的行走狀態，成為這種觀念的「形象大使」：訪過千萬人，不如這老漢；不是倒騎驢，萬事回頭看。

生命旅途中，要記得揚起頭來向過去揮手作別；也別忘記，低下頭去和過去「恩斷義絕」！

要有遺忘的能力

生活中，不少人都死死揪著已經生成的傷疤不放，即使它已過去，而我們多「懷念」它一次，它也就會更多的傷害我們一次，讓我們更深的再

疼一回，而它呢？就會再多得逞一次。一個傷疤的痊癒要多久？其實完全取決於我們自己看待它的態度。

有位偶爾釣魚的朋友，竟一連幾天都懊悔不已，要說原因或許讓人感到好笑，那天下午，他只釣了幾條小魚，不免心生幾分焦急。

天色已晚，本來此時是魚最易上鉤的時候，可他水面上的浮標卻依舊紋絲不動，他想今天真是運氣不好，大概不會有什麼太大的收穫，正準備收拾回家，忽見浮標猛的扎入水中，大魚上鉤了！

他一時興奮不已，魚竿可能是提得太快了些，魚竟然跑掉了，他頓足斷言，跑掉的準是大魚，也許是 30 多公分長的大鯉魚，說不定是自己釣魚史上最大的一條魚呢？跑掉了這樣一條大魚，真是可惜，他感到懊悔不及。

跑掉的，準是大魚，這樣的思維模式讓這位朋友在日常生活中總是想起自己沒釣到的那條他想像中的「大魚」。所以，他也一直過著倒退卻步不前的生活。

失戀帶來的痛楚、矛盾留下的仇恨、成功的負荷、分歧帶來的爭吵、距離帶來的誤會、名利帶來的貪求與挫折，所有這些，都是已經從你生命中跑掉的「大魚」，破碎的過去。把它們忘掉，才能更輕鬆的生活。

人們常說，「好了傷疤忘了疼」，是對那些善忘者的諷刺挖苦。殊不知，這正是保護自我的一種有效方式。在我們的一生中，凡是次要的、破碎的，都應該忘記。

實際上，人之所以成為世上最聰明的動物，一個重要的原因是人在記憶力上有一種自我調節機制：忘記大多數事情，而有選擇或下意識的記住一些事情，這使得人能夠及時擺脫那些不愉快的、可能會影響心情和健康的事情或記憶。

擁有並維持這種遺忘，既是擺脫過去的破碎與傷疤的前提，也是一個人獲得成功和快樂的關鍵。

堅持著展望美好的明天

　　每個人都有生命中最低迷和糟糕的時候，這樣並不可怕，因為人生對我們而言，就是不斷的挑戰，而首先要挑戰的人往往就是我們自己。

　　同樣是人生，為何有人能過得輕鬆愉快，而有人沉悶痛苦呢？那是因為前者每天的生活目標是一個信念展望著美好的明天，後者卻是回首過去沉迷回憶。

　　燕雀、荊棘和海鷗聽說大海是個廣闊的市場，到那裡的人們都能賺到很多錢，於是他們決定一起去闖蕩一番。

　　燕雀變賣了所有的家當，又四處奔波，東挪西借，湊到一筆本錢帶上了；荊棘想做服裝生意，於是進了各式各樣的衣服；海鷗想：「海上的人食物很單調，我就販賣罐頭吧，不會變質，肯定受歡迎。」他們懷著各自美好的夢想上船了。

　　但是，他們的美夢很快就泡湯了，一場突如其來的暴風驟雨把他們的船打翻了，燕雀裝本錢的箱子，還有荊棘和海鷗的貨物全都沉到了海底。唯一幸運的是，他們三個都平平安安的回到了陸地上。

　　燕雀垂頭喪氣，擔心遇到債主，白天就躲藏起來，到了夜深人靜的時候才謹慎的出來覓食。荊棘一直在想，說不定自己的衣服被海上的人撿到了穿在身上，於是派他的親戚朋友站在路邊，有人路過就拉住別人不放，看看究竟是不是自己的衣服。海鷗也心有不甘，整天在海上盤旋，思量著罐頭可能會沉到什麼地方，時不時潛下水去尋找。

　　他們一直都這樣，以至於他們的後代還在不停的逃避和尋找那些已淪為昨日泡影的東西。

　　人不能總是沉醉於過去的回憶之中。懊悔過去的機會或留戀往日的美好時光，希望重溫舊夢，你就會不斷的扼殺現在，阻礙今天的發展。

　　假如把人生比作一場夢，那麼在今日之前，是做過的夢，在今日之

後，是未做的夢。夢中的事、經歷，該牢記的則牢記，該淡忘的即淡忘，這樣對你最好。

其實，「今天」是最容易得到的，就像空氣和陽光一樣，因而，沒有多少人給予它特別的關注。人們往往寧願沉浸在對昨天的追憶和對明天的憧憬之中，而漠視「今天」的存在。「今天」又是最容易失去的，好比青春和美麗。人們對其價值的真正理解總是在它悄悄的流逝之後。昨天的輝煌並不能證明今天的價值，明天的燦爛也無法減輕今天的痛苦。一味沉浸在昨天影子中的人，未來必定不會屬於他們。

最需要的是永遠的抓住今天，把全部的熱情與心血都傾注到現在。無論是陽光燦爛還是陰雨連綿，無論是瑞雪紛飛還是狂風呼嘯，該享受時則盡情的享受，該拚搏時則奮力的拚搏，該犧牲時則無畏的犧牲。這樣，你方能無愧於昨天，也無愧於明天，永遠的掌握住生命的脈搏。

抓住現在，與昨天的痛苦決裂

人生發生各式各樣的不幸都是在所難免的，如何對付過去人生遇到的各種不幸？安東尼·羅賓斯（Anthony Robbins）提出的忠告就是：把苦惱、不幸、痛苦等認為是人生不可避免的一部分忘掉。

當你遇到不幸時，你得抬起頭來，嚴肅對待，並且說：「這沒有什麼了不起，它不可能打敗我。」其後，你就要不斷向自己重複使人愉快高興的話：「這一切都會過去。」

人生有時候還真是湊巧，有時候，不如意的事竟是一椿又一椿的向人們襲來。傑西和凱林是兩兄妹，他們原本生活在一個富裕且幸福的家庭。可是，突襲而來的兩次重擊，讓這個家的歡笑不復存在。因為，兩兄妹都遭遇了一場飛來的橫禍。

先是傑西，畢了業後，他與朋友一起開始創業，幾年下來賺了不少

錢，原本雄心壯志的他想，這麼好的一開始，肯定會築起一片蔚藍的宏圖，然而，天不遂人願，在他滿懷信念的繼續前行時，手頭所有資金卻被信賴的友人算計奪走了。那時他還很年輕，還有很多東山再起的機會，但他卻被受騙受害的慘痛記憶折磨著，再跨不出成功的一步。終於只能淪為生活的階下囚。看似上了一次當，其實一生都上了當。

原本一個家庭中遭此劫已經是很糟糕的了，然而，這裡傷疤未癒，那邊竟又發生不幸。

剛上高中的凱林，在一次放學回家的路上，被一群無業遊民盯住，最後可憐無助的凱林被那群罪惡至極的人強暴了。此後，即被痛苦的記憶折磨著，不得不放棄學業，此後不再和男性交往，將自己完全封閉，過著黯淡的人生。她雖然只受害一次，卻似時時都慘遭強暴。導致從今往後的日子裡，都是欲欲寡歡的苦度，終於，不堪的精神負擔，讓她患上嚴重的憂鬱症。

如果，傑西和凱林能從過去的經歷中解脫，勇敢面對未來，那未來的曙光必定會依然屬於他們，因為年輕沒有失敗的，何況，他們都只是在懵懂的年齡裡被無辜的傷害了一次呢？

忘記，是對痛苦的解脫。儘管忘記過去是十分痛苦的事情，但是，只要你因為過去發生的事情而損害了目前存在的意義，你就是在毫無意義的損害你自己。如果不學會忘記，讓那些傷心事、煩惱事、無聊事永遠縈繞於心頭，在心中烙下永不褪色的印記，那就等於背上了沉重的包袱、無形的枷鎖，就會讓自己活得很累很苦。不愉快的記憶要捨棄雖然很難，但是遠比一直被它折磨拖累著要容易。

你必須要自救，你唯有自救可以救你。因為經歷的人是你，沒有人能完全將你救出，只有你自己。唯有你清楚自己的心哪裡最痛，哪裡該止痛安撫。你或許能得到他人的幫助，但關鍵還在於你要自己跳出火坑。如果

我們善於忘記，把過去不該記憶的東西統統忘掉，那就會為我們帶來心境的愉快和精神的輕鬆。當然，忘記過去並不意味著忘記你的記憶，它指的是忘記過去對自己沒有意義的事情，而不是要你忘掉過去有益的事情，因為這些有益的事情會使你更幸福、更有效的生活在現在。

面對所遭遇的重大不幸，要自己寬容自己，這也許是最難對付的人生挑戰。大多數人認為：寬恕自己比寬恕他人要難得多。沒有任何一種懲罰比自我責備更為痛苦的了。

記住：壞的東西也可以引出好的結果，只要吸取教訓，你能從中得益，就能戰勝曾經的危機。

別再哀痛昨天的失敗

當昨天毫不留情的在生命中留下殘羹冷炙時，與其竭盡全力的去為之哀痛，還不如選擇灑脫的面對，也許，只有這樣，才能繼續湧動生命的活力。

別再哀痛昨天的失敗，我們要從每一段錯誤中汲取教訓，讓更多寶貴的經驗成為向前邁進的助力。

在紐約曼哈頓的一家法國餐廳裡，戈頓先生愁容滿面的坐在裡面，氣色相當不好。

那天早上，他失去了一個相當重要的商業機會，現在他在這裡等待一位老朋友的到來，準備好好向他傾訴這個煩惱。

戈頓的朋友是一位相當著名的精神科醫生。他一走進來，戈頓就急著準備開口，但是，這時他卻從口袋裡拿出了一臺答錄機。戈頓看著他，完全不明白他的用意。

他的朋友說：「在這捲錄音帶上，我錄了三個病人所說的話，你仔細聽聽他們說了些什麼，也許你能從中找出其共性。」

戈頓認真的聽著，很快便發現，錄音帶裡的三個聲音有一個共通點，那便是他們都很不開心。

第一個是男人的聲音，他說的是關於生意上的損失和失敗。第二個是女人的聲音，她心酸的訴說每一段錯過的姻緣。第三個是一位母親，她十幾歲的兒子被關進了監獄，這點讓她很自責。

聽完後，朋友說：「你聽出來了嗎？他們都用了兩個共同的詞，就是『如果』、『只要』。」

朋友繼續對戈頓說：「『如果』、『只要』這兩個詞，並不能對既成的事實有任何改變，反而使我們無法坦然面對錯誤，只會退縮而不敢前進。假使你用慣了這幾個字，以後你也只會說『之前如果怎樣』，而不會想『現在應該如何』了。」

戈頓聽完後，感激的看著老朋友說：「謝謝，我知道要怎麼做了！」

生活當中，遇上讓自己懊悔或困擾的問題，我們別再想著「如果當初」，而是要想著「如何解決」，把問題的解決方法找出來，告訴自己：「下次我可以這麼解決。」

如此一來，你就有了克服困難的能力，以後也不會有讓你懊悔的情形發生；你的人生只有往前行動與繼續生活的動力。

知苦還嘗，方能成人所不能

曾經一度使我們難以承受的痛苦磨難，不會是完全沒有價值的，它會使我們的思想人格更加成熟。因此，我們非但不能沉溺其中不得自拔，更應該帶著一顆感謝的心，將它們暫且忘懷掉，然後心懷信念的繼續前方的路。

因為有了信念，心田才不至於乾枯，黑暗才不再漫長，日子才不會索然無味，清晨的第一縷曙光才會照耀我身。

　　美國著名電臺廣播員莎莉·拉斐爾（Sally Raphael）在她 30 年職業生涯中，曾經被辭退 18 次，可是她每次都放眼最高處，確立更遠大的目標，從不讓自己受之前的失敗而牽絆。

　　最初由於美國大部分的無線電臺認為女性不能吸引聽眾，她在一家電臺謀求到一份差事，不久又遭辭退，說她跟不上時代。莎莉並沒有因此而灰心喪氣，她總結了失敗的教訓並將它拋諸腦後，後來，她不斷的告誡自己，萬萬不可停滯在從前的失敗之中。有過的失敗只屬於過去，誰能預料我自己的明天呢？

　　後來，又向國家廣播公司電臺推銷她的節目構想。電臺勉強答應了，但提出要她先在政治臺主持節目。「我對政治所知不多，恐怕很難成功。」她也一度猶豫，但堅定的信心促使她去大膽的嘗試了。她對廣播早已輕車熟路了，於是她利用自己的長處和平易近人的態度，大談即將到來的 7 月 4 日國慶日。她的聽眾立刻對這個節目產生興趣，她也因此而一舉成名了。

　　如今，莎莉·拉斐爾已經成為自製電視節目的主持人，曾兩度獲得重要的主持人獎項。她說：「我被人辭退 18 次，本來可能被這些厄運所嚇退，做不成我想做的事情。結果相反，我讓自己先從往日的困頓中走出來，然後，以一顆輕鬆且熱情的心，使它們鞭策著我勇往直前。」

　　如果一個人把眼光拘泥於過去的痛感之上，他就很難再抽出身來想一想自己下一步如何，最後如何成功。

　　一個拳擊運動員說：「當你的左眼被打傷時，你得忘記它為你帶來的傷痛，而且你只有把右眼睜得大大的，才能夠看清敵人，也才能夠有機會還手。如果因為懷念左眼，而將右眼閉上，那麼不但右眼也要挨拳，恐怕命都難保！」拳擊就是這樣，即使面對對手無比強勁的攻擊，你還是得從過去的雙眼之中過渡到只剩下右眼的現實中，並且還得睜大眼睛面對受傷

的感覺，如果不是這樣的話，一定會慘敗。其實人生又何嘗不是這樣呢？

　　大哲學家尼采說過：「受苦的人，沒有悲觀的權利。」已經受苦了，為什麼還要被剝奪快樂的權利呢？因為受苦的人，必須要克服困境，因為苦已經都受了，悲傷和哭泣只能加重傷痛，所以不但不能悲觀，而且要比別人更積極。

　　在冰天雪地中歷險的人都知道，凡是在途中說「我撐不下去了，讓我躺下來喘口氣」的同伴，很快就會死亡，因為當他不再走、不再動時，他的體溫就會迅速降低，很快就會被凍死。不是嗎？在人生的戰場上，如果失去了跌倒以後再爬起來的勇氣，除了得到徹底的失敗，我們還能得到什麼呢？

　　人生在世，總會遭受不同程度的苦難，世上並沒有絕對的幸運兒。曾經的苦難可以激發生機，也可以扼殺生機；可以磨練意志，也可以摧毀意志；可以啟迪智慧，也可以蒙蔽智慧；可以高揚人格，也可以貶抑人格，全看受苦者的特質如何。

　　如果無法改變厄運對我們的磨難，那麼就勇敢的接受它吧。雖然我們有足夠的理由怨恨，但卻沒有能力承受怨恨再次帶給我們的傷害。所以，絕對不能被厄運所打倒，一定要從被擊敗的地方重新爬起來，忘記昨日的苦與痛，創造今天的甜與美。

在灰燼中享受重生的喜悅

　　在生命最危弱的時候，有人可以創造生命奇蹟，在生命最艱難時，有人可以開創全新的未來。那麼身體健全、平順無災的我們，又怎能因為有過不堪回首的意外痛苦和打擊而絕望，而頹廢喪氣呢？

　　英國史學家卡萊爾（Thomas Carlyle）費盡心血，經過多年的努力，總算完成法國大革命史的全部文稿，他將這本巨著的原件送給他的朋友米爾

（Mill）閱讀，請米爾批評指教。

誰知隔了沒幾天，米爾臉色蒼白渾身發抖的跑來，他向卡萊爾報告了一個悲慘的消息。原來法國大革命史的原稿，除了少數幾張散頁外，已經全被他家裡的女傭當作廢紙，丟入火爐化為灰爐了。

失望陡然間充塞於卡萊爾心間，因為這是他嘔心瀝血撰寫的法國大革命史。當初他每寫完一章，隨手就把原來的筆記撕成碎片，所以沒有留下任何紀錄。

但第二天，卡萊爾重振精神，又買了一大疊稿紙。後來他說：「這一切就像我把筆記簿交給小學老師批改時，老師對我說『不行！孩子，你一定要寫得更好些！』」

如果當初卡萊爾只知一味的抓住自己的遭遇不放，讓自己在原地哀傷、憤怒，那也不會有之後的再次問世的巨著了。

正因為卡萊爾自己早早的悟到了，人不可能自始至終停留在過往之中而步履不前，所以，後來的他又一次的成功了。

而我們現在所讀到的法國大革命史，正是卡萊爾重新寫過的。

突如其來的意外和打擊，可能會讓你絕望，留下重創或從此失去一切。但當你能夠接受這個現實，並重新開始時，你就已經在開始向成功邁進了。

如果你的內心認為自己失敗了，那你就永遠的失敗了。諾曼·文森·皮爾（Norman Vincent Peale）說：「確信自己被打敗了，而且長時間有這種失敗感，那失敗可能變成事實。」而如果你不承認失敗，只是認為這是人生一時的挫折，過去的一段歷史，那你就會有成功的一天。

有些人之所以害怕坦然面對曾經的失敗，是因為他們害怕失去自信心，其結果他們試圖將自己置於萬無一失的位置。不幸的是，這種態度也把他們困在一個不可能做出什麼傑出成就的位置。

　　還有的人懼怕失敗，是因為他們害怕失去第二次機會。在他們看來，萬一失敗了，就再也得不到第二個爭取成功的機會了。如果這些人都知道，多少著名的成功人士開頭都曾失敗過，但沒有被失敗的陰影所圍困，而是勇敢的邁出黯淡的旅途，走向了光明的盡頭，就會為他們增添更多的希望吧。

別為生命支付過多成本

　　生活、工作中，時常有不可挽回的事情發生。有的人總是沉浸在後悔之中。殊不知，當你為已經過去的事後悔時，實際是在為你的生命支付過多的成本。

　　人生在世，做錯事，產生過失是不可避免的，但能抬起雙腳重新走上另一個正確的方向，才是當下該做的事情。

　　英國大劇作家莎士比亞（William Shakespeare）說過這樣的話：「聰明的人永遠也不會坐在那裡為他們的損失而悲傷。相反，他們都會很高興的找出辦法來彌補他們的遺憾。」人應該避免犯錯誤，但是人無完人，犯錯誤不可避免。人生沒有回頭路，當你認知到做錯了事，走錯了路，應該做的是及時的改正錯誤，調整方向，而不是為錯誤而不斷的懊悔。

　　一位老者，背著一個大花瓶，走在熙熙攘攘的人群中，有人告訴他，他的花瓶裂了一道大縫，老人沒理睬。過了一會，又一人告訴他，你背上的花瓶裂了一個大縫，老人還是默默的只顧走自己的路。這時，路邊一個年輕人覺得好奇，跟隨老人想看看老人是否真有點傻。這時，又有一人對老人說，你背上的花瓶已經裂了。老人還是沒理睬。年輕人沉不住氣了，搶先幾步，站在老人的面前大聲的說：

　　「大爺，你的耳朵是不是聾啊？」

　　大爺說：「年輕人，大爺的耳朵不聾。」

年輕人說：「不聾，你怎麼對前面幾位好心人的話不理呢？」

大爺說：「先前那位告訴我時，其實我就知道這花瓶裂了，素不相識，誰能跟我開玩笑，還不是看我年老體邁為我好！可為什麼我又沒有回應呢？

「我是這樣想的：買花瓶雖說花費了我不少錢，現如今它裂了，事情已經是這樣了，就不可能是別樣。此時此刻我想的是回家如何利用這個裂花瓶。

「如果一個個的向那些人解釋，我還趕不趕路？做事，自己心裡有數就行。不要太顧及他人說什麼！」

有些事情，就像花瓶裂了，已經無法挽回了，所以大可不必為之煞費心思。智慧的對待方法是：知道今後如何避免，接著忘掉，然後把心思放在將要做的事上就可以了。

保持自我本色

在這個世界上每個人都是獨一無二的，你就是你，無須按照別人的眼光和標準來評判甚至約束自己，你無須總是效仿別人，把自己弄得魂飛魄散，保持自我的本色，做一個真正的自我。當有一天，有些東西不得不從我們身邊消失時，才不至於自己把自己嚇得不敢正視當下的人生，而讓自己沉淪在陰暗的過去。

如果你追求的幸福是處處參照他人的模式，那麼你的一生都會悲慘的生活在他人的世界觀裡。

我們每個人的生活面貌都是由自己塑造而成的，我們要學會接受自己。秉持本色，這是一個人平安快樂的要訣。

在太平洋拉特島附近的水域裡，生活著一種魚，牠的名字叫王魚。

王魚是天生的魔幻大師，牠能吸引一些較小的動物，貼附在自己身

上，再慢慢的將牠們吸收為自己身上的鱗片。有了鱗片的王魚，比沒有鱗片的王魚體積至少大四倍。

可是，當王魚年老時，由於身體機能的衰退，鱗片便慢慢的脫離魚身。

牠也試圖做一些努力，不讓這些附屬物離開自己膨脹的身體。但是，一切都無濟於事，最後附屬物脫完，牠重新回到原來那個較小的體形。

失去了鱗片的王魚，變得痛苦不堪。因為牠失去了盔甲，再也無法適應眼前的水域世界。在魚群中，牠顯得極為特別，游得非常不自然。

魚一旦不能在水中暢游，還有什麼樂趣？於是，王魚選擇了自殘，往岩石上猛撞，故意去衝撞其他魚類，掙扎數日後死去。

凡是親眼目睹這一過程的人，都覺得王魚的下場太慘，落差太大。

人的一生有很多情景，其實很像王魚。名譽、地位、金錢，當這些東西到來時，會使人變成了另外一種模樣，比以往高大數倍，甚至威風凜凜。問題是，它們總要脫離你而去。

因此，人生最重要的一點，就是永遠不要迷失自我的生活在過去，應該用積極的心態展望未來。

保持自我本色，就不必掩蓋無能，人身上有缺點並不可恥，勇於面對，勇於承認自身的錯誤和缺點，這是智者的心態，也是勇者的行為。

把自己的現在和未來掩蓋起來而懷念過去，這種做法可以給心靈安慰，但是善於替自己找藉口，掩飾自己不得不面對的當前，就越會對自己的未來產生不利的影響。

莫讓過去的仇恨或悲傷傷害自己

人生的所謂得與失，在很多時候並沒有什麼實際意義，但被帶入其中的無法挽救的或惡劣、或悲傷、或仇恨的心情，卻可以使人們改變對整個

生活的感受和看法。這種因心情引起的得與失，比起物質上的得與失更加致命。因為這才是最昂貴，又最付不起的。

為何那些人們不能忘記過去的恩恩怨怨起起伏伏，重新開始過新的生活，卻選擇在回不去的記憶裡感傷、折磨自己呢？

20世紀，美國建築大王凱迪的女兒和飛機大王克拉奇的兒子，在兩家父母的撮合下，彼此有了情分。但兩個人的來往並不順利，總是跌跌撞撞的，爭吵時有發生。兩家人都是社會上的名流巨富，兒女們的這種關係，讓他們大傷腦筋。他們甚至擔心，會不會發生什麼不測。

誰想，擔心什麼就有什麼，令他們震驚的事還是發生了，凱迪的女兒竟然被克拉奇的兒子毒死了。

克拉奇的兒子小克拉奇因一級謀殺罪被關進大牢，兩家人的身心因此受到沉重的打擊。從此兩家人的生活變得暗無天日。克拉奇的兒子在事實面前卻拒不承認自己的罪行，這使凱迪一家非常氣憤。而克拉奇一家也在拚命為兒子奔走上訴。如此一來，兩家人便結下了深仇大恨。

一年以後，法院做出終審，小克拉奇投毒謀殺的罪名成立，被判終身監禁。克拉奇為了能讓兒子在今後得到緩刑，也為了消除兒子的罪惡，拐彎抹角不斷以重金為凱迪一家做經濟補償，以便凱迪能不時的到獄中為兒子說情。克拉奇每一次的補償都是巧妙的出現在生意場上，這使得凱迪不得不被動接受。

而凱迪每得到克拉奇家族的一筆補償，就像是接過一把刺向自己內心的刀，悲痛難言。凱迪埋怨自己，也埋怨女兒當初怎麼就看錯了人。而克拉奇的全家更是年年月月天天生活在自責中，他們怨恨沒有教育好自己的兒子。

兩家人都是美國企業界中的輝煌人物，然而生活卻如此的捉弄他們，讓他們不得安生。一年又一年，兩家人的心情被龐大的陰影所籠罩，從來

沒有真正的笑過。他們承認，這些年為此所付出的心理代價是用任何金錢也換不來的。

然而，苦苦承受了 20 多年的罪愆後，最終的事實證明，凱迪女兒的死，並不涉及善惡情仇。事情引起了美國媒體的極大轟動，面對報社的採訪，凱迪與克拉奇兩家都說了同樣的話：「20 年來，我們付不起的是我們已經付出的，又無法彌補的心態。」

20 年！是多少黑髮生成白髮的日日夜夜啊！

人的一生驟然有太多的愛恨情仇，誰又甘心與之擦肩而過呢？既然選擇了，就要承受得起其中的波瀾，扛得住它們為你帶來的淒苦、傷痕。

生命太短暫了，容不得我們為了一些外物和解不開的死結而毀滅掉自己匆匆而逝的年華，破壞掉原本存在的平靜。唯有努力著、堅持著為自己許下明天的美麗誓言而拚搏，才會有如夏花般絢爛的明天。

現在的感覺好比外表美更重要

在生活中，我們時常注意到自己錯過的和丟失的東西，並且總是活在它的「統治」之下，談論著它，為它感到遺憾，不願意把自己從中解脫出來，這會帶走你體內的很多東西，而且對你自己沒有一點好處。

奧德莉 18 歲時，乳房仍然沒有發育，她覺得很害羞、低人一等，所以決定做豐胸手術。手術後不久，奧德莉出了點問題，又去找醫生。

在接下來的 32 年中，奧德莉進行了 7 次手術來緩解豐胸對她造成的痛苦。最後，在 50 歲時，她在修復乳房的手術臺上停止了呼吸。

幸運的是，她的心跳只停止了幾分鐘，又被醫生救活了。恢復知覺之後，她才意識到剛才發生的一切，她決定永遠切除移植的乳房。

一個月後，奧德莉出現在一個講習會上，面對一大群人，她淚流滿面的講述她的故事。

「32 年來，這是我第一次沒有假乳房站在大家面前。我的胸是平的，但比過去更具有生命力、更快樂。最後我終於意識到我的人生比我的乳房更重要。」大家立刻報以熱烈的掌聲。第二天，奧德莉收到了一個聽眾為她寫的精彩的愛情小詩。

為什麼要活在過失、羞恥和錯誤之中，讓它們繼續纏繞著已經屬於現在的你呢？難道它不是已經占據了你大部分的內心世界嗎？難道它不是已經很大程度上加深了你的皺紋，壓垮了你的肩膀嗎？難道它不是已經帶走了你的歡笑，帶走了你生活的樂趣，並使你的步伐失去了彈性嗎？難道它不是已經讓你心衰力竭，使你變得過於嚴肅而早衰嗎？為什麼還繼續讓它帶走你體內的更多東西呢？為什麼不把它從你的生活中趕走，把它從你記憶的石板上抹去，並且徹底的忘記它呢？為什麼讓你的過去破壞你的未來呢？隨它去吧！

對那些傷害過我們的事物，那些在過去使我們遭受折磨的事情，只有一件事可做，那就是迅速的遺忘它們，使它們永遠沒有機會再次出現在我們的腦海裡。把這些屬於過往的東西扔掉。把它們從你的家中，從你的視線中，從你的心中，從任何可以企及的範圍中驅逐出去。永遠不要保留任何會使你再次遭到折磨和讓你舊傷復發的東西和記憶。

別拿過去的卑微懲罰自己的一生

沉溺於過去，會分散你的注意力。當你不安的時候，過去彷彿是一個理想的避難所，但它是不真實的。你總是以各種形式把自己隱藏在過去中：替過去塗上一層浪漫的色彩；對過去的一切感到遺憾。但是只有兩種對待過去的方式對你有好處：學會欣賞過去、從過去中學習。

替過去塗上一層浪漫的色彩是非常有誘惑力的。記住過去愉快的經歷使人快樂，但是如果拿過去和完全不同的現在做比較，快樂就會失去。

我們或許曾經把一切想像得非常美好，甚至相信自己錯過了真正的靈魂伴侶。但是，過去一去不復返，此時此刻才是活力的泉源、真正力量的來源。

在美國歷史上，伊東·布拉格是第一位獲得普立茲獎的黑人記者，當同行採訪布拉格，詢問他的獲獎感受時，他在麥克風面前講述了一段令人感慨的經歷：「我小時候，家裡非常窮，我父親是個水手，他每年都來來回回的穿梭於大西洋的各個港口，儘管如此，賺的錢依然不夠維持全家人的生活。面對這種處境，我非常沮喪，因為我一直認為，像我們這樣地位卑微、貧窮的黑人不可能有出息。

「抱著這種想法，我渾渾噩噩的上學，可想而知，成績也好不到哪裡去，就這樣，我在自己設定的圍牆下過了 10 多年。有一天，父親突然對我說：『現在你長大了，應該帶你出去見見世面，我希望你的生活能和父母不同，能擺脫從前的貧窮而有所成就。』聽了父親的話，我暗想：『有成就？怎麼可能呢？我不過一直都是個窮黑人的兒子。』

「儘管如此，我依然聽從父親的安排，隨他一起去參觀了大畫家梵谷的故居。在這間狹小、幾乎空空如也的屋子裡，我看見了一張小木床，還有一雙裂了口的皮鞋，我很驚訝，這位著名畫家的生活居然如此簡陋！

「我問父親：『梵谷不是個百萬富翁嗎？他怎麼會住在這種地方？』

「父親說：『兒子，你錯了，梵谷曾經是個窮人，是個比我們還要窮的窮人，他甚至窮得娶不上妻子，可是他沒有向昨日的貧困屈服。』

「這段經歷讓我對以前的看法產生了疑惑，我想：我是否也可以從我過去的碌碌無為中擺脫出來，而有些出息呢？梵谷不也是個窮人嗎？他為何知道自己只不過是昨日的窮人而非現在、將來的窮人呢？

「第二年，父親又帶著我到了丹麥，我們遊走於安徒生的故居內，這裡的環境比梵谷強不了多少，我更驚訝了，因為在安徒生的童話中，到處

都是金碧輝煌的皇宮，我一直以為他也和書中的人物一樣，住在皇宮裡。

「我向父親提出了自己的疑問：『爸爸，難道安徒生不是生活在皇宮裡嗎？』父親看著我意味深長的說：『不，孩子，安徒生是個鞋匠的兒子，你喜歡的那些童話就是他在這棟閣樓裡寫出來的。』

「直到這時，我才終於明白，父親為什麼會帶我參觀梵谷和安徒生的故居。其實他想告訴我：不要在乎過去所過的生活如何貧窮，儘管我們是窮人，身分很卑微，但這絲毫不影響我們往後成為一個有出息的人。」

對於一時的貧窮，我們要堅信，從踏出生命旅程的那一刻起，我們就告別了貧窮，摒棄了過去。抬眼瞻仰前方，只剩下期待我們去創造的美好未來，風雨兼程，勇往直前，終會換來專屬於自己的一片碧朗晴空。

如果你對過去的一切感到遺憾，那麼你忽略了過去賜給你的禮物。你把自己當成了受害者，拒絕承認自己是強大的創造者。如果你感到內疚，覺得不應該那麼做，那麼你對自己就太苛刻了。如果當時你了解得再多一些，你可能不會那麼做，但是，你那麼做完全是在自己所知的範圍內盡力而為的。有了孩子，你才能學會做父母，有了過去的經歷，你才能學會做自己。信任自己過去所獲得的進步，但不要為過去的遺憾喋喋不休。

沉溺於過去的貧困中不能自拔，會使你遠離自己的心靈，把自己囚禁起來。

從過去的失敗和勝利中學習是重要的，但不要沉浸在其中。不要讓過去的經歷分散你現在的精力。偶爾回憶一下是可以的，但不要駐留在回憶中。開車時，如果老是看後視鏡，你會看不到前方的路。如果你需要從過去的經歷中學習，過去的經驗自然會出現。不要刻意尋找它們，它們會找上門。

當你學會感謝生命中的每一件事，你便獲得了自由。對過去的否認和斷定，只會消滅現在和未來。

　　拿破崙曾說過：「承認自己無能就是選擇了失敗，這種人最擅長的就是逃避生活，一事無成是他們必然的結局。」

　　生活中永遠只有兩種人 —— 強者和弱者。如果你認為自己過去、現在、曾經注定只能成為一隻鼠，那麼最後的結果只有一個，就是成為貓的食物。而永不向生命妥協的人，最後一定能厚積薄發，成為一隻凌空展翅的雄鷹。

PART THREE
當事業力不從心時 —— 想改變世界，先改變自己

　　想要成為一個勝利者，無論從事何種職業，總會有最沮喪、困頓的時候。當面臨事業的低谷時，先別急著垂頭喪氣，因為在失意時，人體內沉睡的潛能是最容易被激發出來的，只要鼓起勇氣，便會看到失意的拐角處，原來還有一塊勝利之石棲息在此默默等候著你去拾取！

賺錢不是人生唯一的目標

工作的心態，會決定一個人日後能否出類拔萃。

安德魯·卡內基（Andrew Carnegie）33 歲的時候，成為聞名世界的鋼鐵大王。

那一年，他勉勵自己：「人生必須有目標，但賺錢是最壞的目標。我希望在直接的財富之外，每個人都會看到間接財富，在狹義的財富之外，有胸襟見到廣義的財富。」

如果你把賺錢當成人生的唯一目標，你只會淪為微不足道的小人物。

有一年的夏天，天氣特別炎熱，一群鐵路工人正在月臺邊的鐵道上汗流浹背的工作，一列火車緩緩開了進來，打斷了他們的工作。

火車停了下來，有一節車廂的窗戶打開了，車廂內的空調系統散發出陣陣冷氣。這時有一個低沉、友善的聲音從窗口傳了出來：「大衛，是你嗎？」

大衛是這群工人的負責人，聽見熟悉的聲音，他高興的回答說：「是我，是吉姆嗎？見到你真高興。」

吉姆是鐵路公司的老闆，大衛和他是非常好的朋友。兩個人開心的聊了一會，不久，火車繼續啟程，兩人只好依依不捨的握手道別。

火車遠離後，工人們立刻包圍了大衛。他們非常好奇大衛竟然和公司老闆相識。大衛得意的解釋說，20 年前他和吉姆是同一天上班，一起在這條鐵路上工作。

這時，有人調侃大衛，問他為什麼現在仍在大太陽底下工作，而吉姆卻成了鐵路公司的老闆。

大衛惆悵的說：「因為，20 年前我只是為了一小時 1.75 美元工作，吉姆卻是為了這條鐵路而工作。」

當然並不是說工作不需要金錢來維持，也不是說我們可以不靠金錢生

存，而是我們應該提醒自己，要把金錢當作工作的報酬，相信付出得越多，金錢自然回報得越多。

如果你把注意力由工作轉向金錢，你會失去工作之時應有的敬業精神，更會因為急功近利，只想著如何獲得金錢，而忘記遠大的理想。

沒錯，錢不是萬能，但沒有錢也萬萬不能。只是，過度計較一元兩元時，你是不是失去了更大的財富──一種再多金錢也無法買到的未來？

就像安德魯·卡內基所說的，賺錢是最壞的目標。只要你能把眼光先放在間接財富上，知道追求理想更重要於獲得金錢，先累積間接財富，直接財富就會源源不斷的來到你身邊。

當你知道追求的目標就在最高的地方，並朝著目標一步一步爬上去，認真扎實的累積你的每一步時，那才算是走在成功的道路上。

用汗水代替口水

諾貝爾文學家獲得者美國作家賽珍珠（Pearl Sydenstricker Buck）曾說：「我從不等待好運的來臨。如果你一味等待，就不能完成任何事情。你必須記住，只有動手才能有所獲得。」

很多人之所以會在人生旅途一再失敗，是因為他們只想輕鬆收割，卻從來不願辛勤播種和耕耘。

其實，凡事腳踏實地去做，不耽於空想，不驚於虛聲，以實事求是的態度，認真踏實去做，才可能獲得寶貴的成功。

只要你盡了力，你希望的事情都會實現。

有一天，一個衣衫襤褸、滿身補丁的小男孩走過一棟大樓的工地，看見一個衣著華麗、叼著菸斗的大老闆在現場指揮工人，便鼓起勇氣向他請教：「我要怎麼做，長大後才會跟你一樣有錢？」

這老闆甚感意外，低頭打量了小男孩一眼，跟他講了一個小故事。

在一個開鑿溝渠的工地裡，有三個工人在工作。一個懶洋洋的拄著鏟子用不屑的口氣說，他將來一定要做老闆；第二個則抱怨工作時間長，報酬低；第三個什麼話也沒說，只是低頭努力挖。

好幾年以後，第一個仍拄著鏟子，嚷著自己以後要當老闆；第二個則找了藉口退休；至於第三個，他不僅成了那家公司的大老闆，而且還讓公司更上一層樓。

這位老闆說完之後問小男孩：「你明白故事的寓意嗎？小朋友，好好埋頭苦幹吧！」

但是小男孩卻仍然滿臉困惑。大老闆看了看四周，指著那些正在鷹架上工作的工人，對男孩說：「你看到那些人了嗎？他們全都是我的工人，但是我無法記住他們每個人的名字，甚至有些人根本都沒印象。但是，你仔細看他們之中，只有那邊那個臉晒得紅紅的傢伙，就是穿著一件紅色衣服的那個，他以後會出人頭地。」

大老闆接著說，自己很早就注意到他，因為他總是比別人賣力，做得更為起勁。每天他都比其他人早上班，工作時比別人拚命，而下班後，他都是最後一個走，加上他穿的那件紅襯衫，使得他在這群工人中間特別突出。

大老闆笑著說：「我現在就要過去找他，請他當我的監工，我相信，從今天開始他會更加賣力，說不定很快就會成為我的副手。」

人喜歡痴心妄想，總是等待著幸運會從天上掉下來，或是光說不練，等待著別人為你拉一把。

人對於自己的一生當然必須有著美好的憧憬，但是，這種憧憬是不可能靠著突破和等待實現的，最後功成名就的人都是付出行動解決問題的人，他們依照正確的原則掌握主動，做了需要做的事情，並完成了工作目標。

千萬要記住英國詩人布萊克（William Blake）的叮嚀：「光會想像而不行動的人，只會生產思想垃圾。成功是一把梯子，雙手插在口袋裡的人是爬不上去的。」

想改變世界，先改變自己

在創業過程，鬥志軒昂者總是大言不慚的向世人宣告：「我要改變這個世界，我要成為這個行業的領頭羊 ……」口號雖無比響亮，結果卻是悄然無聲的黯淡。

也許你有很多事情想做，卻一味依賴別人，看到別人做得不好，就會指出缺陷，殊不知最大的問題反而在自己身上。

每一個人都自成一個世界。在努力改變別人的世界之前，不妨先審視自己的天空，看看是否少了許多美麗的雲彩。

指責別人之前，先嚴格反省自己。或許改變了自己之後，外面的世界也會變得清新。

一個四處布道的牧師臨終前對他的妻子說：「年輕的時候，我決心要改造這個世界，到過各個地方，勸導人們如何生活和應該做什麼，但是都沒有發揮什麼作用，沒人仔細聽我說什麼。於是，我決定先改變我的家人，但是使我灰心的是，似乎家裡人對我的話也不理會，他們也沒有發生任何我所期望的變化。」

牧師停頓了一下，嘆息道：「到了生命的最後幾年，我才認知到，我真正能夠影響的人，其實就只有我自己。如果一個人想改變這個世界，首先應該從改變自己開始。」

妻子緊握住牧師的手，欣慰的說：「是啊，命運從來都是握在我們自己手中的一根看似沒有實則存在的線，它不可能直接牽引你去往成功的巔峰，除非你自己知道前進的方向 ……」

　　牧師和他妻子的感慨，足以告訴我們一個人唯一能夠改變的，往往只有自己。無論你的志向是什麼，通向成功的道路只能靠你自己一步步向前走。事實上，這是一趟孤獨的旅行，縱使前進的道路上有不少朋友、家人或同事相伴，也絕對沒有人能替你前進。

　　成為一個勝利者，無論從事什麼職業，也都必須靠自己努力來實現。

　　這是你自己的職責，當然，這不意味著你一定要與外界隔離，而是要確立自己的人生方向，並選擇你想要成為的模樣，唯有這樣，你才真正具備了夢想成功的潛力。

失敗讓生命昇華

　　人生只有拚搏進取，勇於挑戰才能成功。每個人從生到死，就是由一連串的成功與失敗組成，從每一次失敗的經驗中累積智慧，你就會擁有足夠的力量去獲得成功。

　　失敗可以強化人們的意志。大多數的人們希望一生平坦順利，然而，未經磨難與失敗，往往會庸庸碌碌過一生。所以，你應該欣然擁抱失敗，而不是設法逃避它。

　　沒有人能夠逃脫不幸與失敗，我們的事業也一樣，既有如沐春風的高峰，也有苦雨淒風的低谷。即使你長途跋涉，走遍天涯海角，尋得一個看破紅塵的高僧，他同樣也逃脫不了現實中的猜疑、精神上的不滿和生活中的無聊。世界上不存在極樂天堂，沒人能從世俗的煩惱中解脫出來，我們所能做的只能是端正態度，妥當的去應付這些不愉快，讓生命在磨難中得到昇華。

　　艾柯卡（Lido Anthony Iacocca）是美國汽車業無與倫比的經商天才。他開始任職於福特汽車公司，由於其卓越的經營才能，使得自己的地位節節高升，直至做到了福特公司的總裁。

然而，就在他的事業如日中天的時候，福特公司的老闆 ── 福特二世擔心自己的公司被艾柯卡控制，解除了艾柯卡的職務並開除了他。

艾柯卡在離開福特公司之後，有很多家世界著名企業都來拜訪艾柯卡，希望他能重新出山，但被艾柯卡婉言謝絕了。因為他心中有了一個目標，那就是：「從哪裡跌倒的，就要從哪裡爬起來！」

他最終選擇了美國第三大汽車公司克萊斯勒公司。他要向福特二世和所有人證明：自己的才能和福特二世的錯誤。

艾柯卡到克萊斯勒公司後，對面臨破產的克萊斯勒公司實行了大刀闊斧的改革，辭退了 32 個副總裁；關閉了幾個工廠，裁員和解僱的人員上千，從而節省了公司最大的一筆開銷。整頓後的企業規模雖然變小了，但卻更精幹了。另一方面，艾柯卡仍然是用自己那雙與生俱來的慧眼，充分洞察人們的消費心理，把有限的資金都花在刀刃上，根據市場需求，以最快的速度推出新型車，從而逐漸與福特、通用三分天下，創造了一個與「哥倫布發現新大陸」同樣震驚美國的神話。

1983 年，在美國的民意測驗中，艾柯卡被推選為「左右美國工業部門的第一號人物」。1984 年，由《華爾街日報》委託蓋洛普進行的「最令人尊敬的經理」的調查中，艾柯卡居於首位。同年，克萊斯勒公司贏利24 億美元，美國經濟界普遍將該公司的經營好轉看成是美國經濟復甦的象徵。

有人曾經在這個時候呼籲艾柯卡競選美國總統。如果在福特公司的艾柯卡是福特的「國王」，那麼在克萊斯勒的艾柯卡無疑就是美國汽車業的「國王」。

艾柯卡之所以能創造這麼一個神話，完全是受惠於當年福特解職的逆境。正是因為這一磨難，才使艾柯卡的事業步入無限的輝煌。從艾柯卡的經驗中，可見，磨難有時也是一條促成事業成功的捷徑。

　　大自然讓人們在奮鬥的過程中不斷成長、壯大與進步。如同燕子銜泥，當看到辛辛苦苦築起的巢被風吹落後，牠們卻不放棄，打起精神，重新再築。雖然這個過程是痛苦的，但世上從來就沒有輕輕鬆鬆便能成功的好事。一個人未經失敗，是永遠不可能成功的，生命也不會得到昇華。

　　堅持自己的信念。任何人做事情都可以先徵求別人的意見，但是最後決定做或者不做，還得由自己拿主意。當你有自信的勇氣時，你就做你認為對的事情。成功的管理者大都勇於堅持和引導他們的事業，朝著適當而有利的方向發展。他們向別人傳遞自己的信念並據此而行動，哪怕別人不同意。如果你不人云亦云，那麼你的奮鬥就可能會更有成效。

無論何時，都要發揮自己的強項

　　有一句俗語，叫「置之死地而後生」；西方有一句話，叫「絕望支持著我」。

　　山溪面對峭壁，它沒有絕望，一縱而成為瀑布的壯觀；枯木面對霜雪，它沒有絕望、堅忍而成春天的蓬勃。讓絕望超越世外，把希望留存心中，你將是生活中永遠的強者。

　　在美國有一個名叫克利的年輕人，他本是一個非常快樂的人，擁有一個幸福的家庭。可是在一次車禍中不幸弄斷了一條腿，被工廠老闆炒了「魷魚」，只好在家閒待著。克利感到非常沮喪，對生活失去了信心，認為自己是一個廢人了，一生都可能拖累別人。所以他提出和妻子離婚。

　　妻子不同意離婚，並鼓勵他說，你的腿沒了，但你還有手，你可以靠自己的雙手來養活自己，你應該找一個適合自己做的工作。

　　一次，他的兒子拿來一輛弄壞的電動遙控車讓他修理，克利曾經做過電工，這點小事難不倒他，他很快就把遙控車修好了。兒子十分高興，說：「爸爸，你真行！以後我的玩具壞了都讓你修理。」

　　兒子的話提醒了克利，他想，現在的玩具越來越高級，大都是電動玩具或聲、光、電的遙控玩具，價錢很貴，但這些高級玩具都經不住摔打，小孩玩不了幾天就故障。當時還沒有修理玩具的店，自己何不試一試呢？於是，他便買來一些玩具，天天對著這些玩具來研究他們經常出現的毛病，然後再尋找辦法來修理。他還經常看一些關於玩具的書。不久，他就能修理一些高級的玩具了。

　　於是，他就開了一家玩具修理店，還起了一個新奇的名字：克利玩具急診所。

　　開業的第一天，就來了一大批小顧客，克利憑著嫻熟的手藝，很快就將這些小「病號」修理好了。於是，這批小顧客便成了「小廣告」，四處宣揚。「克利玩具急診所」的名聲不脛而走，滿城皆知。顧客一批接著一批來，不到一年的功夫，克利已使 1,000 多個玩具死而復生，這些「病號」包括小到拳頭大的電動猴子，大到電動摩托車，還有遊戲機、卡拉 OK 伴唱機等。

　　修理費視玩具的大小貴賤而定，通常每天都可收入 500 美元左右，克利也在修理過程中累積了豐富的經驗。這樣，克利不僅養活了自己，而且還累積了一筆財富。平凡的他就這樣在事業上小有一番成就。

　　人生是一種經歷，每個人都打拚於職場，為了擁有一份好的事業而苦拚。從古到今，無人敢斷言，自己的一生是「只見彩虹，不見烏雲」的。

　　在事業力不從心時，記住，我們每個人都有自己的強項。在一帆風順時，我們是在發揮自己的強項；在事業不順時，我們要發揮自己的強項，從強項中尋到生路。

斬斷自己的退路，才能更好的贏得出路

　　許多偉大的人物對自己的命運都有這樣的想法，他們相信有比現在更

重要、更美好、更有動力的事業，並相信自己是「帶著成功者的使命來到世上」以完全這些事情的人。

然而，人只有瀕臨絕望的時候，才能感受到生命的真實存在。因為浮華散去，你才會看到最真實的自我。暫時的一個低潮，對整個生命而言，它增加了生命的色彩，豐富了你的人生。

有一位留學生，剛到澳洲的時候，為了尋找一份能夠糊口的工作，他騎著一輛自行車沿著環澳公路走了數日。替人放羊、割草、收莊稼、洗碗 …… 只要給一口飯吃，他就會暫且停下疲憊的腳步。

一天，在一家餐館打工的他，看見報紙上刊出了澳洲電訊公司的徵才啟事，他就選擇了線路監控員的職位去應徵。過五關斬六將，眼看他就要得到那年薪 3.5 萬澳幣的職位了，招聘主管卻出人意料的問他：「你有車嗎？你會開車嗎？我們這份工作要時常外出，沒有車寸步難行。」

澳洲民眾普遍擁有車子，無車者寥若星辰，可這位留學生初來乍到還屬無車族。為了爭取這個極具誘惑力的工作，他不假思索的回答：「有！會！……」

「4 天後，開著你的車來上班。」主管說。

4 天之內要買車、學車談何容易，但為了生存，這位留學生只好放手一搏。

他在朋友那裡借了 500 澳幣，從舊車市場買了一輛外表醜陋的「金龜車」。

他開始學開車了，第一天他跟朋友學簡單的駕駛技術；第二天在朋友屋後的那塊大草坪上摸索練習；第三天歪歪斜斜的開著車上了公路；第四天他居然駕車去公司報到了。

想知道後來怎麼樣了嗎？後來，他成了澳洲電訊公司的一名業務主管。

在很多時候，我們都需要一種斬斷自己退路的勇氣，因為身後如果有退路，我們就會心存僥倖和安逸，前行的腳步也會放慢；如果身後無退路，我們就會集中全部精力，勇往直前，為自己贏得出路。

肯定自己才能看見成功

只要能再站起來，就有成功的希望，不必在乎第一步跌得多慘，再給自己一次機會，你將發現自己的實力比想像中要強。

美國聯合保險公司董事長克里門提·史東說：「真正的成功祕訣是『肯定人生』四個字，如果你能以堅定而樂觀的態度，去面對一切困難險阻，那麼，你一定能從其中得到好處。」

不要抱怨周遭人、事、物對自己的折磨，如果我們願意用意志去掌握命運，絕對可以主宰自己的人生。

克里門提·史東是聯合保險公司的董事長，自幼喪父的他，因為體恤母親的辛苦持家，從小便懂得以打工來貼補家用。

有一回，他走進一家餐館準備叫賣報紙時，被餐館的老闆趕了出來。然而，史東一點也不想放棄，他趁著餐館老闆不注意的時間，又偷偷的溜了進去。只是，他的腳才剛踏進去，餐館老闆就發現他了，氣得狠狠的給了史東一腳。

被踢了一腳的史東，只輕輕的揉了揉屁股，便又拿起手中的報紙，再次溜進餐館中。在場的客人們看見這個勇氣十足的小男孩，紛紛代他說情，勸老闆不如對他行個方便。

於是，小史東雖然屁股被踢得很痛，卻也在口袋裡裝滿了錢。

從小，史東便表現出不凡的毅力與進取心，越是困難他越是努力，從不唉聲嘆氣，也從不叫屈，一旦目標確定了，必然全力以赴，只要目標尚未達到，他就不會放棄。

中學時期，史東開始投入保險業，剛開始時，他所遇到的困難和當年賣報紙的情況一樣。

然而，他安慰自己說：「反正做了也不會有什麼損失，進一步評估後發現成功的機會又那麼大，那就繼續做下去吧！而且要馬上行動！」

於是，他鼓起了勇氣，再次走進了剛剛走出來的大樓，這次他沒有被踢出來，而且他還順利的走進了一間又一間的辦公室。

那天，有兩個人向他買了保險，就推銷數量來說，這樣的成績算是失敗的了，不過，對史東個人來說，總算是有所收穫，因為在這個過程中，他也看見了自己的問題。

第二天，他賣出了四份保險。接下來的第三天，他則賣出了六份……

20歲那年，史東創立了一家個人保險經紀公司，開業的第一天，他就在繁華的大街上賣出了第一份個人保險。接下來，他不斷的突破自己的紀錄，還曾創下每四分鐘成交一份保險的奇蹟。

在這個實力決定競爭力的時代，在抱怨別人不重視自己之前，在自己尚未成功之時，先問自己究竟有多少能力，有沒有盡了全力，有沒有在跌倒之後再站起來。

不管時境如何變遷，只有不肯輕易承認自己已敗陣的人，才會在最後受到重視，才能被鮮花和掌聲縈繞。

只有善待失敗，才能避免再次失敗

有遠大的目標，才能激發出令人難以置信的能力，從而改寫一個人的命運；有善待失敗的勇氣，才能創造出讓人經久不衰的耐力，進而改寫一個人的人生。

羅森沃德（Julius Rosenwald）的家境不太好，為了維持生活，中學畢

業後，他就到紐約的服裝店當跑腿，做些雜工。羅森沃德從年幼時就受猶太人的教育影響，骨子裡有一種艱苦奮鬥的精神。他確信凡人都有出頭之日，一個人只要選定了目標，然後堅持不懈的往目標邁進，百折不撓，勝利一定會酬報有心人的。羅森沃德本著這種信念，十分賣力的賺了幾百塊錢。

「我要當一個服裝店老闆。」這是羅森沃德的奮鬥目標。為了實現這個目標，他除了在工作中留心學習和注意動態外，把全部的業餘時間用於學習商業知識，找相關的書刊閱讀。到西元 1884 年，他自認為有些經驗和小本錢了，決定自己開設服裝店。可是，他的商店門可羅雀，生意極不佳，經營了一年多，把多年辛苦積蓄的一點血汗錢全部虧光了，商店只好關門，羅森沃德垂頭喪氣的離開紐約，回伊利諾州去。

痛定思痛，羅森沃德反覆思考自己失敗的原因。最後，他找出了緣由：服裝是人們的生活必需品，但又是一種裝飾品，它既要實用，又要新穎，這才能滿足各種客戶的需求。而自己經營的服裝店，沒有自己的特色，也沒有任何新意，再加上自己的商店未建立起商譽，沒有銷售管道，那是注定要失敗的。

針對自己出師不利的原因，羅森沃德決心改進，他毫不氣餒的繼續學習和研究服裝的經營辦法。他一邊到服裝設計學校去學習，一邊進行服裝市場考察，特別是對世界各國時裝進行專門研究。一年後，他對服裝設計很有心得，對市場行情也看得較為清楚。於是，他決定重整旗鼓，向朋友借來幾百美元，先在芝加哥開設一間只有 10 多平方公尺的服裝加工店，他的服裝店除了展出他親自設計的新款服飾圖樣外，還可以根據顧客的需求對已定型的服飾修改，甚至完全按顧客的口述要求重新設計。

因為他的服裝設計款式多，新穎精美，再加上其靈活經營，很快博得了客戶的欣賞，生意十分興旺。兩年後，他把自己的服裝加工店擴大了數

十倍，改為服裝公司，大量生產各種時裝。

從此以後，他的財源廣進，聲名鵲起。

一個人如果沒有遠大的目標和不怕失敗的勇氣，就注定了一生的無能。一個僅僅注意到瑣事的人，永遠也到達不了輝煌的山巔。

只要你肯繼續努力，不論你曾淪落到了什麼樣的境地，處於人生的哪個階段，潛能一發動，你的世界就是多姿多采的。

再堅持一下，一定能成功

人生總會有起落，生活總有如意或不如意的事情。在激烈競爭的商業社會裡，「工作低潮」或「工作倦怠」已不是什麼新鮮事。它們就像五線譜上高高低低的音符，總是埋伏在工作情緒之中，伺機而動，總是讓你陷入一片「愁雲慘霧」之中。

當工作的狀態僵持在冰凍的嚴冬時，要相信機會和轉折也在其中，耐心等待，再堅持一下，必會迎來你人生的春天。

老亨利是一家大公司的董事長，每年利潤就有上百萬。但他年過七旬仍不願意在家裡享清福，每天到公司來巡視。

老亨利對員工很和善，從不發脾氣，看見有人工作沒做好，他就會用手拔出含在嘴裡的大雪茄，說：「沒關係，別灰心，再堅持一下，一定能成功。」說完還拍拍對方的肩膀。他這種做法很得人心，全公司上下都十分賣力的工作，誰也不偷懶。

一天，新產品開發部經理馬克向老亨利匯報：「董事長，這次試驗又失敗了，我看就別做了，都第 23 次了。」馬克皺著眉頭，瘦削的臉上神情十分沮喪。辦公室裡溫暖如春，各種裝飾品閃閃發光，米黃色的地板一塵不染。看到這些，馬克就想起自己經常停暖氣的公寓，什麼時候自己也能擁有這樣的房子？再瞧瞧歪靠在皮椅上的董事長，腦門被陽光照得泛著

亮光。這老頭有何本事成為這麼大家業的主人？馬克心裡暗想。

「年輕人，別著急，坐下。」老亨利指了指椅子，「有時候事情就是這樣，你屢試屢敗，眼看沒有希望了，但堅持一下，說不定就能成功。」老亨利將一支雪茄塞進他的嘴裡。

「董事長，我真沒辦法了，您要不要換個人？」馬克的聲音有些沙啞。

「馬克，你聽我說，我讓你做，就相信你能做成功。來，我跟你講個故事。」老亨利吸了一口雪茄，縷縷青煙在他臉旁嫋嫋上升，他瞇著眼睛開始講起來：「我也是個苦孩子，從小沒受過教育，但我不甘心，一直在努力，終於在我 31 歲那年，發明了一種新型節能燈，這在當時可是個不小的轟動。但我是個窮光蛋，要進一步完善還需要一大筆資金。我好不容易說服了一個銀行家，他答應投資。可我這個新型節能燈一投放市場，其他燈就會沒銷路了，所以有人暗中千方百計阻撓我成功。可誰也沒想到，就在我要與銀行家簽約的時候，我突然得了膽囊症，住進了醫院，醫生說必須做手術，不然有危險。那些燈廠的老闆知道我得病的消息就在報紙上大造輿論，說我得的是絕症，騙取銀行的錢來治病。這樣一來，那位銀行家也半信半疑，不準備投資了。更嚴重的是，有一家機構也正在加速研製這種節能燈，如果他們搶在我前頭，我就完蛋了！當時我躺在病床上萬分焦急，沒有辦法，只能鋌而走險，先不做手術，仍如期與那位銀行家見面。

「見面前，我讓醫生幫我打了鎮痛藥。在我的辦公室見面時，我忍住疼痛，裝作沒事似的，和銀行家拍肩握手，談笑風生，但時間一長，藥效過去了，我的肚子跟刀割一樣疼，後背的襯衫都讓汗水濕透了。可我咬緊牙關，繼續和銀行家周旋，我心裡只剩下一個念頭：再堅持一下，成功與失敗就在能不能挺住這一會。病痛終於在我強大的意志力下低頭了，自始

至終，在銀行家面前，我一點破綻也沒露，完全獲得了他的信任，最後我們終於簽了約。我送他到電梯門口，臉上還帶著微笑，揮手向他告別。但電梯門剛一關上，我就撲通一下倒在地上，失去了知覺。隔壁的醫生早就準備好了，他們衝過來，用擔架將我抬走。後來據醫生說，當時我的膽囊已經積膿，相當危險！知道內情的人無不佩服我這種精神。我呢，就靠著這種精神一步步走到現在。」

老亨利一口氣將故事講完，他的頭靠在皮椅上，手指夾著仍在冒煙的半截雪茄，閉起了雙眼，彷彿沉浸在對往日的回憶中。這時屋裡靜極了，只有牆上大掛鐘的嘀答聲。馬克被老亨利的故事感動了。他望著董事長那油光發亮的前額，眼眶裡閃動著晶瑩的淚水，感到萬分羞愧。唉，和董事長相比，自己這點困難算什麼？從董事長身上他看到一種精神，而這精神就是創造財富的真諦！董事長無愧於這個龐大公司的主人，無愧於這間高大寬敞、擺放著高級硬木家具房屋的擁有者。

「董事長，您剛才講得太動人了，從您身上我真的體會到了再堅持一下的精神。我回去重新設計，不成功，誓不甘休。」馬克挺著胸，握著拳，臉漲得通紅，說話的聲音都有些顫抖了。

事實是最好的證明，在試驗進行到第 25 次的時候，馬克終於獲得了成功。

通往成功的道路有很多條，但是前進的交通工具只有一種，那就是勇敢向前進，不要老是在前進的道路上丟石頭阻擋自己，如果你的雙腳才邁出兩步就退回了原點，請問，你憑什麼要求命運之神給你多一點機會和幸運？

操之在我贏得機會

機遇形成的過程，是極其折磨人的過程。它能動搖你的信心，磨滅你

的鬥志，衝破你的心理防線，讓你精神與精力全然崩潰，從而乖乖的繳械投降。但是，只要你不悲觀失望、不心生恐慌，堅持到底，並善於把即將到來的機遇當成磨練心態的過程，當成增強鬥志的過程，堅信偶爾的出師不順只是另一次機會的到來，你就一定能迎來新的轉折，從而在事業上飛黃騰達。

而如果我們在這過程中能夠操之在我，不為外物、外界所牽絆的話，以一顆安寧恆定的心來處之，離事業成功也就更近一步了。操之在我可以理解為：自己的情緒控制完全在於自己，完全掌握自己的情緒，超級主動，使得自己的情緒不被別人所左右。

政治家的操之在我是：「棍子和石頭也許能夠打斷我的骨頭，但是言語永遠也不能傷害我。」

利用機會鍛鍊自己，不必驚慌失措，像老闆那樣思考。

2002 年，R 君加入了一家在香港上市的高科技企業 S 公司。

S 公司 1995 年 5 月在美國矽谷成立，2000 年 4 月在香港聯合交易所創業板成功上市，為首家在香港創業板上市的矽谷公司。該企業主要從事光學影像器件及相關產品的設計、研究、開發、製造及銷售，是一家光電影像技術的領航者，為數位影像行業提供全面的解決方案。

R 君之所以加入該企業，是因為透過該公司介紹和其他一些管道了解到該企業正在籌劃一個砷化鎵晶片生產線的專案。由於砷化鎵器件在通訊、國防等領域具有重要的作用，而且該產品的加工在當地還是空白，前景非常廣闊，因此，R 君加入了這個發展前景一片光明的高科技企業。

剛剛加入該企業時，R 君意氣風發，工作勤奮，在所屬的產品部門中表現非常突出，為砷化鎵專案的實施進行了大量的準備工作。由於砷化鎵器件的應用和製造還是一個嶄新的課題，專案籌備工作千頭萬緒，同時有很多新的知識需要不斷學習和準備，所以 R 君在處理大量專案籌備工作的

同時，每天都擠出很多休息時間對相關技術進行學習，為專案的正式啟動進行鋪墊。

正當 R 君將全部身心都投入到該專案中的時候，突然從集團董事會傳來了該專案的壞消息。原來，由於某種原因，該企業一直無法從西方已發展國家採購到一些敏感而關鍵的製造設備，從而導致投資者失去了耐性，撤走了資金。

得到這個消息，R 君覺得簡直是晴天霹靂，幾個月所投入的心血全部都付諸流水，R 君感覺非常憤懣和彷徨。當初加入該企業，就是因為有這個嶄新而具有廣闊前景的專案，現在居然由於一些自身所無法左右的外在原因而導致其流產，未來的路將如何走下去？

也就是在這個時候，陸續有一些獵頭公司與 R 君聯絡，在同一個專案中工作的幾個新舊同事在這種情況下也選擇離開，人人都在為自己的出路另做打算，而且知道了情況的家人也勸他早做打算，畢竟在一個專案制的公司裡，專案的消失也就意味著工作團隊的裁減和解散。

在這種情況下，R 君也開始打算尋找新的工作機會，但與其他急於尋找工作的同事不同的是，他並沒有消沉下去，而是將前一段時間的工作紀錄以及專案進展情況認真仔細的進行整理和反省，形成了一系列書面報告和資料，作為對一段時間工作的總結和累積，並將其交給相關主管。按照他的想法，儘管這個專案沒有成功，自己也準備離開，但作為公司本身，應該從這個專案中得到很多經驗，這些經驗和教訓作為公司知識沉澱的一部分，應該能夠幫助公司以後更好的發展下去。只要還在目前的公司裡供職，就應該以專業的精神來進行自己的工作。

正當 R 君完成並提交了相關的工作總結，準備正式向公司提出辭呈的時候，卻意外的接到通知，要求其參加一個原本只應由董事和高階主管才參加的在某度假村召開的閉門會議。在這個專門為公司未來發展進行研討

的會議上，R 君作為級別最低的一個特邀人員，被要求談談自己對於砷化鎵專案的看法，於是 R 君便結合自己遞交的工作報告和專案分析資料，詳細闡述了自己對於專案整體的看法和得失分析。他的論述得到了相關主管的肯定和讚許，特別是對於其能夠在專案夭折、團隊動盪的情況下以非常敬業的態度對專案進行總結，為公司累積經驗的做法進行了高度的評價。

會議結束後沒過多久，R 君就接到了公司的任命通知，負責組建一個嶄新業務領域的事業部，從此跨入到一個新的職業高度，為日後的進一步發展奠定了基礎。

操之在我，不為環境左右，能夠調整自己的情緒，從容的處理突發壓力，處變不驚，臨危不亂，操之在我，具有帥才的氣度，這種特質預示著這個人擁有領導者的未來，將要承擔大的責任。

要有奮戰到底的勇氣

德國心理學家奧伊肯（Rudolf Christoph Eucken）在《人生的意義與價值》中提醒我們：「人生與其說是外在的克服，不如說是內在的前進；與其說是目的完全達成，倒不如說是奮戰到底的潛力的覺醒與持續。」

反省自己，是否存在一遇到挫折就半途而廢，最後才造成失敗的情況呢？

在奮鬥的過程中，不要給自己任何停下來的藉口，因為成功之門，永遠會出現在你放棄前的最後一步。

佛羅倫斯·查德威克（Florence Chadwick）的聲名，是從她完成橫渡英吉利海峽的壯舉後才被人們知曉的，在此之後的三年，她計劃從卡特琳娜島游向加州海灘，再創世界新紀錄。

那天，海面上滿是濃霧，海水更是冰冷刺骨，她必須在水中熬過 16 個小時，才能抵達目的地。

　　她的嘴唇已經凍得發紫，全身也筋疲力盡，每當她抬頭遠望，眼前總是霧茫茫一片，完全看不見終點。

　　彷彿陸地還很遙遠，游著游著，她忽然灰心的想：「看來這次無法游完全程了。」

　　當她這麼一想時，身體立刻癱了下來，連支撐划行的力量都沒有了，於是她對著陪伴的小艇說：「把我拉上去吧！」

　　但是，小艇上的朋友們卻鼓勵她說：「再忍一忍，只剩一哩了，很快到海灘了！」

　　查德威克不相信的說：「別騙我了，如果只剩一哩，我現在就可以看見海岸了，快拉我上去吧！快點！」

　　大家看她似乎真的撐不下去了，只好將她拖起。

　　小艇拉起她後，便開足馬力向前開去，這時，她似乎聽見海灘上傳來一陣歡呼的聲音。

　　沒想到朋友們真的沒有騙她，距離成功真的只剩一哩了！

　　她低頭長嘆，懊悔自己：「為什麼不再堅持一下！」

　　有了這次幾乎成功的失敗經驗，第二次挑戰時，她終於咬緊牙關，完成了這項世界紀錄。

　　有個拳擊手曾說：「當對手受到猛烈重擊並倒下時，對我而言是一種解脫，也是一種誘惑，因為每當這個時刻，我會在心裡吶喊我一定要挺住，絕不能倒下，只要再堅持一下，我就成功了！」

　　成功是靠堅持而來的，投入並且堅持不懈的做下去，「成功」的目標自然會水到渠成。不能堅持的人，就會像故事裡的佛羅倫斯，即使成功在即，最終也會斷送在自己手中。

　　當你「相信」自己一定能完成時，你會發現，自己身上正有一股澎湃的力量全力衝出，讓你不顧一切的堅持到最後一秒，於是你的生命也更充

滿了活力，而所有能量的啟動來自於你對自己的信心和耐力程度究竟有幾分。

永保進取心，才能擺脫困境

生活中其實沒有絕對的困境。困境在於你自己的心沒有打開。你把自己的心封閉起來，使它陷入一片黑暗，你的生活怎麼可能有光明？封閉的心，如同沒有窗戶的房間，讓你處在永久的黑暗之中。但實際上四周只是一層紙，一捅就破，外面則是一片光輝燦爛的天空。

機會當然需要等待和運氣，但是，如果你沒有比別人更強烈的進取心，即使再多的機會靠近你，也都會與你擦肩而過。

艾倫從鄉下來到這個大城市，希望能在這裡找到一份工作，讓自己的才華能盡情的發揮出來。

但是，他來到這個城市已經十多天了，不僅工作沒有找到，連身上帶出來的盤纏也所剩無幾。

艾倫掙扎了好幾天，最後決定返回家鄉。

在返鄉的前一天，艾倫忽然想起一位報社的老朋友，正是因為這位朋友的鼓勵，他才會來這裡碰碰運氣。

艾倫心想，這次回去鄉下之後，恐怕不會再來了。雖然失敗了，但總算也出來試過，無論如何都應該向報社的朋友道別。

當朋友聽了艾倫的遭遇後，靜默了許久，接著他拿出了 100 美元，對艾倫說：「我很能夠體會你現在的心情，不過，請你答應我一件事，等你花完了這 100 美元後再回去，好嗎？」

艾倫看著朋友，心中非常感動，便答應了這個請求。

艾倫拿著朋友的錢，省吃儉用的過日子，就在他花掉了二分之一的時候，忽然省悟：「每天只是這麼吃吃喝喝，生活一點意義也沒有。」

　　於是，他找了一份回收工作，拾撿一些廢紙和鐵鋁罐。沒想到，這些東西讓他賺進了 10 塊錢。

　　緊接著，在又花掉 30 元的那幾天裡，他找到了一份配送廣告傳單的工作，這份零工讓他再賺了 10 塊錢。

　　到了花掉最後的 20 元那天，艾倫找到了一份房屋裝修的工作，將一堆沉重的花崗石，一一搬上大樓。工作結束後，他到工頭那裡領錢，沒想到自己竟然把 100 元賺了回來。

　　從這天開始，艾倫決定以「花 100 元賺 100 元」的方式，在這個城市重新開始，一步步的累積自己的工作經驗與生活費。

　　艾倫很勤儉，累積的財富越來越多。後來，他找到一份速食店的外送工作，雖然只是個臨時工，卻是他在這城市奮鬥的開始。幾個月之後，他應徵到一間保險公司工作，成為正式的保險專員。

　　工作穩定之後，艾倫積極的閱讀、學習，以不斷增強自己的實力。

　　一步一腳印，成長快速的艾倫，奇蹟般的用短短三年的時間，在這個大城市開創了自己的天空，開辦了一家公司。

　　只要你願意，現在你就可以拿一根棍子，一個破碗，20 年後你一定可以走遍世界，而且保證你不會餓死。相反，20 年之後你會變得更好，因為你可以透過你自己的能力去交換你需要的東西。

　　似乎每個人都在等待工作的機會，每個人都希望獲得提拔的機會。然而，有人很快便獲得機會，有人卻過了大半輩子都等不到。

　　反省一下自己，想想自己缺乏的到底是什麼？是機會，還是一顆旺盛的進取心？

人一旦頹廢，萬事皆無法達成

　　有人說，人生的命運是一尊雕像，磨難猶如一把鋒利的雕塑刀，人就

是用這把刀來刻劃命運的雕塑家；一尊美好的雕像的誕生，須經過磨難的洗禮，更需要雕塑家的堅毅和深沉。

美國著名的推銷員查姆斯擔任某公司銷售經理時，有居心不良人士散布該公司發生財務危機的謠言，這導致公司整體業績下滑，這件事嚴重影響了員工們的向心力和工作熱情，特別是負責推銷的銷售人員，更因此失去衝勁，銷售成績直線下滑。

由於情況極為嚴重，查姆斯不得不召開一次大會，在會議開始時，他首先請業績最好的幾位銷售員站起來，要他們說明銷售量下滑的原因。這些銷售員一一站起來，不是歸咎於經濟不景氣，就是抱怨廣告預算太少，再不然就是推說消費者的需求量不大。

聽完他們所列舉的種種困難後，查姆斯突然高舉雙手要求大家肅靜。然後他說：「停，會議暫停十分鐘，我要把我的皮鞋擦亮。」

接著，他叫坐在附近的一名小工友把擦鞋工具箱拿來，把他的皮鞋擦亮。在場的銷售員都不明白此舉有何用意，不禁竊竊私語。

而那位小工友俐落的擦著，表現出了最專業的擦鞋技巧。

皮鞋擦亮後，查姆斯先生給了小工友一毛錢，然後發表他的演說。他說：「我希望你們每個人好好看看這位小工友，公司裡的每一雙皮鞋都是他擦的。在他之前是個另一個小男孩，年紀比他大。

「儘管公司每週補貼他五塊錢，加上工廠裡數千名員工的賺錢機會，他卻仍然無法賺取足夠的生活費用。但是，這個小男孩卻可以有相當不錯的收入，每週還可存下一點錢。現在，我想問你們一個問題，當初那個小孩拉不到生意，是誰的錯？是他的錯還是顧客的錯？」

那些推銷員不約而同的大聲說：「當然是那孩子的錯。」

「沒錯！」查姆斯回答，「現在我要告訴你們，這個時候和一年前的情況完全相同，同樣的地區，同樣的對象及同樣的商業條件，你們的銷

售成績卻遠遠比不上去年，這到底是誰的錯？是你們的錯，還是顧客的錯？」

全體推銷員又發出雷鳴般的回答：「當然，是我們的錯！」

「我很高興你們能坦率承認你們的錯誤，」查姆斯說，「現在我要告訴你們錯誤在哪裡。你們一定聽到了公司財務發生問題的謠言，才影響了你們的工作熱情，不是不景氣，而是你們的推銷工作不像以前那樣熱情賣力了。現在，只要你們回到自己的銷售地區，並保證在 30 天內提高自己的銷售業績，本公司就不會有財務危機，你們做得到嗎？」

「做得到！」幾千名員工一起大喊。後來，他們果然辦到了，還讓公司的業績突破了紀錄。

用一顆熱忱的心面對生活，對待事業。一位學者說：「來到這個世界上，做任何事都要全力以赴。」哪怕是最卑微的職業，也要做得最好。即使是擦鞋，也要像故事中的小工友一樣，把它當作藝術品來做，全身心的投入進去。

如果每個人都能全身心的投入到自己的工作中去，即使你能力一般，也能獲得好的成績，關鍵看你是否具備了滿腔的工作熱情。

因為，從來都沒有熱情工作的人，會因為沒有熱情而丟了工作；但從沒有認真付出的人，會因為太過認真而無法成功。

勇於選擇才會幸福快樂

很多人習慣上把事情定在一個界線之內，一旦不能突破，就會退縮到安全的界線內，並告訴自己：「算了吧！我的能力就只有這些。」殊不知那條界線，其實正劃分著勝利與失敗。

為什麼要因為缺乏自信和選擇的勇氣而將自己打入「冷宮」呢？其實，只要你從瓶頸中跳出來，勇敢選擇並付諸行動，人生的出口一定會廣

闊無垠。

黛比‧菲爾茲（Debbi Fields）出生在一個有很多兄弟姐妹的大家庭，從小她就非常渴望得到父母親的讚揚和鼓勵，但是家裡孩子實在太多了，父母忙著養家糊口，根本就照顧不到她的需求。

這樣的成長經歷，使得她長大後依然缺乏自信心，始終無法闖出一番屬於自己的事業，但是後來她嫁給了一個事業非常成功的高階管理員，但美滿的婚姻並沒有改變她的自卑心理。

當參加社交活動時，她總是顯得害羞、笨拙，唯一使她感到自信的事是在廚房裡烹飪。她非常渴望成功，既想鼓起勇氣從家務中走出去做些自己想做的事，又害怕遭到親友恥笑。

但人總是會變的，她仔細想了想，要不就停止自己想要成功的夢想，要不就鼓起勇氣走出去。

最後她決定進入烹飪業，於是鼓起勇氣對父母親和丈夫說：「因為你們總是稱讚我的烹飪手藝，所以我決定自己開一間食品店。」

他們聽了，驚訝的叫道：「喔，黛比！這，這不可行呀，要是失敗了怎麼辦？這事很難的，別胡思亂想了。」

他們一直這樣勸阻黛比，但是，她不願意再倒退回去，不願再像以前那樣猶豫不決。

她下定決心要開一家食品店，丈夫雖然始終反對，但是最後仍然給了她開食品店的資金。

豈知，食品店開張的那一天，竟然沒有一個顧客光臨，她幾乎要被冷酷的現實擊垮。

第一次冒險就讓自己身陷其中，黛比心中有著必敗無疑的恐懼，甚至相信親友們是對的，冒這麼大的險是一個錯誤。

只是，冒了第一個很大的風險以後，面對下一個風險就顯得容易多

了，所以，她決定繼續走下去。

黛比一反平時膽怯羞澀的性格，端著一盤剛烤好的食品上街，請每一個過往的人品嘗。結果，所有嘗過的人都讚不絕口，說味道非常好，這讓她開始有了信心，許多人也開始接受了黛比的食品。

現在，「黛比·菲爾茲」的名字在全美連鎖商店裡赫赫有名，她的公司「菲爾茲太太原味食品公司」則是最成功的食品連鎖企業，她完全脫胎換骨，成為一個渾身散發著自信的女人！

邱吉爾曾說：「一個人絕對不可能在遇到危險的威脅時，背過身去試圖逃避。若是這樣做，只會使危險加倍。但是，如果立刻毫不退縮的面對它，危險就會減半。」

絕對不要逃避任何事物。面對風險，當你信心不足時，不必擔心，放大膽子，及時邁出決定性的第一步後，只要妥當運用自己的智慧，接下來的難題都可以迎刃而解。

生命的倒退源於畏首畏尾

曾經叱吒風雲的拿破崙曾說：「我們應努力奮鬥，有所作為。這樣，我們就可以說，我們沒有虛度年華，並有可能在時間的沙灘上留下我們走過的足跡。」

人生中一切甜美的果實，都是從不斷的犧牲奮鬥中得到的，種種煩惱、磨練都可以砥礪我們的鬥志，種種危險、困難都可以鍛鍊我們的勇氣。只要不懼怕，生命就會昇華而絕不會倒退。

有個名叫大衛的年輕人，住在英格蘭內陸的一個小鎮上，從來沒有看過海的他，非常想到海邊看一看大海的模樣。

某天，他終於來到海邊。當他看到心儀已久的大海時，天空正籠罩著厚厚的濃霧，海面波濤洶湧，天氣又濕又冷。他大失所望。

他心裡想：「我開始不喜歡大海了。還好，我不是水手，當一個水手實在太危險了。」

在海邊走著走著，一個水手迎面而來，兩個人便聊了起來。

大衛問他：「你怎麼會喜歡海呢？海上瀰漫著濃霧，天氣又冷又濕。」

水手回答說：「哦，其實海上不常有霧，也不會天天都那麼冷，大部分的時間是明亮而美麗的。而且對我來說，任何天氣下的海洋都是非常美麗的。因為我非常愛大海。」

大衛又問：「當水手不是很危險嗎？」

水手說：「朋友，當一個人熱愛他的工作時，他是不會想到什麼危險的，何況我們全家人都愛海。」

「哦？你的父親現在何處呢？」大衛問道。

「他遇到颱風，已經葬身大海。」

「你的祖父呢？」

「他的船隻失事，死在大西洋裡。」

「那你的哥哥……」

「他在海邊游泳時，不幸被鯊魚吃了。」

大衛瞪大眼睛說：「哇，這麼慘！如果我是你的話，我永遠也不願意靠近大海。」

水手聽了之後問大衛：「那，你能不能告訴我，你的父親在哪裡過世的呢？」

大衛回答說：「他是在床上斷氣的。」

「那你的祖父呢？」

「他也死在床上。」

水手笑著對大衛說：「既然這樣，那就奇怪了，你為什麼還每天到床

上去睡覺呢？」

　　失敗的人之所以失敗，只因為他們總是擔心著可能遭遇但還未遭遇的危險；而成功的人之所以成功，在於他們總是不畏艱難，勇往直前。

　　也許這麼說有點八股，但是事情就是這樣。人們靜下心來反省，就不難發現自己因為恐懼、害怕錯失的機會究竟有多少。

　　失敗的陰影總是籠罩著害怕危險的人。越不敢冒險犯難，失敗的可能性就越大。

別讓錯誤心態誤了你

　　現在的你是為了工作而工作，還是為了金錢而工作？

　　不管你保持著什麼心態，最重要的是，應該明瞭哪一種心情能讓你工作時最開心。

　　法國思想家盧梭曾說：「任何一種心態，只要你能控制它，它就會對你有益；如果讓它左右你，它就會對你造成傷害。」

　　一個人如果只想從工作中獲得薪水，而在其他方面一無所得，那無疑是件可悲的事。

　　1930 年，老牌演員歐布萊恩還只是個默默無聞的小演員，在紐約參加一齣名叫《向上·向上》的話劇演出。

　　其中一幕是質詢某件事情的場景：一開始，歐布萊恩與兩個怒氣沖沖的人爭執不休，他們一個是透過電話和歐布萊恩吵嘴，一個則是在他桌子旁邊和他大聲爭吵。

　　這齣戲上演後，各方的反應相當冷淡，後來為了讓演出能進行下去，劇團只得移到一個小劇院去演出，還削減了薪水，前景顯然黯淡了許多。

　　每晚，歐布萊恩都為了扮演同樣的角色惱火，到了後來竟決定敷衍了事，自己何苦為這沒有前途的事情賣力呢？

正想著的時候，《聖經》裡的一句話突然鑽進了歐布萊恩的腦海：「無論做什麼事，都要盡力而為。」

這句話像是天籟神音直貫耳膜，從此之後歐布萊恩演出時都全心投入，不再有任何怠惰的念頭。

幾個月後，歐布萊恩突然接到了自稱代表霍華·休斯（Howard Robard Hughes, Jr.）的人的電話，後者說：「休斯先生打算把《扉頁》拍成電影，想邀請你參加。」

後來，這部電影的導演把這件事的始末告訴了歐布萊恩。原來導演和他的一群朋友到紐約訪問時，買到了幾張轟動一時的戲劇的門票，可最後還是缺了一張，於是導演放棄，便穿過馬路來看對面劇院裡演出的《向上·向上》。

「有一場戲的確打動了我，」導演對歐布萊思說，「就是你和別人爭吵的那一幕。」

於是，他推薦歐布萊恩在《扉頁》裡相似的一場戲中扮演一個角色，這是歐布萊恩電影生涯的開始。

其實，人一來到這個世界，便接受了挑戰，自呼吸人間的第一口空氣起，就開始了人生旅程中的各種殘酷考驗。之所以人們心甘情願的與這些挑戰抗爭，是因為夢想成功，希望才華獲得賞識，能力得到肯定。擁有名譽、地位、財富，這幾乎是所有人的心願。不過遺憾的是，這些往往因為不好的心態而耽誤了，以致真正能做到的人總是不多。

從工作中找出意義，並身體力行，就算可能會徒勞無功，也要盡力而為。因為，在累積經驗之後，你自然而然就會看見屬於自己的一片天空。

只要勇於嘗試，就會贏得更多的成功機會

莎士比亞說：「本來無望的事，只要勇於去嘗試，往往就會獲得成

功。」

　　每個人都生活在希望之中，都有自己的目標和夢想，但並不是每個人都會努力去實現。

　　如果一個人只是得過且過的一天混過一天，心中毫無希望可言，更別談勇於嘗試的機會，那麼，他的生命實際上已經停止了。

　　1973 年，S·甘迺迪高中畢業（這是他僅有的學歷），他想找份工作，並打算從「專業銷售」開始。他夢想擁有公司分配的又新又好的汽車，一份薪水，外加佣金和獎金，每天西裝革履的上班，還有銷魂的出差機會。

　　甘迺迪偶然發現了一則徵才廣告：一家出版公司的全國銷售經理要在本城待兩天，只為了招募一位負責 5 個州內各書店、百貨公司和零售商的業務代表。甘迺迪夢想在將來成為作家或出版家，所以「出版」二字對他來說是有吸引力的。廣告又說，起初月薪 1,600 美元至 2,000 美元，外加佣金、獎金、公務費和公司配車。這正是他夢寐以求的工作。

　　不幸的是，甘迺迪不是他們的理想人選。他去面試時，那位全國業務經理很客氣的向他解釋，他不是他們要找的人。第一，甘迺迪太年輕；第二，他沒有工作經驗；第三，他沒念大學。這份工作顯然是為年齡在 35 至 40 歲之間、大學畢業，並具有相當豐富經驗的人準備的，剛出校園的年輕人顯然不適合。該公司已有幾位應徵者待定。甘迺迪竭力毛遂自薦，但招聘者態度堅決 ── 他就是不夠格。

　　這時，甘迺迪亮出了絕招。他說：「瞧，你們這個地區缺業務代表已達 6 個月了，再缺 3 個月也不至於要命吧。看看我的主意：讓我做 3 個月，公司只負擔公務費，我不要薪資，還開我自己的車。如果我向你證明我能勝任這份工作，你再以半薪僱我 3 個月，不過我要全額佣金和獎金，還得幫我配車。如果這 3 個月我仍勝任這份工作，你就用正常條件錄用我。」

這樣，甘迺迪被錄用了。在很短的時間裡，他重組了銷售流程，創下3項紀錄：短期內在困難重重的地區扭轉乾坤；3個月內，讓更多新客戶的產品擺滿他們的整個攤位；爭取到新的非連鎖書店的大公司等等。

3個月以後，甘迺迪有了公司配車、全額薪資、全額佣金和獎金。勇於嘗試，常常會帶給我們更多的機會，而這些機會正是我們所需要的。

檢查一下你的生活，問問自己：假如我只能再活一年，心中的那些夢想，我該如何看待？

每個人都有能力實現自己的夢想，別再拖延了，勇敢嘗試，讓自己心中的希望就從現在開始，一步步落實。

無論你走了多久，走得多累，都千萬不要在「成功」的門口躺下休息。要知道「躺著思考，不如站起來行動！」不要把夢想變成幻想。

忍耐暫時的痛苦

哲學家蒙田說：「若結果是痛苦的話，我會竭力避開眼前的快樂；若結果是快樂的話，我會百般忍耐暫時的痛苦。」

生命是一種創造性的歷程，每個人都應該了解自己創造力的來源，在通往成功的路上，永不言棄的激發自己的生命潛能，若遇到了坎坷荊棘，只須暫時的忍耐一下，經歷了這些痛苦之後的你，定能厚積薄發獲得成功。

1938年本田先生還是一名學生時，就變賣了所有家當，全心投入研究製造他心目中所認為理想的汽車活塞環。他夜以繼日的工作，與油汙為伍，累了，倒頭就睡在工廠裡。一心一意期望早日把產品製造出來，以賣給豐田汽車公司。為了繼續這項工作，他甚至變賣妻子的首飾，最後產品終於出來了，並送到豐田去，可是，他的產品最後卻被認為品質不合格而退了回來。

為了求取更多的知識，他重回學校苦修兩年，這期間，經常為了自己的設計而被老師或同學嘲笑，被認為不切實際。他無視於這一切痛苦，仍然咬緊牙關朝目標前進，終於在兩年之後獲得了豐田公司的購買合約，完成他長久以來的心願。此後一切並不就一帆風順，他又碰上了新問題。當時因為第二次世界大戰，一切物資吃緊，政府禁賣水泥給他建造工廠。

他是否就此放手了呢？沒有。他是否怨天尤人了呢？他是否認為美夢破碎了呢？一點都沒有！相反的，他決定另謀他途，而和工作夥伴研究出新的水泥製造方法，建好了他們的工廠。戰爭期間，這座工廠遭到美國空軍兩次轟炸，毀掉了大部分的製造設備，本田先生是怎麼做的呢？他立即召集了一些工人，去撿拾美軍飛機所丟棄的汽油桶，作為本田工廠製造用的材料。

在此之後，他們又碰上了地震，夷平了整個工廠。這時，本田先生不得不把製造活塞環的技術賣給豐田公司。

本田先生實在是了不起的人，他清楚的知道邁向成功的路該怎麼走，除了要有好的製造技術，還得對所做的事具備信心與毅力，不斷嘗試並多次調整方向，雖然目標還不見蹤影，但他始終不屈不撓。

第二次世界大戰結束後，日本遭逢嚴重的汽油短缺，本田先生根本無法開著車子出門買家裡所需的食物。在極度沮喪的情況下，他不得不試著把引擎裝在腳踏車上。他知道如果成功，鄰居們一定會央求他替他們裝摩托腳踏車。果不其然，他裝了一部又一部，直到手中的引擎都用光了。他想到，何不開一家工廠，專門生產自己所發明的摩托車，可惜的是他欠缺資金。

他決定無論如何要想出個辦法來，最後決定求助於日本全國 18,000 家腳踏車店。他向每一家腳踏車店用心寫了封言詞懇切的信，告訴他們如何藉著他發明的產品，在振興日本經濟上扮演一個角色。結果說服了其中

的 10 家，湊齊了所需的資金。然而當時他所生產的摩托車既大且笨重，只能賣給少數硬派的摩托車迷。為了擴大市場，本田先生動手把摩托車改得更輕巧，一推出便贏得滿堂彩，因而獲頒「天皇賞」。隨後他的摩托車又外銷到歐美，於本田公司便開始生產並獲得佳評。

當情況看起來似乎很糟糕的時候，你應該看看你是否看錯了方向。向後看只會使你喪失信心，向前看才會使你充滿自信。當前景不太光明的時候，試著向上看 ── 那裡總是好的，你一定會獲得成功。

我們若是只把目光放在眼前，那麼未來就難以掌握，我們若是想獲得長久的快樂，永恆的成功，那麼就要忍受暫時的痛苦。

大多數人在做決定時都只考慮眼前而不考慮未來，結果快樂沒得到卻得到痛苦。事實上，人世間一切有意義的事若想成功，那就必須忍受一時的痛苦。你必須熬過眼前的恐懼和失敗，按照自己的價值觀或標準，把目光放在未來。本來任何事都不會使我們痛苦，而真正使我們痛苦的是對於痛苦、失敗的恐懼。

相信自己，無所不能

著名劇作家蕭伯納（George Bernard Shaw）在《聖女貞德》裡說：「有決心，有牢固的雲梯，就可以爬過最堅硬的牆。」

信心就是你向上攀爬的雲梯，只要下定決心，充滿信心，你就能克服任何過去讓你畏懼的困難。

小富蘭克林·羅斯福原本是個瘦弱膽小的男孩，每個人看見他，見到的總是滿臉的驚恐表情。

天生容易緊張的小羅斯福，每次被老師叫起來背誦課文時，他總是緊張得全身發抖，說話斷斷續續且含糊不清。

一般小朋友如果像他這種情形，一定會拒絕參加各種活動，也會越來

越離群索居，不交朋友，只知顧影自憐，唉聲嘆氣。

然而，小羅斯福並沒有這樣，雖然容易緊張，但對於自己的缺陷，他反而更加積極的面對，即使同伴們嘲笑他，他也不以為意，就像他面對緊張時的嘴唇顫動問題一樣，堅定的說：「只要我用力的咬緊牙床，阻止它們顫動，不久我就能克服緊張的情緒了！」

小小年紀的羅斯福，每一天總是堅定的對自己說：「我一定要成為一個堅強的人！」

當他看見其他小朋友活力十足的參與各種體育活動時，便強迫自己也要參加，不管體力是否能夠負荷。每個人從他的眼神裡，都可以看見他堅定的想要成功的決心。

而當恐懼產生時，他會對自己說：「我一定行！」

慢慢的，他克服了怯懦，也克服了身體上的局限，因為擁有不屈不撓的精神，讓他勇於面對任何可怕或困難的事。

喜歡交朋友的羅斯福，對於交際也有一個簡單的原則，他認為：「交朋友是一件很快樂的事，只要我用快樂的態度與人互動，即使本身外在形貌很差，人們仍然願意與我來往，因為每個人都喜歡快樂，不是嗎？」

為了讓自己更強壯，高中前羅斯福都會利用假期時間加強體能訓練，而他也正是憑著這種奮鬥精神與自信，最終成為美國的第 32 任總統。

只有成功的人才知道，不論成功或失敗，一切都取決於自己，只有他們才明白，獲得成功的要素不在於外在因素，而在於自身實現目標的信心和獨一無二的自我肯定。

許多勵志大師都是這麼說的：「相信你能，你就一定能。」不管是心力也罷，意志也罷，相信了自己，你就能滿懷信心，輕鬆的解決每一個難題，邁向你所期待的成功。

哭過之後從頭再來

人生在世，誰都有過失敗，有過挫折，古今中外哪位成功人士不是從失敗中走出來的？

走在人生漫漫的旅程上，你或許有過多次這樣的體驗：成功確確實實就在不遠處向你招手，但是，當你想接近它時，它卻退避了，不迎上來與你握手。而你自己呢？反而陷入莫名的泥潭，被失敗的泥漿糊了一身。

為什麼會這樣？是世界不公平嗎？是命運與你開玩笑嗎？不是，至少不完全是。不是因為別的，歸根到底是因為你沒有經歷過足夠多的失敗的緣故。

小澤征爾少年時代就很有音樂天賦，他立志將來一定要成為列昂尼德·克魯策那樣的指揮家。

1951 年 4 月，小澤征爾考入了桐明高中的指揮專業。高中畢業後，他到歐洲深造。從馬賽到巴黎，他感受到了藝術之鄉的強大魅力。他在貝桑松國際指揮比賽中獲獎，並且連續兩次贏得了伯克郡音樂節和卡拉揚主持的指揮比賽獎。

世界著名指揮家卡拉揚（Herbert von Karajan）很欣賞小澤征爾，並親自指點過他。在巴黎的兩年裡，小澤征爾進步很快，並受聘於紐約愛樂樂團和美國最大的演出公司 —— 哥倫比亞藝術公司，成了一名樂隊指揮。

1962 年，小澤征爾剛剛從巴黎返回日本，並受聘擔任日本廣播公司交響樂團的常任指揮。可是，樂團中的一些成員對年輕的小澤征爾很不服氣，相比較而言，他們更崇拜德國著名指揮家福特萬格勒（Wilhelm Furtwängler）的指揮風格。因此，他們拒絕參加演出，在空蕩蕩的劇場裡，只有小澤征爾一個人站在指揮臺上。他沒有想到，在國外歷盡千辛萬苦學到的本事，回到自己的國家卻遭到如此的冷落，這簡直是一個奇恥大辱！

憤怒之餘，小澤征爾毅然離開了日本，開始了他的漂泊生活。

他來到了美國，除了潛心學習之外，還擔任了芝加哥樂團維尼亞青年節的指揮。同時，他還兼任加拿大多倫多樂團的指揮。豐富的閱歷使他的指揮技藝更加精湛了。5年之後，他離開了美國，開始在世界各地旅行。

各種不同的音樂流派、藝術風格他都接觸過，並經過他的博採眾長、整理加工，逐漸形成了他自己的風格。此後，小澤征爾真正的出名了，輿論界稱他為「當今世界著名指揮家」。

儘管如此，小澤征爾仍然對自己嚴格要求：每天凌晨一點左右睡覺，早晨五點起床。除了指揮演奏會以外，他把大部分時間都用在了研習樂譜上。

1972年，小澤征爾受聘擔任了波士頓交響樂團的常任指揮。終於透過自己的艱苦努力，登上了世界音樂高峰。

如果沒有當初的「指揮臺事件」，會有今天的小澤征爾嗎？如果小澤征爾沒有面對失敗的勇氣，他今天還能夠敲開波士頓交響樂團的大門嗎？失敗並不可怕，可怕的是沒有承受挫折的能力。有著足夠的心理準備和心理承受能力，在失敗面前毫不退縮，才能把失敗踩在腳下，創造出了一個奮鬥者的神話。

靠自己的努力改變殘缺的命運

抱怨再多，也不可能改變現狀，唯有靠著自己力量，讓心中充滿活力，才能開闢一片屬於自己的天地。

即使在灰暗中，我們也能創造出陽光，照亮自己的生命。

威爾遜是一位非常成功的商人，他從一個普通的小職員做起，經歷多年的奮鬥與累積，最後擁有了自己的公司，受到員工們的愛戴與尊敬。

這天，威爾遜從辦公大樓走了出來，就在他走到街上時，身後忽然傳

來「嗒嗒嗒」的聲音，那是盲人用竹竿敲打地面所發出的聲響。

威爾遜愣了一下，接著緩緩的轉過身。

那個盲人感覺到前面有人，連忙打起精神，上前哀求道：「先生，您一定發現我是個可憐的盲人吧！能不能占用您一點點時間呢？」

威爾遜說：「好，不過我正趕著要去見一個重要的客戶，你有什麼要求，請快點說吧！」

只見盲人在背包裡摸索了半天，最後掏出一個打火機，遞到威爾遜面前，說：「先生，這個打火機只賣一美元，這是最好的打火機啊！」

威爾遜聽完後嘆了口氣，他掏出一張鈔票，遞給盲人：「雖然我不抽菸，但是我很願意幫助你，這個打火機我可以送給開電車的年輕人。」

盲人感謝的拿過了鈔票，並用手摸了一下，居然是一百美元！

他顫抖著手，反覆撫摸著這張錢，嘴裡感激的說：「您是我遇見過的最慷慨的先生，仁慈的富人啊，我願意為您祈禱！願上帝保佑您！」

威爾遜笑了笑，轉身準備離開。然而，盲人忽然又拉住他，喋喋不休的說：「您知道嗎？我並不是一生下來就瞎了，我會有今天，都是23年前，布林頓的那次事故害的！」

威爾遜一驚，問道：「你是在那次化工廠爆炸中失明的嗎？」

盲人似乎遇見了知音，他連連點頭：「是啊，是啊，您也知道嗎？那次可死了93個人，受傷的也有好幾百人，在當時可是頭條新聞哪！」

盲人似乎想用自己的遭遇打動威爾遜，以爭取更多的施捨，他哀怨的說：「我真可憐啊！失明之後到處流浪，每天有一頓沒一頓的過活，或許死了都沒人知道。」

越說越激動的盲人，接著憤憤的說：「您不知道當時的情況，火一下子就冒了出來，就像是從地獄裡冒出來似的！我好不容易衝到門口，可是有一個大個子，卻在我身後大喊：『讓我出去！我還年輕，我不想

死！』接著他將我推倒，還踩著我的身體跑了出去，然後我就失去了知覺。等我醒來時，已經變成現在這個模樣了。唉！命運真不公平呀！」

誰知，威爾遜聽完後，卻冷冷的說：「朋友，事實恐怕不是這樣吧？我認為，你故意把它說反了。」

盲人一驚，空洞的眼睛呆呆的對著威爾遜。

威爾遜緩緩的說：「當時，我也是布林頓化工廠的工人，而你才是那個從我身上踏過去的大個子，因為你長得比我高大。更重要的是，你說的那句話，我永遠都忘不了！」

盲人呆呆的站了好久，突然他一把抓住了威爾遜，接著發出一陣詭異的大笑：「你看，這就是命運啊！不公平的命運！你原本在裡頭，如今卻出人頭地了；而我雖然跑了出來，現在卻成了一個沒有用的瞎子！」

威爾遜用力推開盲人，並舉起手中精緻的棕櫚手杖，靜靜的說：「你知道嗎？我也是一個瞎子，你相信命運，但是我從不相信。」

同是盲人，有人以乞討為生，有人卻能靠自己的努力而出人頭地。

同樣的遭遇，卻有截然不同的結局，難道這真的是命運安排的嗎？

當然不是，成功是靠自己奮鬥出來的成果。當面對自己的殘缺時，並不願屈服於所謂的命運，因為我們知道，不管人生有多大的變化或阻礙，都不能消減自己的生命活力，只要還活著，就可能繼續開創美麗的人生。

PART FOUR
當生活布滿陰霾時 —— 日子難過，更要認真度過

每個人的生命都是一幅屬於自己的作品，而生活是在表象中行進的，所以免不了受到世事的沉浮，只有用心，我們才能看懂生活，才能在塵埃落定之時，繼續延伸我們生活的美好……

日子難過，更要認真的度過

大部分人都認為自己的生活過得好辛苦！為何如此，因為他們感受到的不是快樂，而是痛苦！

但是，當你埋怨苦日子折磨人時，不妨仔細想想，在這些難過的日子當中，你認真生活過了嗎？你為自己爭取過多少機會？

你有權選擇用痛苦的方式過日子，也大可選擇快樂的生活。如果你連生命韌性都還沒開始發揮，就任風雨吹得直不起腰，你還能要求享有什麼樣的生活？

一個人的快樂不是因為他擁有得多，而是因為他計較得少。多是負擔，是另一種失去；少非不足，而是一種更寬泛的擁有。

珍妮是個鄉下的女孩子，後來到城裡一家服裝店當店員。她聰明，能說會道，有她在，生意總是興隆。可以說她是天生的說客，只要有客人來，看看的最後也是滿載而歸。後來珍妮就自己做，也開了一間服裝店，沒到兩年就做了名牌西裝的專賣店。

可是正當在她收入多多的時候，她的厄運也來了。先是過馬路的時候被汽車輾了腳趾，後來她走路就變得一邊高一邊低了。但是她是個堅強的女孩子，她對於自己的不幸，獨自承受了，她照樣跟朋友們一起聚會，甚至於她經常大膽的出入舞廳跳舞。

可是並不因此她的厄運就結束了，她的腦部生了一種瘤，當花了大量的錢，吃了很多苦治好以後，她便賣了自己的店，買了一間住房，同時買進一間店面。她想過安逸一點的日子。裝修了住房之後她就住進去了，店面租給別人，每月有一筆收入。然後她就是想好好的把自己嫁出去。可是由於行動不便，加上由於生病之後，她整個人像吹氣一樣的發胖。雖然她很有毅力，堅持鍛鍊，但也比同齡的女孩子顯得肥胖。儘管她很能幹，也有嬋娟一樣的面容，但是她只能找一個年紀比她大，而且是家境貧寒的男

人。應該說日子還算過得去，可是她結婚之後又發現一個讓她痛苦的問題，就是她遲遲不能懷孕。她想要一個孩子，她想要做媽媽，這個在別人看來最簡單的要求都難以達到。她花了很多錢也沒辦法。生活一直在考驗著她，撕扯著她。但是她並沒有倒下。

珍妮踏入保險行業，全心全意的跑業務。她從工作中找到了支點。由於她的精明能幹，也由於她的朋友眾多，更由於她的敬業認真。她在不到三年的時間成了保險之星，每年她都是公司獎勵的對象。她太能幹，每一個保戶最後都成了她的朋友；而每一個朋友，甚至是朋友的朋友都成了她的保戶。在和朋友們一起的時候，總是能聽見她在高聲歡笑。她總是在講一些有趣的故事，什麼事情經她一描述，就變得有趣起來。外人根本看不出她有什麼煩惱的事。

在一個婦產科專家朋友的幫助下，總算是讓她懷孕了。正當她準備做媽媽，辭去如日中升的保險事業的時候，又發生了一件讓她難過的事。她是準備懷孕到肚子能看出來的時候就辭職，可是在一個風雨交加的夜晚，她不小心受了涼，然後很快就流產了。

醫生告訴她要再懷孕的機會更少了。人們知道這個事都替她惋惜。可是不知道這件事的人，一點也沒有看出她發生過什麼。真的，她還是笑得那麼燦爛，她還是繼續做著保險，還是每天忙忙碌碌，總是把歡笑帶給大家。

珍妮真是個堅強的人，她始終認為，不管遇到什麼，既然生活在繼續，快樂是一天，不快樂也是一天，何不快樂無比的過好每一天，讓你周圍的朋友看到的總是你的快樂而不是悲傷呢？這樣大家都會受到快樂的感染，都會比較快樂一點的。

是呀，生活也正是這樣。其實，只要我們放眼生活的角角落落才會知曉，我們多僥倖，多占便宜！也許正是我們的付出與我們的收穫不成

比例，上帝才把更多的苦悶施加過來，好讓我們品嘗。微笑迎接生活，苦難也會變成珍藏！誰能說，苦難不是一面鏡子，艱苦不是一生難得的經歷？

微笑對待生活，生活也會給你很多快樂。你的微笑，給了世界一些祥和，你自己也多享受一些祥和；你的微笑，給了別人多少舒暢，你自己也會加倍的得到舒暢；你的微笑讓困難變小，讓友愛放大。微笑著走過，身後留下歡樂的歌聲一串串……

正像有人說的「樂也一生，悲也一生」，我們對待世界的態度決定著我們的所得。處在淒苦的意識中看生活，看困難，看挫折，看問題，往往沒有出路。要不，為什麼生活越來越好，採用極端的做法逃避生活的人越來越多了呢？我們為什麼不能換一種態度來觀察生活，迎接生活中的各種挑戰？為什麼不能笑對這一切，並把這些都當成是人生難得的考驗、平淡生活中的奇趣呢？

只要你相信付出，相信奉獻，相信愛，你就一定能感受到，生活也一定更美好！

改變命運之前先改變自己

你對生活發怒，它會更殘忍的對待你；你對生活微笑，它便也會溫柔起來。你的態度決定了你生活的面目，鑑定了你命運的價值。

相同的境遇下，不同的人會有不同的命運。一個人的命運不是由上天決定的，也不是由別人決定的，最終的決定權握在自己手上。

人生有限，生命無常，不論遇到怎樣的命運，我們都要以積極樂觀的態度面對人生，要珍惜生命裡的分分秒秒。

在一次火災事故中，消防員從廢墟裡找出了一對孿生兄弟 —— 波恩和嘉琳，他們是此次火災中僅生存下來的兩個人。

兄弟倆很快被送往當地的一家醫院，雖然兩人死裡逃生，但大火已把他倆燒得面目全非。

「多麼帥的兩個孩子！」醫生為兄弟倆惋惜。

波恩整天對著醫生唉聲嘆氣：自己成了這個樣子以後還怎麼出去見人，還怎麼養活自己？波恩對生活失去了信心，他總是自暴自棄的說：「與其賴活著，還不如死了算了。」

嘉琳努力的勸波恩：「這次大火只有我們得救了，因此我們的生命顯得尤為珍貴，我們的生活最有意義。」

兄弟倆出院後，波恩還是忍受不了別人的譏諷，偷偷的服用安眠藥離開了人世。

而嘉琳卻艱難的生存了下來，無論遇到多大的冷嘲熱諷，他都咬緊牙關挺了過來，嘉琳一次次的暗自提醒自己：「我生命的價值比誰都高貴。」

有一天，嘉琳還是像往常一樣送一車棉絮去加州。天空下著雨，路很滑，嘉琳開車開得很慢。此時，嘉琳發現不遠處的一座橋上站著一個人。嘉琳緊急剎車，車滑進了路邊的一條小溝。嘉琳還沒有靠近年輕人的時候，年輕人已經跳下了河。年輕人被他救起後，又連續跳了 3 次，直到嘉琳自己差點被大水吞沒。

嘉琳救的這位年輕人竟是億萬富翁，富翁很感激嘉琳，便和嘉琳一起做起了事業。

嘉琳從一個積蓄不足 10 萬元的司機，成了擁有一家 3.2 億元資產的運輸公司。

幾年後醫術發達了，嘉琳用賺來的錢修整好了自己的面容。

永不低頭，既是對生命的認真，也是對命運的堅持。

許多人在命運出現了一點差錯時，他們也在當下宣告自己人生的死亡

了。因為接下來要面對的現實，讓他們不敢抬頭，更不知道如何生活，只知道怨天尤人，以致最後自暴自棄的葬送自己於卑微之中。

人生的時間不多，我們要認真看待自己的人生，用積極的心態改變自己改變命運。

改變了心態，生活也會隨之改變

所謂「境隨心移」，即不同的環境讓人產生不同的心態。

積極的人，像太陽，照到哪裡哪裡亮，消極的人，像月亮，初一十五不一樣。心態決定我們的生活，有什麼樣的心態，就有什麼樣的未來。

當一片「不景氣」的呼喊聲傳遍每個人的心中時，有人能創造不景氣時期的奇蹟，更多人則是自怨自艾，讓自己陷入「不景氣」的垂頭喪氣之中。然而，這些結果，並非外在因素所致，全是自己所造成的。

塞爾瑪陪伴丈夫駐紮在一個沙漠的陸軍基地裡。丈夫奉命到沙漠裡去演習，她一個人留在陸軍的小鐵皮房子裡，天氣熱得受不了 —— 在仙人掌的陰影下也有攝氏 50 度。她沒有人可談天 —— 身邊只有墨西哥人和印第安人，而他們不會說英語。

她非常難過，於是就寫信給父母，說要丟開一切回家去。

她父親的回信只有兩行，這兩行信卻永遠留在她心中，完全改變了她的生活。

這兩行字是：

> 兩個人從牢中的鐵窗望出去，
> 一個看到泥土，一個卻看到了星星。

塞爾瑪一再讀這封信，覺得非常慚愧。她決定要在沙漠中找到星星。

塞爾瑪開始和當地人交朋友，他們的反應使她非常驚奇，她對他們的紡織、陶器表示出濃烈的興趣，他們就把最喜歡但捨不得賣給觀光客的紡

織品和陶器送給了她。

塞爾瑪研究那些引人入迷的仙人掌和各種沙漠植物、物態，又學習有關土撥鼠的知識。她觀看沙漠日落，還尋找海螺殼，這些海螺殼是幾萬年前，這沙漠還是海洋時留下來的……原來難以忍受的環境竟變成了令人興奮、流連忘返的奇景。

是什麼使這位女士內心發生了這麼大的轉變呢？

沙漠沒有改變，印第安人也沒有改變，但是這位女士的念頭改變了，心態改變了。一念之差，使她把原先認為惡劣的情況，變為一生中最有意義的冒險。她為發現新世界而興奮不已，並為此寫了一本書出版了。

她從自己造的牢房裡看出去，終於看到了星星。

人們的情緒感染力是很強的，試想有誰喜歡置身在深沉的氣氛中，而不選擇歡笑的陽光下呢？

當我們身上散發出自信與欣喜，自然會感染到身邊的人，誰都喜歡與有信心的人在一起，因為他們會激起我們心中熾熱的生活鬥志，朝著明亮的人生目標前進。

你的生命線掌握在你的手中，沒有人能扯動它，也沒有人能掌握住它的方向，你用什麼樣的態度正面生活，你的生活自然也會以同樣的態度來對待你。

相信這也會過去，一切將會過去

生活是你自己的，為了那些不盡如人意和艱難的糾纏而讓你的生活充滿自卑和退縮，值得嗎？

生活對於我們而言，絕非有求必應，坦途無阻，縱然有天從人願之時，但畢竟不是每時每刻的。所以，當我們感到生活艱苦難耐的時候，要咬牙堅持，學會在困境中對自己說：「一切都會好起來的！我能應付過

去！」那麼，一切都會過去，一切都會好起來。

當你抱怨生活給了你諸多不如意時，何不換個角度看看呢？也許，只一個轉彎，就能看見一片屬於你開心生活的最佳景致和視野。

辛·吉尼普的父親生重病的時候已經是 60 歲了，仗著他曾經是全州的拳擊冠軍，有著硬朗的身體，才一直挺了過來。

那天，吃罷晚飯，父親把全家人召到病榻前。他一陣接一陣的咳嗽，臉色蒼白。

他艱難的掃了每個人一眼，緩緩的說：「那是在一次全州冠軍對抗賽上，對手是個人高馬大的黑人拳擊手，而我個子矮小，一次次被對方擊倒，牙齒也出血了。休息時，教練鼓勵我說：『你不痛，你能挺到第 12 局！』我也說：『不痛，我能應付過去！』我感到自己的身子像一塊石頭、像一塊鋼板，對手的拳頭擊打在我身上發出空洞的聲音。跌倒了又爬起來，爬起來又被擊倒了，但我終於熬到了第 12 局。對手戰慄了，我開始了反攻，我是用我的意志在擊打，長拳、勾拳，又一記重拳，我的血和他的血混在一起。眼前有無數個影子在晃，我對準中間的那一個狠命的打去 …… 他倒下了，而我終於挺過來了。哦，那是我唯一的一枚金牌。」

說話間，父親又咳嗽起來，額上汗珠滾滾而下。他緊握著吉尼普的手，苦澀的一笑：「不要緊，才一點點痛，我能應付過去。」

第二天，父親就咳血而亡了。那段日子，正碰上全美經濟危機，吉尼普和妻子都先後失業了，經濟拮据。父親又患上了肺結核，因為沒有錢，請不來醫生醫治，只好一直拖到死。

父親死後，家裡境況更加艱難。吉尼普和妻子天天跑出去找工作，晚上回來，總是面對面的搖頭，但他們不氣餒，互相鼓勵說：「不要緊，我們會應付過去的。」

後來，當吉尼普和妻子都重新找到了工作。當他們坐在餐桌旁靜靜的

吃著晚餐的時候，他們總會想到父親，想到父親的那句話：「我能應付過去。」

上帝是公平的，他在把苦難撒向人間的時候，往往準備好了等值的回報等著勇士去拿。

當苦難不期而至時，我們要視它為財富，並勇敢的向它宣戰。當你成功的征服它之後，就能拿到上帝的回報，捧起金燦燦的獎盃，真切的感受到生活的甘甜，人生的價值。

只要你相信，苦難過後有坦途，悲傷過後有歡笑，你就一定能接住生活扔過來的「炸彈」。

生活中本就有很多不如意，會比較才會有幸福

林肯說過「大部分的人，在決心要變得幸福時，就會有那種幸福的感覺。」幸福是一種感覺，其根源是我們的頭腦，而絕非塵世的名譽、金錢、地位等一些輕浮的東西。

在這個世界上，沒有一個人能諸事如意，我們凡事應該只往好的方面想，要學會比較 —— 比上不足，比下有餘。經常這樣想想，我們就會感到幸福了。

有一個失意的城裡人對生活失去了信心，他走進一片原始森林，準備在那裡了卻殘生。

失意人發現一隻猴子正在目不轉睛的看著他，便招手讓猴子過來。

「先生，有何貴幹？」猴子有禮貌的打著招呼。

「求求你，找塊石頭把我砸死吧！」失意人央求猴子。

「為什麼？閣下難道不想活了？」猴子瞪著眼睛問。

「我真是太不幸了……」失意人話一出口，淚水便嘩嘩的流了出來。

「能跟我談談嗎？我也是靈長類呀！」猴子善解人意的說。

「跟你談有什麼用 …… 當年我差了一分，沒有考上最好的大學 ……嗚 ……」失意人已經淚流滿面了。

「你們人類不是還有別的大學嗎？你是不是找不到異性？」猴子覺得上什麼大學無所謂，有沒有異性可是個原則問題。

「嗚 ……」失意人又哭了起來，「有十幾個美女追求我，最後我只得到其中一個不太漂亮的 ……」

「天啊，太不公平了！」猴子也為失意人打抱不平，「不過，您畢竟還撈上了一個。工作上有什麼不順心嗎？」

「工作了十來年，才當上一個副教授。你說說，這書還怎麼教下去？」失意人轉悲為憤，怒氣沖沖的說。

「薪水夠用嗎？」這隻猴子看來懂得真不少。

「夠用什麼！每個月除了吃、穿、用，只剩下沒多少錢，什麼事也做不了！」

失意人滿腹牢騷。

「您真的不想活啦？」猴子緊緊盯著失意人的雙眼，嚴肅的問。

「不想活了！你還等什麼，快去找石頭啊！」失意人不想再跟猴子囉嗦了。

猴子猶豫了一下，終於抓起來一塊石頭。就在牠即將砸向失意人腦袋的時候，突然問失意人：「閣下，比起我來，您真是幸福。其實，我比您痛苦多了。這樣吧，把您的地址告訴我，我去頂替您算了。」

失意人忙說：「那可不行！說真的，比起你來，我真是幸福的。」

猴子問：「那你現在還想死嗎？」

失意人搖了搖頭。

如果你對自己的現在不滿意，那你就想想，假如你不是現在這個樣子，比現在這樣更差的狀態會是什麼呢？想像出那個樣子，你比那個樣

子強多了。如果你只做好的設想，悔恨自己，誰知道最後一定是你想要的結果呢？

力所能及則盡力，力不能及由它去。這是「比上不足，比下有餘」最好的詮釋，也是最真實的安慰。抱怨生活中事事皆不盡如人意時，那是因為你不知道還有更壞的境地。

安排自己的生活，安排自己的快樂

生而為人即是一種快樂，快樂是人生的主題。悲觀主義者說：「人活著，就有問題，就要受苦；有了問題，就有可能陷入不幸。」樂觀主義者說：「人活著，就有希望；有了希望，就能獲得快樂。」

其實生活中的任何事物本身都沒有快樂和痛苦之分，快樂和痛苦是我們對它的感受，是我們賦予它的特徵。

只要我們用心體會，以飽滿的熱情面對生活，就能快樂的度過每一天。

她已經 92 歲高齡了，身材嬌小但儀態自若，並略帶幾分矜持。她每天早晨都在 8 點鐘前穿戴完畢，頭髮做成時髦的樣式，臉部的化妝也是十分精緻完美，而她實際上已經雙目失明。

今天，她將要被送進一家養老院。她 70 歲的丈夫前不久去世了，她不得不住進養老院。

在養老院的大廳等候了數小時，當有人告訴她，她的房間已準備就緒時，她的臉上露出了甜甜的笑容。她轉動步行器進入電梯，護士對她那小小的房間進行了一番描述，包括掛在窗戶上那鑲有小圓孔的窗簾。

「我真喜歡！」她說道，流露出的熱情簡直和一個 8 歲的孩子得到一隻新的小狗一樣。

「瓊斯夫人，您還沒有看到房間 ……」

「這和看不看沒有什麼關係，」她回答，「快樂是你事先決定好的。我喜歡不喜歡我的房間並不取決於家具是怎樣安排的，而在於我怎樣決定我的想法。我已經決定喜歡它……

這是我每天早晨醒來後做的決定：我可以選擇接受變化，並且在種種變化中尋找最佳；我還可以選擇擔憂那些可能永遠不會發生的『假如』。我可以整天躺在床上，想著我身體哪些部分不靈活了，為我帶來這樣或那樣的困難；我也可以從床上起來，對我身體還有許多部位還能工作而心懷感激。每一天都是一份禮物，只要我睜開眼睛，我就決定不去想那些已經『發生在我身上』的事情，而是專注於我已使之發生的事情。」

我有 5 個簡單易行的快樂法則：

1. 心中不存憎恨。
2. 腦中不存擔憂。
3. 生活簡單。
4. 多點給予。
5. 少點期盼。

有那樣一種情緒，它並不因為人們財富的多寡、地位的高低而增減，全部的奧妙只在內心，那就是快樂。有一種人生最寶貴的無形財富，它簡單易得卻又千里難求，任誰也無法將它奪走，那就是快樂。

然而，每個人都有自己的想法，怎麼想是由自己決定的。同樣，每個人都有自己的快樂，想不想快樂也是由自己決定的。自己的想法由自己來安排，自己的快樂也由自己來安排，這樣才能擁有快樂的生活。

拋下煩惱去爭取快樂

無論什麼時候，都要清醒的認識自己，給自己一個豁達的人生。

越是膚淺的人越得意忘形、自命不凡；越是深厚的人越誠信篤行，保

持低調。你可以羨慕大海的壯麗和寬闊，但也可以為自己的安樂窩而振奮不已。

快樂源於自己的感覺，煩惱也出自本身的際遇。

有位哲人曾說：「人生的棋局，只有到了死亡才算結束，只要生命還存在，就有挽回棋局的可能。」既然如此，生活中的我們何不拋開煩惱而去收穫一份輕鬆的生活呢？

只有那些面對困難不悲觀、不氣餒的人才能在生活中有所前進，有所超越，因為真正的快樂只有靠自己去體會！

有一位作家，去美國訪問，有一次在街頭遇到一位賣花的老太太。

這位老太太穿著相當破舊，身體看上去也很虛弱，但臉上卻總是帶著祥和高興的微笑，熱情洋溢的面對每一個買花的顧客。這位作家挑了一朵花說：「妳看起來很高興。」

「為什麼不呢？一切都這麼美好。」

「對於煩惱，妳倒真能看得開。」作家隨口說了一句。

老太太的回答令作家大吃一驚，她說：「耶穌在星期五被釘上十字架時，是全世界最糟糕的一天，可三天後就是復活節。所以，當我遇到煩惱或不幸時，就會等待三天，三天後，一切就恢復正常了。」

「等待三天」，多麼平凡而又充滿哲理的一種生活方式，把煩惱和痛苦拋下，全力去爭取快樂。

笑對人生，陽光會更燦爛；怨天尤人，快樂也會成為煩惱，我們為什麼不去收穫快樂而自尋煩惱呢？

對已發生的任何不幸與痛苦都要在生活中劃定一個期限，過期了就讓它們通通作廢。

生活本身就是在許多的辛苦和煩惱中繼續下去的，從痛苦中了解人生的真諦，從困難中獲得生存的經驗，從愁怨中得到快樂的泉源，善於超越

自我。因為一切的一切都源自善於超越苦難，超越自我。所以生活就得靠自己去感悟和超越。

用一顆溫馨的心，迎接晨曦的陽光

生活是美好的，雖然也不免有一些傷心和痛楚，但這些都是生活的本色，我們要勇敢而樂觀的面對自己。

如果你看待生活的眼光不同，那麼，你所懂得的人生真諦也是迥然不同的。

一個悲觀沮喪的人，總是待在屋裡，感受著禁錮，看不到天明，整個生活只剩下一片漆黑；而一個樂觀開朗的人，則會奔跑於各種坎坷小徑，體會著苦盡甘來的希望，窺見的是黑暗過後的天明。

有一位年老的父親，他有兩個兒子，他們都很可愛。耶誕節來臨前，父親為了考驗一下自己的兩個兒子，分別送給他們完全不同的禮物，在夜裡悄悄把這些禮物掛在聖誕樹上。第二天早晨，哥哥和弟弟都早早起來，想看看聖誕老人給自己的是什麼禮物。哥哥的聖誕樹上禮物很多，有一把空氣槍，有一輛嶄新的自行車，還有一顆足球。哥哥把自己的禮物一件一件的取下來，並不高興，反而憂心忡忡。父親問他：「是禮物不好嗎？」哥哥拿起空氣槍說：「看吧，這支空氣槍我如果拿出去玩，說不定會把鄰居的窗戶打碎，那樣一定會招來一頓責罵。還有，這輛自行車，我騎出去倒是高興，但說不定會撞到樹幹上，會把自己摔傷。而這個足球，我總是會把它踢爆的。」父親聽了沒有說話。

弟弟的聖誕樹上除了一個紙包外，什麼也沒有。他把紙包打開後，不禁哈哈大笑起來，一邊笑，一邊在屋子裡到處找。父親問他：「為什麼這樣高興？」他說：「我的聖誕禮物是一包馬糞，這說明肯定會有一匹小馬就在我們家裡。」最後，他果然在屋後找到了一匹小馬。父親也跟著他笑

起來：「真是一個快樂的耶誕節啊！」

其實，在學習和生活中，很多事情也是這樣，樂觀情緒總會帶來快樂明亮的結果，而悲觀的心理則會使一切變得灰暗。

生活從來都是在表象中進行的，淡泊寧靜也好，紛擾喧囂也罷，既然選擇生於塵世，賦予生命，就要履行一份生活的責任，用積極的心正視而非漠視它每天的到來，用溫暖的心迎接晨曦的陽光，送走夕陽的紅霞。

不能流淚就微笑

一位英國女作家曾說過：「人生在世，還不是有時笑笑人家，有時讓人家笑笑！」

如果你對生活微笑，那麼快樂便成為你生活的格調，你的生命中便會充滿幸福，你便會感到生活的美好。

生命的藝術在於取悅別人，在於令人賞心悅目，生命的意義和目的在於快樂。人類存在的整體目標就是追求快樂和避免痛苦。

這個故事的主角叫辛蒂。她不同於正常人的地方在於她住在美國一座山丘上的一間特殊的房子裡。這間房子是一間不含任何有毒物、完全以自然物質搭建而成的，裡面的人需要由人工灌注氧氣，並只能以傳真與外界聯絡。

事情發生在 1985 年，當辛蒂拿起殺蟲劑滅蚜蟲，卻感覺到一陣痙攣，原以為那只是暫時性的症狀，誰料到自己的後半生就毀於一旦。殺蟲劑內含的化學物質使辛蒂的免疫系統遭到破壞。從此，她對香水、洗髮精及日常生活接觸的化學物質一律過敏，連空氣也可能使她支氣管發炎。這種「多重化學物質過敏症」是一種慢性病，目前無藥可醫。

患病頭幾年，辛蒂睡覺時口水流淌，尿液變成了綠色，汗水與其他排泄物還會刺激背部，形成疤痕。辛蒂所承受的痛苦是令人難以想像的。

1989 年，她的丈夫吉姆以鋼與玻璃為她蓋了一個無毒的空間，一個足以逃避所有威脅的「世外桃源」。辛蒂所有吃的、喝的都得經過選擇與處理，她平時只能喝蒸餾水，食物中不能有任何化學成分。8 年來，35 歲的辛蒂沒有見到一棵花草，聽不見悠揚的聲音，感覺不到陽光、流水。她躲在無任何飾物的小屋裡，飽嘗孤獨之餘，還不能放心的大哭。因為她的眼淚跟汗一樣，隨時都有可能成為威脅自己的毒素。

而堅強的辛蒂並不在痛苦中自暴自棄，事實既已如此，自暴自棄只能毀滅自己，她能做的就是不僅為自己，也為所有化學汙染物的犧牲者爭取權益而奮戰。生活在這個寂靜的無毒世界裡，辛蒂卻感到很充實。因為不能流淚的疾病，使她選擇了微笑。

1986 年，辛蒂創立「環境接觸研究網」，致力於化學物質過敏症病變的研究。1994 年又與另一組織合作，另創「化學傷害資訊網」，保護人們免受威脅。目前這一資訊網已有 5,000 多名來自 32 個國家的會員，不僅發行刊物，還得到美國國會、歐盟及聯合國支持。

不能流淚就微笑，看似無奈的表白，實則是歷經磨難後的坦然。

人一生不可能不經歷風雨，遇到挫折，不要抱怨生活對自己的苛刻，重要的是用什麼樣的心態對待人生。在困苦的逆境中掌握方向，不屈奮鬥，迎接苦難的挑戰，自會迎來人生的另一方天地。

感謝生活

人生在世，不如意的事情十有八九。如果囿於這種不如意之中，終日惴惴不安，那生活就會索然無趣。

擁有感恩生活之心的人，即使仰望夜空，也會有一種感動，能體會到一絲快樂。

懂得感謝生活之人，會以坦蕩的心境，開闊的胸懷來應對生活中的波

瀾起伏，使它重新煥發光彩。

一個男孩子，他的父母離異了。家庭的變故使他變得鬱鬱寡歡，不但成績下降，還動不動對同學發脾氣，也許是為了平衡自己內心的混亂，每天吃完晚飯他都一個人在操場上轉圈，一圈又一圈。

誰都知道他的痛苦，可是，就是沒有人能夠安慰他。就在這個時候，班裡一個並不起眼的同學傑出現在他的身邊。於是，在學校的操場上經常能夠看到兩個並肩而行的身影。就這樣，又過了一段時間，這個同學完全從父母離婚的陰影中走了出來。

就在前不久的一次同學聚會上同學們見到了傑，當大家提起這段往事的時候，傑微笑著說：「其實沒什麼神祕的，你們並不知道，我父母在我上中學的時候就離婚了。在那段痛苦的日子裡，我發奮學習，結果考上了大學。回首那段生活，我發現自己成熟了，獨立了，堅強了。我只不過是把自己的這段經歷告訴了他而已。」

這樣的答案讓大家吃驚，因為，整整四年，全班同學沒有一個知道傑的身世，而且，他還一直生活得那麼快樂、豁達。

我們問他為什麼會做到這樣。傑說，經歷了不如意，他學會了感謝生活。因為，正是那段家庭的變故，才成就了今天的他。

我們需要感謝生活嗎？在生活中，很多人會自覺或不自覺的問起這個問題，尤其是當我們面對生活中的種種不如意的時候，當好運來臨的時候，我們都會感謝生活；可是，當生活不盡如人意的時候，我們大多數人會抱怨生活。但是，生活常常不會因我們的抱怨而變得美好起來，有的時候，還會因為我們的抱怨而變得更加糟糕。

不要對自己目前的境遇抱怨，不要對自己所擁有的一切感到不滿意。如果有一天，我們手中握住的東西像沙子一樣被你不經意的從指縫間滑落，你是不是才懂得要珍惜？當我們懂得珍惜的時候，證明我們已經失

去。不重視現在的人，就不會有可以期待的未來。

感謝生活吧！若我們沒得到什麼，那是因為我們本沒有付出什麼；若我們覺得自己所得太少，其實我們本可以付出更多！

你可以從不同的角度看待生活

人生有多灰暗，事實上是從你站定的角度去審定的。不妨給自己一個笑臉，讓自己擁有一份坦然；還生活一片恬靜的田園，讓自己勇敢的面對艱難。

如果你非得背對著陽光，或躲在陰暗處看人生，再溫暖的陽光也無法關照到你，天氣再怎麼溫暖，你仍然會冷得直打哆嗦。

有位太太請了一位油漆匠，到家裡粉刷牆壁。

一走進門，油漆匠便看到太太那位雙目失明的丈夫，眼神中頓時流露出憐憫之意。

經過相處之後，油漆匠卻發現，這個男主人非常開朗、樂觀。

他在那裡工作的時候，兩人談得很投機，他也從未提起男主人的缺憾。

工作結束時，油漆匠拿出了帳單，但是，太太卻發現帳單上的價格，比當初談妥的價錢少了許多。

她問油漆匠：「你有沒有算錯？怎麼少算這麼多？」

油漆匠回答：「沒有錯，因為我跟你的先生在一起時，我覺得很快樂，特別是他的人生態度，讓我覺得自己的境況還算不錯。我減去的那個部分，是我對他表示的一點謝意，他讓我知道，生活有很多角度可以看，像我這份工作其實一點也不辛苦，他讓我可以更開心的面對未來！」

油漆匠對丈夫的推崇，使太太流下了眼淚，因為這位慷慨的油漆匠，其實只有一隻手。

真正的殘缺不是身體的殘缺，而是心理的殘缺。當失明的丈夫像太陽一樣的光明照耀時，少了一隻手臂的油漆匠，這才看見他的明亮人生。

人生有許多面，有積極也有消極，也有活力也有頹廢，你怎麼搭配它組合它，你的生活面貌便會怎麼呈現在你面前。

如果你選擇積極的心態來調適你的生活，那麼，恭喜你，你將迎來人生的獎章；若你甘願演繹頹廢的劇碼，對不起，你將過早的被逐出人生的殿堂。

希望人生是彩色的，你就別再「積極的過著頹廢的生活」。

別忘了，人生是你自己的，就算只有一隻手，仍然可以盡情的彩繪你的天空。

知足，是人生唯一真正的財富

諾貝爾說過：「知足是唯一真正的財富。」

生活就像一串珍珠項鍊，一個個的瞬間就是一顆顆珍珠。生活把每個美好的瞬間累積起來，就凝結而成我們那些或者說長或短的日子。

可是，這是個物欲橫流的社會，有多少繁花豔草在湧現，就有多少痴心一族在追捧。人人都想站在人生舞臺的最前面擔當最佳主角，當欲望促使你去倉促的採取行動，而最終無法得逞時，才悔悟，知足者，方能獲得最大的滿足。

抱怨人人都會有，牢騷人人都愛發，只是在發出怨言之前，請先做好比較，免得當你抱怨完後，才發現新不如故舊，卻為時已晚。

有一匹生長在農家的馬，每天都有許多工作要做，經常累得筋疲力盡，但是主人給的飼料卻很少。

一天，這匹馬向上帝祈求，希望能讓牠換個新主人。

沒想到，這個願望真的實現了。

幾天之後，農夫把牠賣給了一個做陶器的工匠，於是，馬非常開心的來到了新的環境。

沒想到，來到這個陶器匠的家中，馬的工作更多了，牠幾乎連喘口氣休息的時間都沒有。

不久，馬又開始抱怨了，埋怨自己的命運不好。生活得一點都不快樂。

於是，牠再次祈求上帝，希望能重新再找一位主人。

上帝讓牠的願望再次實現了。

這次，陶器匠把牠賣給了一位皮革匠。

當馬來到皮革匠的院子，看見到處掛滿了馬皮時，只能大聲的哀嘆：「唉，我真是可憐！早知道這樣就應該安分的跟著原來的主人，當初那種生活其實也挺不錯的，現在我什麼工作都不必做了，只是我的皮恐怕也不保了。這種日子叫我該怎麼過呀！」

能知足，你才能在生活中充分獲得滿足。常聽到有些人做一行怨一行，但是，我們可以補充一句，離開了這一行，才後悔當初怎麼不珍惜，為什麼自己那麼不知足？

想一想，你自己都不能十全十美，又如何能要求別人做到盡善盡美呢？

記住，所謂幸福的人，是只記得自己一生中滿足之處的人；而所謂不幸的人，是只記得與此相反的人。而他們的生活狀態也是截然不同的。

用非凡的毅力贏得成功

生活的方式有很多種，生活的心態也不盡相同，但是，沒有一種生活能在恍然之中虛度出精彩來。

用心生活，用心工作，只要在你生活中的每一件事物上用心，你就會

擁有最精彩而豐富的人生。

亨利的父親是一位外科醫生，他自己也即將繼承父業。

在愛丁堡求學期間，亨利就以堅韌、刻苦而出名，對醫學研究的專心與投入，更是許多人所不能及的，而且他對醫學方面的忠誠度，也從來沒有動搖過。

回到了家鄉後，他開始積極的投入醫師的工作行列，但不知道為什麼，時間一久，他開始對這個職業失去了興趣，更對這個偏僻小鎮的封閉與落後產生了不滿。

他渴望能進一步的提升自己，開始喜歡上了哲學和思考。很幸運，他得到了父親的支持。父親願意讓他到劍橋大學繼續深造，期許他能在這個世界聞名的大學中有進一步的成就。

但是，亨利太過用功了，導致身體不堪負荷，健康出了嚴重的問題。為了盡快恢復身心健康，他接受了一項職務，到義大利當一位旅行醫生。

在這段時間裡，他開始學習義大利文，也對義大利文學產生了濃厚的興趣。慢慢的，他對醫學的興趣更加淡薄了，幾乎就快要放棄醫學了。

回到劍橋後，他努力攻讀學位，還獲得當年劍橋大學數學考試的第一名。畢業後，他由於健康原因無法進入軍界服務，只好轉做律師工作。他以一個剛畢業學生的身分，進入了皇家法學協會，並且就像以前鑽研任何一門學問一樣，非常刻苦的鑽研著法律。

在給父親的信中，他這麼寫道：「每一個人都對我說：『以你的毅力，你一定會成功的。』雖然我不知道將來會是什麼樣子，但我知道的是，只要我用心做，就絕對不會失敗。」

28歲那年，他被聘請進入了律師界。雖然也曾經歷一段相當艱苦的日子，但是後來，他終於成為了一位聲名顯赫的主事官，以藍格德爾貴族的身分進入了上議院。

　　那些具有非凡毅力的人，總是能不屈不撓的執著追求，他們不但能贏得成功的喜悅，也會贏得人們的敬重。

　　這也是一種態度，許多成功的人就具有這種用心、認真的人生態度。他們尊重自己，也尊重別人的生活，不管做任何事，從事什麼樣的工作，或是身處什麼樣的環境之中，他們的態度都一樣，不會有任何偏頗，而這也是成功者的最佳寫照。

　　在我們的一生中，或許事情就是這樣，我們很多人就這樣走過了自己的一生，但是在這個過程中，我們笑，我們哭，我們沉默不語，我們大喊大叫，我們從中感受人生，演繹生活，同時，也為生活平添了不平凡的神奇色彩。

能夠堅強的活著，就是一種莫大的幸運

　　即使在灰暗中，我們也能創造陽光，照亮生命，只要我們還安然的活在這世界上。

　　別想去懷著一顆憤怒的心質問上帝，為何你就那麼的不幸，這一切都是你自己替自己製造出來的。

　　如果你覺得自己的生活已經枯萎了，倒楣了，它便會慢慢耗盡你的精力，降低你的生活品質、吞噬你的快樂，讓你感覺渺小、脆弱和不願參與，讓你覺得可憐和不幸。

　　有一個年輕人非常不幸。

　　10歲時，他的母親生病去世，他不得不學會洗衣做飯，照顧自己，因為他的父親是位長途巴士司機，很少在家。

　　7年後，他的父親又死於車禍，他必須學會謀生，養活自己，他再沒有人可以依靠。

　　20歲時他在一次工程事故中失去了左腿，他不得不學會應付隨之而來

的不便，他學會了用拐杖行走，倔強的他從不輕易請求別人的幫助。

最後他拿出所有的積蓄辦了一個養魚場。然而，一場突如其來的洪水將他的辛苦和希望毫不留情的一掃而光。

他終於忍無可忍了，他找到了上帝，憤怒的責問上帝：「祢為什麼對我這樣不公平？」

上帝反問他：「你為什麼說我對你不公平？」

他把自己的不幸告訴了上帝。

「噢！是這樣，的確有些淒慘，可為什麼你還要活下去呢？」

年輕人被激怒了：「我不會死的，我經歷了這麼多不幸的事，沒有什麼能讓我感到害怕。終有一天我會創造出幸福的！」

上帝笑了，他打開地獄之門，指著一個鬼魂給他看，說：「那個人生前比你幸運得多，他幾乎是一路順風走到生命的終點，只是最後一次和你一樣，在同一場洪水中失去了他所有的財富。不同的是他自殺了，而你卻堅強的活著，這就是你的幸運……」

幸與不幸之間並沒有嚴格的分界線，全在於我們怎麼看待這個問題。

其實，只要能夠堅強的活著，這本身就是一種莫大的幸運。因為只要堅強的活著，就會有希望，就會創造出屬於自己的幸福。

當處於絕境時，應該另闢蹊徑

機會藏在生活的每個角落，如果你有一雙慧眼，你就會發現機會無處不在，但如果你是生活中的粗心人，那麼你只能看到生活平靜如水的表面。

1920、1930 年代，美國經濟處於大蕭條之中，各行各業普遍不景氣。在多倫多有位年輕人，是一位畫家，當時他們全家很貧窮。這個畫家非常善於畫木炭畫，但受環境的限制，畫得再好也賣不出去。

年輕人整天在想著如何把自己的畫賣出去，以靠這筆收入養家糊口。但是，人們連飯都吃不上，誰會有能力去買他的畫呢？更何況，他只不過是個無名小卒。

後來，年輕人明白，要想靠賣畫來養家，只能到富人那裡去開拓市場。問題又來了，他的身邊沒有富人，他也根本就不認識任何一個有錢的人，又怎麼跟他們接近呢？

對此他苦思冥想，最後他來到多倫多《環球郵政》報社資料室，從那裡借了一份畫冊，其中有加拿大的一家銀行總裁的正式肖像。他回到家，開始畫起來。畫完了，他把它放在相框裡，裝得端端正正的。畫得不錯，對此他很自信。

但他怎樣才能交給對方呢？他在商界沒有朋友，所以想得到引見是不可能的。

他也知道，如果貿然與對方約會，肯定會被拒絕。寫信要求見對方，但這種信可能通不過這位大人物的祕書那一關。這位年輕的畫家對人性略知一二，他知道，要想穿過總裁周圍的層層阻擋，他必須要抓住對方追求名利的心理，投其所好。

他梳好頭髮，穿上最好的衣服，來到了總裁的辦公室，並要求與他見面。果然不出所料，祕書攔住了他，告訴他事先如果沒有約好，想見總裁是不可能的。

「真糟糕，」年輕人說道，同時把畫的保護紙揭開，「我只是想拿這個給他瞧瞧。」

祕書看了看畫，把它接了過去。她猶豫了一會後，說道：「坐下吧，我就回來。」祕書馬上回來了，並對他說：「總裁想見你。」

當畫家進去時，總裁正在欣賞那幅畫。「你畫得棒極了，」他說，「這張畫你想要多少錢？」年輕人舒了一口氣，告訴他要 100 美元，結果成交

了。要知道，當時的 100 美元，可是一筆不小的收入。

當生活處於山窮水盡時，千萬不可氣餒，也不可就此駐足不前，而應該另闢蹊徑，試著用別的方法，向自己的目標邁進，向更好的生活召喚，只有這樣，才可以從另一種途徑達到自己的目的。

在生活中成熟起來

上帝並不偏愛任何人，每一個人都得經歷一些苦難。要想擺脫這種不幸的陰影，最好的一種方法便是提升我們自己去幫助別人。

不成熟的人最常犯的過錯，便是遇事抽身而退，不敢面對現實。許多小孩在玩遊戲時，總因自己沒有勝算便拒絕玩下去，成熟的人便不會如此，他們會一試再試，直到成功為止。

生活是搖擺在幸不與幸、沉與浮、光明與黑暗之中的。苦難是生活的一部分，只有實實在在的去面對，才是成熟的表現。

有一位住在威斯康辛州的太太，由於她把自己個人的傷痛化成力量，轉而去幫助其他陷於痛苦的人，因此廣受別人的敬重。這位太太的兒子是名飛行員，在第二次世界大戰期間因公殉職，年僅 23 歲。

雖然這位母親十分哀痛，卻從不企盼別人的憐憫，她說道：「我認識許多不快樂的母親。有的因為孩子得了痙攣性癱瘓的疾病；有的則因孩子精神上或心理上不健全，無法正常為社會服務。當然，還有更多婦女極想擁有自己的小孩，卻苦於無法如願。我有幸擁有一個好兒子，並且與他共度了 23 年快樂的歲月。我會把這些快樂的記憶保留至生命的盡頭，因此，我要服從上帝的旨意，盡可能幫助其他需要幫助的母親。」

她的確這麼做了。她不辭辛勞的安慰那些因兒子出征而需要幫助的父母，或是出征者本人。

這是她邁向成熟所學的第一課 —— 把自己的心思和精力用來幫助別

人，你便沒有時間去注意自己的煩惱。

由於忙著計算自己所擁有的幸福，因此沒有時間去詛咒自己的不幸。這便是百分之百的成熟 —— 也就是你面對問題的方法。每個人在有生之年都要面對這樣的考驗，無論你是情願還是不情願。

對那些叫喊「為什麼這會發生在我身上」的人來說，這裡只有一個答案：「為什麼不呢？」

在受苦受難的經歷裡，每個人都是平等的。無論是國王或乞丐、詩人或農夫、男性或女性，當他們面對傷痛、失落、麻煩或苦難的時候，他們所承受的折磨都是一樣的。

無論是任何年紀，不成熟的人會表現得特別痛苦或怨天尤人，因為他們不了解，諸如生活中的種種苦難，像生、老、病、死或其他不幸，其實都是人生必經的階段。

從容的擁抱快樂

平淡的生活中，幸福無處不在，不是因為一些人已經掌握了幸福，而是因為人生就是為了追求幸福。

人生遭遇不是個人力量所能左右，而在詭譎多變，不如意事常發生的環境中，唯一能使我們不覺其拂逆的辦法，就是使自己「隨遇而安」。

如果有一對慧眼，辨識掩藏在你身邊的幸福，你的生活會更美。即使你經歷困難，你的任務也只是放鬆，好好擁抱此時此刻，享受每一分每一秒的快樂。

一次，某人從鄉下搭公司運東西的車子回城裡，車到中途，忽然拋錨，那時正是夏天，午後的天氣，悶熱難擋。

在赤日炎炎的公路上無法前進，真是讓人著急。可是，他當時一看情形，就知道急也沒有用處，反正得慢慢等車子修復才可以走。

於是，他問了問司機，知道要三、四個小時才可以修好，就獨自步行到附近的一條河裡游泳去了。

河邊清靜涼爽，風景宜人，在河水中暢游之後，暑氣全消。等他游泳盡興回來，車子已修好待發，趁著黃昏晚風，直駛城裡。

之後，他逢人便說：「真是一次最愉快的旅行！」隨遇而安的妙處由此可見一斑。

假如換了別人，在這種情形之下，可能只好站在烈日之下，一面抱怨，一面著急，而那個車子也不會提早一分鐘修好，那次旅行也一定是一次最痛苦、最煩惱的旅行。

環境和遭遇常有不盡如人意的時候，問題在一個人怎樣面對拂逆和不順，知道人力不能改變的時候，就不如面對現實，隨遇而安。與其怨天尤人，徒增苦惱，還不如因勢利導，適應環境，在既有的條件中，盡自己的力量和智慧去發掘樂趣。

舒伯特說過：「只有那些能安詳忍受命運之否泰者，才能享受到真正的快樂。」

當我們正處於無法改變的不如意境遇的時候，只有勇敢面對，並且從容的從不如意中去發掘新的道路，才是求得快樂寧靜的最好辦法。

滿懷希望的活著

人要抱著希望才能活得好。希望是指願意主動實現其生活，讓生活更美好，更健康，更有活力。希望不是消極的期待，而是主動的創造。希望即是生命和生活的本身，而不是貪婪。因此抱著希望的人，總是心懷具體的目標和理想，而非虛幻的空想。他們不斷孕育新的生活，心智不斷成長，因此生命也是蓬勃的發展。如果一個人不存希望，生命也就會休止。

我們來看一個有趣的寓言。

　　有個富翁，他想拿出 100 萬元送給窮人，條件是他們必須都是能夠堅持到底的人。他的分配方法是，選 100 個人，送給他們每人一萬元。廣告一登出來，很快就門庭若市，他從成千上萬的應徵者中選了 100 名，給他們每人 5,000 元，並讓他們第二年再來取剩下的 5,000 元。

　　第二年只有 90 個人來取錢，因為他們之中的 10 個人興奮過度，心臟病發作住進了醫院，那 5,000 元做了他們的醫藥費。他取消了那 10 個人剩下的那筆錢，表示要把那 5 萬元平均送給這 90 個人，明年來取。

　　第三年他宣布，送錢給大家只是開個玩笑，他要收回已經送給他們的錢，一聽這話當場就有 40 個人暈了過去，40 個人拿著到手的 5,000 元跑了。最後只有 10 個人留了下來，富翁說，現在還有 50 萬，平均分給你們 10 個人，每人可得 5 萬，明年來取。

　　第四年只有 5 個人來，沒來的 5 個人裡，有兩個高興得病倒了，有兩個無法忍受等待憂憤而死，有一個認定富翁是個騙子。富翁宣布取消缺席者剩下的錢，把剩下的 50 萬送給最後 5 個人，每人 10 萬，明年來取。

　　第五年只有一個人來，沒來的四個人裡，兩個人因極度興奮心臟病急性發作，死在去醫院的路上，另外兩個到處宣傳富翁是個騙子，他們成了哲學家。最後來的那個人獨得了一筆鉅款，50 萬元加上四年的利息 5 萬元，總共 55 萬，他一個人得到的比那 99 個人加起來得到的還多。

　　富翁的名字叫「希望」。

　　人生不能無希望，所有的人都是生活在希望當中的。假如真的有人是生活在無望的人生當中，那麼他只能是失敗者。人很容易遇到一些失敗或障礙，於是悲觀失望，挫折下去，或在嚴酷的現實面前，喪失活下去的勇氣：或恨怨他人；結果落得個唉聲嘆氣、牢騷滿腹。其實，身處逆境而不失去希望的人，肯定會找一條活路，在內心裡也會體會到真正人生的滋味。　　保持希望的人生是有力的。失掉希望的人生，則通向失敗之路：

希望是人生的力量，在心裡一直抱著美夢的人是幸福的。也可以說抱有希望活下去，是只有人才被賦予的特權、只有人，才由其自身產生出面向未來的希望之光，才能創造自己的人生。

在走向人生這個征途中，最重要的既不是財產，也不是地位，而在自己胸中像火焰一般燃燒起的意念，即希望。因為那種毫不計較得失、為了希望而活下去的人，肯定會生出勇氣，肯定會激發出強大的熱情，開始閃爍出洞察現實的睿智之光，與時俱增、終生懷有希望的人，才是具有最高信念的人，才會成為人生的勝利者。

PART FIVE
當跌入人生低谷時 —— 人生沒有過不去的坎

人生旅程中，平坦順暢也好，泥濘低谷也罷，都應該坦然面對。因為在這世界上，本不存在極樂天堂，無人能從世俗的羈絆中解脫出來，我們所能做的只是爬起來比倒下去多一次，用汗水代替口水而已，也唯有如此，方能讓生命在磨難中得到昇華。

人生沒有過不去的坎

手指扎了一根刺，不一定要喊痛，你也可以學俄國作家契訶夫（Chekhov），高興的喊一聲：「幸虧不是扎在眼睛裡！」

你有權選擇自己的生活，敞開胸懷擁抱世界，也許你沒辦法改變外界的現實環境和生命的殘忍，但你可以改善自己的心態。

不要忘了，每個人的生命都是一幅屬於自己的作品，不管遭遇多少困難與命運的無情打擊，只要你願意，隨便都可以揮灑手中的彩筆，使自己的生命更加繽紛亮麗。

美國一種家喻戶曉的美食叫「瓊斯乳豬香腸」，在它的發明背後有一段催人淚下的與命運抗爭的故事。該食品的發明人瓊斯原本在威斯康辛州農場工作，當時他的家人生活相當困難，但他身體強壯，工作認真勤勉，也從來沒有妄想發財。可天有不測風雲，在一次意外事故中，瓊斯癱瘓了，躺在床上動彈不得。親友都認為這下他這輩子完了，然而事實卻出人意料。

瓊斯身殘志堅，始終沒有放棄與命運抗爭。他身體雖然癱瘓，但他意志卻絲毫沒受影響，依然可以思考和計劃。

他決定讓自己活得充滿希望，樂觀、開朗一些，他決定做一個有用的人，他不想成為家人的負擔。他思考多日，最終把構想告訴家人：「我的雙手雖然不能工作了，但我要開始用大腦工作，由你們代替我的雙手，我們的農場全部改種玉米，用收穫的玉米來養豬，然後趁著乳豬肉質鮮嫩時製成香腸出售，一定會很暢銷！」

老天不負有心人，事情果然不出瓊斯所料，等家人按他的計畫做好一切後，「瓊斯乳豬香腸」一炮走紅，成為人人知曉、大受歡迎的美食。

天無絕人之路，生活留給我們一個個難題，同時也會給予我們解決問題的能力。瓊斯能夠成功，是因為他堅信人生沒有過不去的坎，堅信冬天

之後有春天。他在困難面前沒有低頭，沒有被挫折嚇倒，而是另闢蹊徑，終於迎來了屬於自己的成功。

當股市跌得最慘的時候，同時，也是入市的黃金時間；同樣，當命運之神把人拋入低谷時，也是人生騰飛的最佳時機。

生活中我們不必去乞求，也不可能總是陽光明媚的豔陽天，狂風暴雨隨時都有可能蒞臨。但只要我們有迎接厄運的勇氣和胸懷，在低谷和挫折面前不低頭，跌倒了再重新爬起來，將自己重新整理，以勇敢的姿態去迎接命運的挑戰，只要我們堅信人生沒有過不去的坎，就能迎來人生的輝煌。

成功屬於越挫越勇的人

你為什麼不成功？

你應該仔細思考這個問題，相信很多人都曾經思考過，但給自己的答案幾乎相同，不是時運不濟就是能力有限！

真的是時運不濟嗎？還是我們習慣於把失敗歸罪在反覆摧毀我們的命運之上，卻不肯爬起來向前走？如果你認定自己難以改變命運，讓消極的情緒霸占上風，就會走向失敗的宿命。可是，誰要求你選擇失敗的宿命了呢？

保羅·高爾文是個身強力壯的愛爾蘭農家子弟，充滿進取精神。13歲時，他見別的孩子在火車站月臺上賣爆米花，他不由得被這個生意吸引了，也一頭闖了進去。

但是他不懂得，早已占住地盤的孩子們並不歡迎有人來競爭。為了讓他懂得這個道理，他們搶走了他的爆米花，把它們全部倒在街上。

第一次世界大戰以後，高爾文從部隊回家，他在威斯康辛辦起了一家電池公司。可是無論他怎麼賣力工作，產品依然打不開銷路。有一天，高

爾文離開廠房去吃午餐，回來只見大門上了鎖，公司被查封了，高爾文甚至不能再進去取出他掛在衣架上的大衣。

1926 年他又跟人合夥做起收音機生意來。當時，全美國大概有 3,000 部收音機，預計兩年後將擴大 100 倍，但這些收音機都是用電池作為能源的。於是他們想發明一種電源整流器來代替電池。這個想法本來不錯，但產品還是打不開銷路。眼看著生意一天天走下坡，他們似乎又要停業關門了。此時高爾文透過郵購銷售的辦法招攬了大批客戶。他手裡一有了錢，就辦起了專門製造整流器和交流電真空管收音機的公司。可是不出 3 年，高爾文依然破產了。

這時他已陷入絕境，只剩下最後一個掙扎的機會了。當時他一心想把收音機裝到汽車上，但有許多技術上的困難有待克服。

到 1930 年底，他的製造廠帳面上已淨欠 374 萬美元。在一個週末的晚上，他回到家中，妻子正等著他拿錢來買食物、繳房租，可他摸遍全身只有 24 塊錢，而且全是賒來的。

然而，經過多年的不懈奮鬥，如今的高爾文早已腰纏萬貫，他蓋起的豪華住宅就是用他的第一部汽車收音機的牌子命名的。

當我們觀察成功人士的經歷時，會發現他們的背景各不相同。那些大公司的經理、著名的傳教士、政府高級官員以及各行業的知名人士都可能來自貧寒、破碎家庭、偏僻的鄉村甚至於貧民窟。這些人現在都是社會上的領導人物，他們都經歷過艱難困苦的階段。

把每一個「失敗」先生拿來跟「平凡」先生以及「成功」先生相比，你會發現，他們各方面（包括年齡、能力、社會背景、國籍及任何一方面）都很可能相同，只有一個例外，就是對遭遇挫折的反應大小不同。

當「失敗」先生跌倒時，就無法爬起來了。他只會躺在地上罵個沒完。

「平凡」先生會跪在地上，準備伺機逃跑，以免再次受到打擊。

但是，「成功」先生的反應跟他們不同。他被打倒時，會立即反彈起來，同時會汲取這個寶貴的經驗，立即往前衝刺。

人生，隨時都可以重新開始

一個人只要還能思考，還充滿了夢想，就一定可以重新開始自己的人生。

日本作家中島薰曾說：「認為自己做不到，只是一種錯覺，我們開始做某事前，往往老考慮能否做到，接著就開始懷疑自己。」

人生隨時都可以重新開始，沒有年齡限制，更沒有性別區分，只要你有決心和信心，夢想，即使到了 70 歲也能實現。

在最艱難的日子裡，激勵大師查爾斯一再勉勵自己，他始終相信自己的生命會盎然一新。

因此，他在 41 歲時，及時扭轉人生的方向，重新開始，不僅為自己創造了更多發展的機會，也證明了生命其實有無限的可能。

查爾斯在 41 歲前，一直住在紐約，並負責長老會的宣傳工作。

在長老會服務的那段時間裡，查爾斯的足跡遍布了美國和加拿大的沿海一帶。每天晚上，他都必須面對成千上萬的人們演講。全盛期時，他還要主持哥倫比亞廣播公司一個節目。

但是，在這一連串的傳教過程中，查爾斯卻發現自己已經失去了信仰。

回想自己，從 19 歲進入教會至今，已經 20 幾年了，卻在此刻，對於基督教的基本教義失去了信心，甚至還產生了懷疑。

之所以如此，是因為他親眼看到太多事與願違的案例，許多人抱著對上天絕對的信任，但卻被殘酷的現實推翻。

面對這些衝擊，查爾斯在自主意識與忠誠於信仰之間不斷的掙扎，最後他駁斥了心中的信仰，離開了教會。

從教會走出來的查爾斯，生活似乎走到了盡頭，因為在這個完全無法回頭的道路上，他的母親患了癌症，而朋友們也因為他背棄教會，紛紛與他斷絕了往來，他的人生頓時跌入最低沉、最灰暗的世界。

不過，查爾斯在回憶錄裡堅信：「我不能再待在教會了，因為那樣我將痛苦的隱瞞自己的質疑，讓每天的生活除了謊言還是謊言，這不僅對自己不忠，更對信仰者不忠。當時，我堅決告訴自己：『只有先誠實的面對自己，才能誠實的面對別人』。」

於是，查爾斯租了一輛車，帶著簡單的行囊，往多倫多的方向前進。

在前進的路上，查爾斯不斷的思考自己的未來：「我已經 41 歲了，如何重新開始？我能選擇什麼樣的工作？什麼才是最適合我的？有誰願意僱用一個只做過牧師工作的人呢？」

思索了許久，最後查爾斯決定編寫劇本。查爾斯來到多倫多後，在很快的時間內完成了三套電視劇本，並成功的賣給了加拿大廣播公司，不久，該公司的製作人邀請他主持一個有關社會事務的節目。

從此，查爾斯的人生有了全新的開始。

相信你一定曾經看見過，那些走在崎嶇路上的人們，因為「不敢」或「不捨」放棄而越陷越深，或許你本身就有過這樣的煎熬。

然而，為什麼明明知道已經錯了，還是要繼續錯下去，或是已深陷痛苦之中，卻仍然不願逃離出來呢？

因為害怕會有慘不忍睹的失敗，誰都害怕重新開始，誰也不想放棄前面已付出的心力。

其實，面對這些情況，我們都明白該如何抉擇，只是內心充滿著不捨，但換個角度想，明知這條路不適合自己，再走下去的結果也只是枉

然，何不立即捨棄重新開始呢？

不要因為惰性而越陷越深，也不要因為害怕而無法自拔。

生命的潛能是無限的，不論你處於人生的哪個階段，只要在心中存有美夢，你的世界必定是多姿多采的。

把絕望當作下一個希望的開始

到達頂峰沒有什麼捷徑，成功之路，絕非坦途。這個世界上，有太多的人夢想坐著飛機達到成功。上帝是公平的，從來就沒有人有這樣的特權。經歷一些，才能懂得一些。

絕望的那一刻，往往是希望的開始，危機的盡頭，往往就是轉機，山窮水盡的地方，往往就會柳暗花明。

最容易被激發出無限可能的時機，正是我們最沮喪、困頓的時候。只要突破，任何失敗都會成為我們最有力的助手。

人們在失意的時候，體內沉睡的潛能最容易被激發出來。因此，當我們受挫遇困時，別急著垂頭喪氣，先換個角度看看世態，也許機會就在失意的拐角處等你！

亞特原本是位非常優秀的播音員，但有一天，卻莫名其妙的被老闆解僱了。亞特的心情相當沮喪，一回到家，便不發一言，把自己關進了房間裡。

但是，過了一分鐘之後，他卻滿臉笑容的走了出來，並開心的對老婆說：「親愛的，我終於有了自立門戶的機會。」

第二天，亞特自信的走了出去，並迅速的成立了一間傳播公司。

不久，他還製作了一個「風趣人物」的節目，並親自主持。從那時開始，亞特成了美國電視上的風雲人物，而且歷久不衰。

後來，亞特還把自己的這段奮鬥過程，撰寫成一本激勵人心的書。

他在書中講述了當年遭遇挫折的體驗，以及如何將情緒轉化，並使之成為日後成功的動力。他認為，這些心理上的轉化原理，也適用於大多數的失意者。

因此，他把這段經歷寫出來，希望能讓更多的人也能像他一樣走出低谷，看見危機裡的另一個新契機。

在現實生活中，成功之前的失敗更是普遍 —— 失敗是通往成功路上的一枚反面金幣。

第一位初學溜冰的人都免不了多次的摔跤，但正因為他們摔跤了，所以才能掌握溜冰的技巧和禁忌，最後平衡的滑行在溜冰場上。籃球初學者一開始都有屢投不中的時候，但就在一次次失敗之中，經驗被慢慢累積起來，然後就會有第一次投中籃筐的時候了。

當我們面對失敗時，應該更加努力，因為，度過危機之後，往往就會贏來轉機。

再努力一次

每個人的人生都有很多的路要走，但不管你走的是哪一條路徑，困難、艱苦與險境都一定會出現。

因此，我們不必動輒改道或臨陣脫逃，唯有堅持下去，我們才能建立起堅強的信心，獲得最後的勝利。

誰都知道凡爾納（Jules Gabriel Verne）是一位世界聞名的法國科幻小說作家，但很少有人知道，凡爾納為了發表他的第一部作品，曾經承受過多麼大的挫折。

1863 年冬天的一個上午，凡爾納剛吃過早飯，正準備到郵局去，突然聽到一陣敲門聲，開門一看，原來是一個郵政人員，把一包鼓鼓的郵件遞到了凡爾納的手裡；一看到這樣的郵件，凡爾納就預感不妙：自從他幾

個月前把他的第一部科幻小說《氣球上的五星期》（*Cinq semaines en ballon*）寄到各出版社後，收到這樣的郵件已經有 14 次了，他懷著忐忑不安的心情拆開一看，上面寫道：「凡爾納先生：尊稿經我們審讀後，不擬刊用，特此奉還。某某出版社。」每看到這樣一封退稿信，凡爾納心裡都是一陣絞痛，這是第 15 次了，還是未被採用。

凡爾納此時已深知，那些出版社的「老爺」們是如何看不起無名作者的。他憤怒的發誓，從此再也不寫了。

他拿起手稿向壁爐走去，準備把這些稿子付之一炬。凡爾納的妻子趕過來一把搶過手稿緊緊抱在胸前。此時的凡爾納餘怒未息，說什麼也要把稿子燒掉。他妻子急中生智，以滿懷關切的語氣安慰丈夫：「親愛的，不要灰心，再試一次吧，也許這次能交上好運呢。」聽了這句話以後，凡爾納搶奪稿件的手，慢慢放下了。他沉默了好一會，然後接受了妻子的勸告，又抱起這一大包手稿到第 16 家出版社去碰碰運氣。這次沒有落空，讀完手稿後，這家出版社立即決定出版此書。並與凡爾納簽訂了 20 年的出書合約。

沒有他妻子的疏導，沒有「再努力一次」的勇氣，我們也許根本無法讀到凡爾納筆下那些膾炙人口的科幻故事，人類就會失去一份極其珍貴的精神財富。

如果我們已經付出了很多努力去做一件事，就不應輕易放棄，而應堅持不懈。這樣，才不會前功盡棄，失去成功的機會。

成功與失敗有時就差那最後一步，如果停在距離成功僅一步之遙的地方，也就等於放棄了原先的一切努力，如此一來，不論前面付出多少，他的最終結果終究只能歸零。

其實，只有吃苦多一點，我們才能在面對困難時，充滿克服困難的勇氣。只要我們有突破困境的信心，再險惡的境地我們都能安然度過。

只要我們能有再堅持一下，再努力一回的耐力，踏出自己自信的步伐，完成最後這關鍵的一步，最終我們就一定能輕鬆的站立在成功的殿堂裡，享受成功的甜美滋味。

挫折孕育著輝煌

在不斷前進的人生中，凡是看得見未來的人，也一定能掌握現在的浮浮沉沉，因為明天的方向已留存於他的希望之中，他知道自己的人生將走向何方。

世事無常，我們無時無刻不在遭遇著困厄和挫折。遇見生命中不期而至的困難時，你從中又懂得了什麼呢？

留住心中「希望的種子」，相信自己會有一個無可限量的未來。

幸運和厄運，各有令人難忘之處，不管我們得到了什麼，都沒必要張狂或沉淪。

山裡住著一位以砍柴為生的樵夫，在他不斷的辛苦建造下，終於蓋起了一間可以遮風擋雨的屋子。有一天，他挑了砍好的木柴到城裡交貨，但當他黃昏回家時，卻發現他的房子起火燃燒了。

左鄰右合都前來幫忙救火，只是因為傍晚的風勢過於強大，還是沒有辦法將火撲滅，一群人只能靜待一旁，眼睜睜的看著熾烈的火焰吞噬了整棟木屋。

大火終於滅了，只見這位樵夫手裡拿了一根棍子，跑進倒塌的屋裡不斷的翻找著。圍觀的鄰人以為他是在翻找藏在屋裡的珍貴寶物，所以也都好奇的在一旁注視著他的舉動。

過了半晌，樵夫終於興奮的叫著：「我找到了！我找到了！」

鄰人紛紛向前一探究竟，才發現樵夫手裡拎著的是一柄柴刀，根本不是什麼值錢的寶物。

　　樵夫興奮的將木棒嵌進柴刀把裡，充滿自信的說：「只要有這柄柴刀，我就可以再建造一個更堅固耐用的家。」

　　一無所有的樵夫並不因此而躍入生命低谷一蹶不振，而是如他自己自己所言，用那柄柴刀為自己重建了一個更加美好的家園。這不也是屬於他的成功嗎？

　　成功的人不是從未被困難擊倒過的人，而是在被擊倒後，還能夠積極的往成功之路不斷邁進的人。

　　不要把自己禁錮在眼前的困苦中，放眼長望，當你看到成功在未來展現出的遠景時，便能抓住信念的聖火，成就輝煌的目標。

　　人生苦短，由此不難讓我們聯想到，雲南大理白族的三道茶，就是一苦二甜三淡，象徵了人生的三重境界。

　　苦盡才能甜來，隨之才有散淡瀟灑的人生，才會不屈服於挫折的壓力，開創大業，走向人生的輝煌。直面人生的挫折和壓力吧，因為它會讓我們變得更加堅強，內心更加豐富。

只有真正認識自己，才能拯救自己

　　古希臘時德爾菲城的神廟大門上鐫刻著一句警言：「認識你自己。」

　　在很多時候，很多人並不知道自己是個什麼樣的人，這不僅是人們常常存在的一種誤區，而且往往也是人類很難超越的人性弱點。要解決這個問題並不難，照照鏡子，你或許就能找回自信。從人生的萬丈深淵之中，找回那個真實的自己，並解救自己。

　　有一次，美國從事個性分析的專家羅伯特，在辦公室接待了一個因自己開辦的企業倒閉、負債累累、離開妻女到處流浪的流浪者。

　　那人進門打招呼說：「我來這裡，是想見見這本書的作者。」說著，他從口袋中拿出一本書，那是羅伯特許多年前寫的。

流浪者繼續說：「一定是命運之神在昨天下午把這本書放入我的口袋中的，因為我當時已經決定跳到密西根湖，了此殘生。我已經看破一切，認為一切已經絕望，所有的人（包括上帝在內）已經拋棄了我，但還好，我看到了這本書，使我產生新的看法，為我帶來了勇氣及希望，並支撐我度過昨天晚上。現在我已下定決心，只要我能見到這本書的作者，他一定能幫助我再度站起來。現在，我來了，我想知道你能替我這樣的人做些什麼。」

在他說話的時候，羅伯特從頭到腳打量流浪者，發現他茫然的眼神、沮喪的皺紋、10幾天未刮的鬍鬚以及緊張的神態，完全向羅伯特顯示，他已經無可救藥了。

但羅伯特不忍心對他這樣說。因此，請他坐下來，要他把他的故事完完整整的說出來。

聽完流浪漢的故事，羅伯特想了想，說：「雖然我沒有辦法幫助你，但如果你願意的話，我可以介紹你去見本大樓的一個人，他可以幫助你賺回你所損失的錢，並且幫助你東山再起。」羅伯特剛說完，他立刻跳了起來，抓住羅伯特的手，說道：「看在老天爺的分上，請帶我去見這個人。」

他會為了「老天爺的分上」而做此要求，顯示他心中仍然存在著一絲希望。所以，羅伯特拉著他的手，引導他來到從事個性分析的心理實驗室裡，和他一起站在一塊看來像是掛在門口的窗簾布之前。羅伯特把窗簾布拉開，露出一面高大的鏡子，他可以從鏡子裡看到他自己的全身。羅伯特指著鏡子說：「就是這個人。在這世界上，只有一個人能夠使你東山再起，除非你坐下來，徹底認識這個人 ── 當作你從前並未認識他。否則，你只能跳入密西根湖裡，因為在你對這個人做充分的認識之前，對於你自己或這個世界來說，你都將是一個沒有任何價值的廢物。」

他朝著鏡子走了幾步，用手摸摸他長滿鬍鬚的臉孔，對著鏡子裡的人從頭到腳打量了幾分鐘，然後後退幾步，低下頭，開始哭泣起來。一段時間之後，羅伯特領他走出電梯間，送他離去。

幾天後，羅伯特在街上碰到了這個人，而他不再是一個流浪漢形象，他西裝革履，步伐輕快有力，頭抬得高高的，原來那種衰老、不安、緊張的姿態已經消失不見。他說，他感謝羅伯特先生，讓他找回了自己，便很快找到了工作。

後來，那個人真的東山再起，成為芝加哥的富翁。

曾有人言：「我們無法矯治這個苦難的世界，但我們能選擇快樂的活著。」

如果你凡事都一味消極、頹廢，你就必定迷失自己，找不到歸途。

天下事沒有絕對，也沒有一定標準，好運壞運也會互換角色闖入你的生活中，最重要的是，認清最真實的那個自己，然後選擇該走的那條路。

勇於創造條件的人，才能獲得成功

生命是一個過程，而不是一個結果，有人看透人生，有人看破紅塵，前者因此而創造更多條件，為自己迎來成功；後者為此而淪為生活的奴隸，最終將自己埋入自造的墳墓之中。

很多時候，一些看似不可能的事情，只要我們始終相信，並且勇於探索、實踐，我們的夢想就會變成現實。

相信，你就能看見；尋找，你就能得到。

法國記者鮑比（Jean-Dominique Bauby）由於突然中風，導致四肢癱瘓，而且喪失了說話的能力。

被病魔襲擊後的鮑比躺在醫院的病床上，頭腦清醒，但是全身的器官中，只有左眼還可以活動。

可是，他並沒有被病魔打倒，雖然口不能言，手不能寫，但他不願在悲痛裡沉淪，他還是決心要把自己在病倒前就開始構思的作品完成並出版。

出版商便派了一個筆錄員來做他的助手，每天工作 6 小時，替他的著述做筆錄。

鮑比只會眨眼，所以就只有透過眨動左眼與筆錄員溝通，逐個字母的向筆錄員背出他的腹稿，然後由筆錄員抄錄出來。筆錄員每一次都要按順序把法語的常用字母讀出來，讓鮑比來選擇，如果鮑比眨一次眼，就說明字母是正確的。如果是眨兩次，則表示字母不對。

由於鮑比是靠記憶來判斷詞語的，因此有時就可能出現錯誤，有時他又要濾去記憶中多餘的詞語。開始時他和筆錄員並不習慣這樣的溝通方式，所以中間也產生不少障礙和問題。剛開始合作時，他們兩個每天用 6 小時默錄詞語，每天只能錄一頁，後來慢慢增加到了 3 頁。

歷經幾個月的艱辛之後，他們終於完成這部著作。據粗略估計，為了寫這本書，鮑比共眨了左眼 20 多萬次。

這本不平凡的書有 150 頁，已經出版，它的名字叫《潛水鐘與蝴蝶》。

成功是需要很多條件的，比如，健全的體魄、聰明的頭腦、堅忍不拔的精神等，但這些條件並不是每個人都能具備的。

一個成功者，首先就在於他從不苛求條件，而是竭力創造條件——哪怕他只剩下了一隻眼睛可以眨。

苦難，讓生命更顯珍貴

德國歷史學家在《羅馬史》裡寫道：「運氣總是在某些時刻撤退，為的是要讓你以堅毅不撓的努力，把它重新召喚回來。」

假如我們身陷不測，與強盜歹徒展開生死搏鬥，只有把他打倒，我們才能夠活命。那麼，這時我們不可能再去請教拳擊教練、柔道專家，我們唯一能做的，就是用積極頑強的毅力捨命拚搏，而往往會獲得勝利。

如果一個人在 46 歲的時候，在一次悲慘的機車意外事故中被燒得不成人形，4 年後又在一次墜機事故後腰部以下全部癱瘓，會怎麼辦？

接下來，我們能想像他變成百萬富翁、受人愛戴的演說家、洋洋得意的新郎官及成功的企業家嗎？我們能想像他會去泛舟、玩跳傘、在政壇角逐一席之地嗎？

但這一切，米契爾全做到了，甚至有過之而無不及。在經歷了兩次可怕的意外事故後，他的臉因植皮而變成一塊彩色板，手指沒有了，雙腿如此細小，無法行動，只能癱瘓在輪椅上。

那次機車意外事故，把他身上六成五以上的皮膚都燒壞了，為此他動了 16 次手術，手術後，他無法拿起叉子，無法撥電話，也無法一個人上廁所，但以前曾是海軍陸戰隊員的米契爾從不認為他被打敗了。他說：「我完全可以掌控我自己的人生之船，那是我的浮沉，我可以選擇把目前的狀況看成倒退或是一個起點。」

米契爾為自己在科羅拉多州買了一棟維多利亞式的房子，另外他還買了房地產、一架飛機及一家酒吧，後來他和兩個朋友合資開了一家公司，專門生產以木材為燃料的爐子，這家公司後來變成佛蒙特州第二大的私人公司。

機車意外發生後 4 年，米契爾所開的飛機在起飛時又摔回跑道，把他胸部的 12 塊脊椎骨全壓得粉碎，腰部以下永遠癱瘓！

米契爾仍不屈不撓，日夜努力的使自己能達到最高限度的獨立自主，他被選為科羅拉多州孤峰頂鎮的鎮長，以保護小鎮的美景及環境，使之不因礦產的開採而遭受破壞。米契爾後來也競選國會議員，他用一句「不只

是另一張小白臉」的口號，將自己難看的臉轉化成一項有利的資產。

　　儘管剛開始面貌駭人、行動不便，米契爾卻開始泛舟，他墜入愛河且完成終身大事，他拿到了公共行政碩士，並持續他的飛行活動、環保運動及公共演說。

　　米契爾屹立不倒的正面態度，使他得以在《早安美國》等節目中露臉，同時《時代週刊》、《紐約時報》及其他出版物也都有米契爾的人物特寫。

　　米契爾說：「我癱瘓之前可以做 1 萬件事，現在我只能做 9,000 件，我可以把注意力放在我無法再做的 1,000 件事上，或是把目光放在我還能做的 9,000 件事上。告訴大家，我的人生曾遭受過兩次重大的挫折，而我不能把挫折拿來當成放棄努力的藉口。或許你們可以用一個新的角度，來看待一些一直讓你們裹足不前的經歷。你可以退一步，想開一點，然後，你就有機會說：『或許那也沒什麼大不了的！』」

　　這世上既然有幸運，也就會有不幸。當不幸來臨時，無論是發生了什麼事，都要保持一種積極向上的心態和頑強的拚搏精神。我們要告訴自己：這沒什麼大不了的，我依然可以做以前想做的事，而且會把能做的事做得更好。

　　一位作家曾經寫道：「在那些曾經受過折磨和苦難的地方，最能長出思想來。」

　　其實，苦難是一件對人最有用的東西，因為，它看起來有點像蚌，雖然會噴出擾亂我們前途的沙子，但體內卻隱藏著一顆顆可以讓我們邁向成功的「珍珠」！

　　飽受人生苦難的人，才懂得生命的珍貴。

　　當生命陷落之時，正是我們接受磨練、發揮韌性的機會。如果你總是躲在暗處垂頭喪氣，抱怨世界的不公，看看米契爾的例子，想想自己吧！

人生沒有困難或挫折，便不叫人生，沒有感受過凜冽寒風的人，又怎麼會知道太陽光是如何溫暖？

那麼多次的意外都沒有打倒米契爾，只是遇到一個小挫折的我們，怎麼甘心就這樣一蹶不起？

所有苦難都是我們體驗生命的最佳機會。人生沒有走不過的難關，關鍵在於你願不願意給自己多一點生命活力與支持力量。

跌倒時，要有立刻站起來的鬥志，拍拍屁股便能繼續前進，再艱苦的難關我們都能熬出頭。

跌倒，別忘了立刻爬起來

巴爾札克（Honoré de Balzac）說：「挫折和不幸，是天才的晉升之階，信徒的洗禮之水，能人的無價之寶，弱者的萬丈深淵。」

在對有價值的目標的追逐過程中，充滿著各種令人沮喪和感到危險的磨礪。但是，信念是一種強大的動力，它可以推動你在滿身汙泥的泥潭中爬起來，重創機會。生命是一艘巨輪，只要我們的信念不沉沒，我們的船就永遠不會沉沒。

安東尼14歲的時候來到美國，因為他從7歲起就跟著裁縫師學裁縫，所以到了美國之後，他很順利的就在一家裁縫店中找到了工作。

到了18歲時，安東尼決定要成立一家屬於自己的店。

於是，他和弟弟及其他合夥人共同買下了一間禮服店，他更是信心十足的把所有的積蓄都投資在這裡。但是，接下來發生的許多事情，卻不斷的考驗著安東尼開店的決心。

先是在即將開業的前一天晚上，被小偷偷走了將近八萬美元的存貨；接下來他再度進的貨，又在一場意外大火中付之一炬。

後來，他才發現保險經紀人欺騙他，根本沒有把他支付的保險費支票

交給保險公司，所以這場火災等於沒有保險。

更慘的是，可以證明公司存貨內容和價值的一位重要證人，卻正好在這個時候去世了。

接二連三的打擊實在讓安東尼受夠了，他決定到別的裁縫店工作。但是，過了沒多久，他渴望擁有自己事業的欲望又開始蠢蠢欲動了起來。

於是，他再度鼓起勇氣，開了一家裁縫兼禮服出租店。這一次，他決定多採納別人的意見，但在大方向上他依然堅持自己做決定。因為，他始終相信：如果因此跌倒了，是他讓自己跌倒的，如果他站了起來，那也是靠自己站起來的。

因為安東尼堅持著這個信念，所以不久之後，他的「法蘭克禮服出租店」終於成為底特律的知名店鋪。

因為害怕跌倒，所以很多人不敢騎腳踏車、不敢溜冰、不敢玩直排輪……因為害怕，所以喪失了許多樂趣。

在人生中也是如此，大部分人因為不想嘗到失敗和挫折的滋味，所以一輩子懦懦弱弱，不敢輕易嘗試新事物、新方法，並且還因此沾沾自喜，殊不知這才是最大的失敗！

跌倒的目的，就是為了讓你在爬起來的時候，能看到更美好的東西！

所以，我們何必害怕跌倒！

我們應該懼怕的，是連嘗試都不敢嘗試，便在恐懼中失去機會，因為，失去了嘗試的勇氣，也就等於自願放棄了成功的機會。

承擔苦難，才能創造奇蹟

人，不經歷磨練不成長；事，不歷經坎坷難成正果。

一位作家說：「對苦難的一次承擔，就是自我精神的一次壯大。」

每一位有識之士，有志之士，都不應該在險境面前逃遁、沉淪，而應

從中崛起、抗爭。

　　一個人堅持到最後確實不易，世界上成功者微乎甚微，平庸者多如牛毛就是最好的證明。成功的祕訣就是如此簡單，因為在這世界上，真正的失敗只有一個，那就是徹底放棄，從此不再努力。

　　有一天，美國運動健將拉爾夫忽然心臟病發，一直處於昏迷的狀態，院方安排了兩位護士在他身旁看護。

　　昏暗的病房裡，兩位護士正忙著測量拉爾夫的脈搏，此時的拉爾夫已經昏迷六個小時了，仍然尚未脫離險境。

　　但是，醫生認為他已盡了一切努力，便離開這個病房，到其他病房去了。

　　此時的拉爾夫雖然不能動彈，無法有任何動作或表示，但是，他的意識卻是清醒的，他告訴自己要堅持住，一定要保持清醒。

　　忽然，他聽到一位護士激動、慌張的說：「他停止呼吸了！你能摸到脈搏的跳動嗎？」

　　另一位答：「沒有。」

　　接著，他又聽到另一位說道：「妳摸到脈搏跳動嗎？」

　　「沒有。」另一位搖頭說。

　　「我必須告訴她們，我還活著。」拉爾夫不斷的暗示自己，「但是，我要如何讓她們知道呢？」

　　這時，他想起了一句自我激勵的話：「如果你相信你能做到，你就能完成它。」

　　他企圖睜開眼睛，可是努力了許久，眼睛卻依然不聽指揮，不過他一點也不放棄，終於，他聽到護士說：「我看見一隻眼睛在動了！」

　　「他仍然活著！」另一位護士也驚呼。

　　拉爾夫不斷的進行自我暗示和自我激勵，雖然他努力了很久，也非常

辛苦，但是，他終於睜開了眼睛，起死回生。

　　生命的信念，需要的正是你堅強的意志力，那是人類區別於萬物的寶貴財富。

　　現實環境中時常會有此類事情的發生，同時也是令多數人驚喜的奇蹟。但是，這些奇蹟的發生，不是因為所謂的天顯神威，而是個人意志力的堅持，潛意識裡無限潛能的爆發。

　　生命的過程中，我們會遇上各種險境或困難，請記得，堅定你的信念，靠著你那獨一無二的意志力，在你身上就一定會有奇蹟發生。

PART SIX
當承受失去的折磨時 —— 感謝自己，可以重新開始

　　苦苦的挽留夕陽，是傻人；久久的感傷失去，是蠢人；什麼也不願放棄的人，往往只會失去更多珍貴的東西。生命中的得與失原本是辯證的，有得亦有失，當你用坦然的心來承受時，你會發現，生命裡，有些失去其實是無價的。

別放棄對生命喝彩的勇氣

有一種人身上散發出一股自然的活力，那是我們無法預料的生命潛力。而開啟它的唯一方法，就是不斷的為自己的生命喝彩。

還在為生命裡失去的一些東西而難過嗎？

看一看窗外的天空吧！如果今天的你無法與昔日相比，想想，還有明天，把一切已成為過往的不如意化為積極向上的動力，面對往後的每一天，那麼，我們便能躍過每一個低谷，永遠屹立在生活的最高峰。

傑米是一位著名的藝術家，他曾被邀請參加一場慰問第二次世界大戰退伍軍人的表演，但他告訴邀請單位自己行程很緊湊，只能做一段獨白，然後必須馬上趕赴另一地方去表演。可是後來他居然表演了 30 分鐘，安排表演的負責人感到不解，傑米解釋說：「我本打算離開，可是我可以讓你明白我為何留下，你自己去看看第一排的觀眾吧。」

第一排坐著兩個男人，他們都在戰爭中失去了一隻手，一個失去了左手，一個失去了右手，但他們可以一起鼓掌。

當他們鼓掌時，拍得又開心又響亮。如果不是對生活充滿愛和眷戀，失去一隻手的人又怎麼可能努力的為小小的精彩而鼓掌呢？他們失去了一隻手，但是他們沒有放棄為生命喝彩的勇氣和機會，他們得到的是包括傑米在內的無數人的尊敬和仰慕。

生命歷程中，如果所得已經夠多，即使是再增加，也不覺得欣喜，稍有所失，便惶惶恐恐；如果所失已經太多，就是再失，也不感到痛惜，稍有所獲，便十分快樂。如此說來，得意何嘗不是失意之由，失意又何嘗不是得意之始呢？

原來得與失在我們心中只有一線之隔，得並不意味著一定就是得意，失也並不意味著一定就是失意，顏回居陋巷，一簞食，一瓢飲，也能得意在其中；秦王統一六國，兼併天下，也能失意於其間。

人世間，凡事都是失之東隅，必然收之桑榆，只是你可能一味的盯著失，而對得並未意識到罷了。比如，夫妻離婚了，在失去婚姻的同時，也得到了追求良緣的機會；親密愛人移情別戀，在失去戀情的同時，也應該慶幸現在的及早分手，避免了浪費今後太多的時光；失意於錢賺得少，卻可得意於不用為了儲蓄投資而煩心。

對已鑄成之事，且輕快的加以承受，一切生命都應該勇於去尋求最艱苦的環境，生命正是在最困厄的境遇中，才能發現自己，認識自己，從而才能錘鍊自己，彰顯自己，最後完成自己，昇華自己。所以我們大可以鼓起勇氣，對生命喝彩，為人生吶喊。

感謝自己可以重新開始

失去春天的蔥綠，卻能得到豐碩的金秋；失去青春的歲月，卻能使我們走進成熟的人生……

失去，本是一種痛苦，但也是另一種幸福，因為，這讓我們又可以重新開始。

著名發明家愛迪生費盡大半生的財力，建立了一個龐大的實驗室。但是不幸的是，一場大火將他的實驗室燒成了灰燼，造成了嚴重的損失，他一生的研究心血幾乎都付之一炬。

當他的兒子在火場附近焦急的找到父親時，他看到已經 67 歲的愛迪生居然靜靜的坐在一個小斜坡上，看著熊熊大火燒盡一切。

愛迪生見兒子來找他，扯開喉嚨叫兒子快去找媽媽來：「快把她找來，讓她看看這場難得一見的大火。」

大家都以為大火可能對愛迪生造成了重大打擊，但是他說：「大火燒去了所有的錯誤。感謝上帝，我們又可以重新開始了。」

沒多久，新的實驗室重新建立起來了。

　　生活中經常有類似愛迪生所遭受的大火，面對如此慘重的失去，心態消極的人只會有一種命運，那就是被火吞滅。而像愛迪生一樣心態積極的人，不妨往好處想一想，重新鼓起勇氣，成功才會離你越來越近。

　　有什麼樣的思維，就有什麼樣的生活。

　　人與人之間的差異，說到底就是這一點點，但就是這一點的差異，造成了成功與失敗的極大反差。在這個世界上，成功卓越者少，失敗平庸者多。仔細觀察，比較一下兩者，我們就會發現，心態導致了人生驚人的不同。

　　生活是無規律的循環，本來更是無定論的漸逝。之所以你會失去一些東西，是因為你的宿命中注定了，你應該擁有更多更好更美的東西。

　　難道不是如此嗎？

　　生命可以非同凡響，也可以一無是處，隨你怎麼選擇。

能忘懷得失的人最富有

　　頓悟人生的機會不多，但是，只要有機會頓悟，每次剎那間的感受都將是前所未有的豐富。

　　精神滿足與心靈成長雖然抽象，卻是最具體的存在我們身上的資產。

　　沒有人能奪取它們，能夠真切的感受到它們存在的人，便是世界上最富有的人。

　　很久以前，有個粗壯而個性魯莽的俠士和一位溫文儒雅的讀書人打賭。

　　讀書人說，只要這位俠士能夠在一間暗房裡獨處五年，他願意把所有家產全都贈送給他。

　　第一年因為寂寞難耐，俠士不斷的吼叫、摔東西，脾氣壞得嚇人，但是他卻不願放棄。

第二年，俠士向這位讀書人借了一些書，從此他便以閱讀消磨時間。

沒想到俠士從此沉醉於經書的研讀，到了第五年，他開始靜坐，思考人生的道理。

到了預定期限的最後一晚，已經徹悟的俠士決定放棄唾手可得的萬貫家產，只留了一張字條，上面寫著「進去出來」，旋即不辭而別，踏上全新的人生旅程。

「進去出來」這四個看似簡單卻又無限深奧的字，是經由這個原本行事魯莽的俠士，累積了五年的生命時間體悟出來的，是心靈的滋長與對生命的全新感悟。在他捨得放下的同時，生命也有了新的開始。

人生中，我們有許多轉念的機會，每個轉念都有著我們生活經歷的感悟和累積，以及對生命價值的自省。

每一次走「進去」時，我們身上的缺點也跟著進去，歷經各種磨練的洗禮。直到我們走「出來」，成為有所省悟的人，人生業已煥然一新。俠士從賭氣到忘懷得失，五年的累積，讓他擁有的心靈財富，已經超越讀書人所能給予的家產。於是，他能看淡物質層次的世界，因為，從省悟的那一刻開始，他知道生命中還有許多更值得他去爭取的東西，這是那些錢財所無法與之相比的。

為什麼很多人成功了反而感到失落？因為，許多人在埋頭苦幹時，尚未發掘人生的終極目標，只是為忙碌而忙碌著，不曾洞悉自己心靈深處的欲求，也不曾審視過自己的人生信念。

看淡，不是不求進取，不是無所作為，不是沒有追求，而是另一種捨棄之後的神聖。

勇敢的選擇屬於自己的天空

在人生的漫長歲月中，每個人都會面臨無數次的選擇，這些選擇可能

會使我們的生活充滿無盡的煩惱和難題，使我們不斷的失去一些我們不想失去的東西，但同樣是這些選擇卻又讓我們不斷的在獲得。

我們失去的，也許永遠也無法補償，但是我們得到的卻是別人無法體會到的、獨特的人生。

有一個念電子科系的大學生，畢業後找到一個讓許多人羨慕的政府機關，做著一份十分輕鬆的工作。

然而時間不長，年輕人開始變得鬱鬱寡歡，原來年輕人的工作雖輕鬆但與所學專業毫無關係，要知道，年輕人可是電子科系的高材生啊，空有一身本事卻無用武之地。他想辭職外出闖天下，但內心深處卻十分留戀眼下這一份穩定又有保障的舒適工作，要知道外面的世界雖然很精彩可是風險也大啊！經過反覆思量，他仍拿不定主意，於是他就將自己的想法告訴父親。

父親聽後想了一會，跟他講了一個故事。

從前，有一個鄉下的老人在山裡打柴時，拾到一隻很小的樣子怪怪的鳥，那隻怪鳥和剛滿月的小雞一樣大小，也許因為牠實在太小了，還不會飛，老人就把這隻怪鳥帶回家給小孫子玩耍。

老人的孫子很調皮，他將怪鳥放在小雞群裡，充當母雞的孩子，讓母雞養育著。

母雞沒有發現這個異類，全權負起一個母親的責任。

怪鳥一天天長大了，後來人們發現那隻怪鳥竟是一隻鷹，人們擔心鷹再長大 —— 些會吃雞。然而人們的擔心是多餘的，那隻一天天長大的鷹和雞相處得很和睦，只是當鷹出於本能在天空展翅飛翔再向地面俯衝時，雞群出於本能會產生恐慌和騷亂。

時間久了，村裡的人們對於這種鷹雞同處的狀況越來越看不慣，如果哪家丟了鳥，便首先會懷疑那隻鷹，要知道鷹終歸是鷹，生來是要吃雞

的。越來越不滿的人們一致強烈要求：要麼殺了那隻鷹，要麼將牠放生，讓牠永遠也別回來。因為和鷹相處的時間長了，有了感情，這一家人自然捨不得殺牠，他們決定將鷹放生，讓牠回歸大自然。

然而他們用了許多辦法都無法讓那隻鷹重返大自然，他們把鷹帶到很遠的地方放生，過不了幾天那隻鷹又飛回來了，他們驅趕牠不讓牠進家門，他們甚至將牠打得遍體鱗傷……許多辦法試過了都不奏效。

最後他們終於明白：原來鷹是眷戀牠從小長大的家園，捨不得那個溫暖舒適的大家庭。後來村裡的一位老人說：把鷹交給我吧，我會讓牠重返藍天，永遠不再回來。

老人將鷹帶到附近一個最陡峭的懸崖絕壁旁，然後將鷹狠狠向懸崖下的深澗扔去，像扔一塊石頭那樣。那隻鷹一開始也如石頭般向下墜去，然而快要到澗底時牠終於展開雙翅托住了身體，開始緩緩滑翔，然後輕輕拍了拍翅膀，就飛向蔚藍的天空，牠越飛越自由舒展，越飛動作越漂亮，這才叫真正的翱翔，藍天才是牠真正的家園啊！

牠越飛越高，越飛越遠，漸漸變成了一個小黑點，飛出了人們的視野，永遠的飛走了，再也沒有回來。

聽了父親的故事，年輕人痛下決心，辭去了公職外出闖天下，終於做出了一番事業。

很多時候，我們總是對現有的東西不忍放棄，對舒適平穩的生活戀戀不捨。

一個人要想讓自己的人生有所轉機，就必須懂得在關鍵時刻把自己帶到人生的懸崖，向另一片山巔飛躍。即使，在這過程中有可能因此而失去一切，也要有勇敢搏一次的勇氣。

把另一隻鞋子扔掉

　　月亮即使有缺，也依然皎潔；人生即使有憾，也依然美麗。

　　得到的時候要懂得珍惜，失去的時候也不必無所適從。得到固然令人驚喜，失去也使人著迷。

　　我們常常因為失去而鬱鬱寡歡，常常因為得到而欣喜不已，這兩種心態會直接導致浮躁，我們應該予以摒棄。

　　人生不會總是在失去什麼，也不會總是在得到什麼，有失有得是一種規律，我們應該坦然的面對得失。

　　飛速行駛的列車上，一位老人剛買的新鞋不慎從窗口掉下去一隻，周圍的旅客無不為之惋惜，不料老人毅然把剩下的那隻也扔了下去。

　　此時，車上的乘客大眼瞪小眼的盯著這位老人，他的這一舉動令眾人大惑不解，老人卻坦然一笑：「鞋無論多麼昂貴，剩下一隻對我來說就沒有什麼用處了。把它扔下去就可能讓撿到的人得到一雙新鞋，說不定他還能穿呢。」

　　老人看似反常的舉動，展現了他清醒的價值判斷，與其抱殘守缺，還不如果斷放棄。這種坦然面對失去的豁達心態，令人頓生敬意，也令人深思。

　　生活中，很多人都會患得患失，本來擁有一些自己並不需要而多餘的東西，卻又費盡腦汁想使這些東西不減反增，為這些終日煩惱，長此下去有損身心健康。

　　一般來說，人們總是習慣於得到而害怕失去。儘管「有得必有失」的道理人人皆知，但人們依舊認為得到了可喜可賀，而失去則可惜可嘆。每有所失，總要難受一陣，甚至為之痛苦。

　　「失之東隅，收之桑榆」，許多東西我們不肯放下，是因為我們貪得無厭，為何不把不再擁有當成是對圍剿自己的藩籬的一次突圍呢？

豁達的人，將失去視為對消耗精力的事件的有力回擊，對浪費生命的敵人的掃射，是在更大範圍去發展生存的前提。因為這樣做了，他們活得坦然。

每一種生活都有它的得與失

人在大的得意中常會遭遇小的失意，後者與前者比起來，可能微不足道，但是人們卻往往會怨嘆那小小的失，而不去想想既有的得。

其實得到固然令人欣喜，失去卻也使人著迷。得到的時候，渴望就不再是渴望了，於是得到了滿足，卻失去了期盼；失去的時候，擁有就不再是擁有了，於是失去了所有，卻得到了懷念。

每天的同一時間，一輛豪華轎車總會穿過紐約市的中心公園。車裡除了司機，還有一位無人不曉的百萬富翁。百萬富翁注意到：每天上午都有位衣著破爛的人坐在公園的椅子上死死的盯著他住的飯店。

一天，百萬富翁對此產生了極大的興趣，他要求司機停下車並徑直走到那人的面前說：「請原諒，我真的不明白你為什麼每天上午都盯著我住的飯店看。」

「先生，」這人答道，「我沒錢，沒家，沒房子，只得睡在這長凳上。不過，每天晚上我都夢到住進了那間飯店。」

百萬富翁聽了以後，對他說：「今晚你一定能如願以償。我將為你在飯店訂一間最好的房間，並付一個月住宿費。」

幾天後，百萬富翁路過這個人的房間，想打聽一下他是否對此感到滿意。然而，出人意料的是：這人已搬出飯店，重新回到了公園的凳子上。

當百萬富翁問這人為什麼要這樣做時，他答道：「一旦我睡在凳子上，我就夢見我睡在那間豪華的飯店裡，妙不可言；一旦我睡在飯店裡，我就夢見我又回到了冷冰冰的凳子上，這夢真是可怕極了，以至於完全影

響了我的睡眠！」

每一種生活都有它的得與失，正如俗話所說：「醒著，有得有失，睡下，有失有得。」所以我們應該正視人生的得失，要知道世間之物本來就是來去無常，所以得到的時候要懂得珍惜，失去的時候也不必無所適從。

不能捨棄別人都有的，便得不到別人都沒有的。會生活的人失去的多，得到的更多，只要這樣一想，你就會有一種釋然頓悟的感覺。

連上帝都會在關了一扇門的同時又打開一扇窗，得與失本身就是無法分離：得中有失，失中又有得。

無須在得與失之間徘徊

不必為「失去」而難過，因為世間之物本來就是來去無常。我們所能做、所應做的只是在「得到」時珍惜它。

有些事情，當我們年輕的時候，無法懂得；當我們懂得的時候，已不再年輕。世上有些東西可以彌補，另有一些卻永遠都無法挽回。

有一個故事，說有個年輕人，在他小時候的一天，發現門前那堵牆上有一個發出閃光的點，在陽光下熠熠生輝，豔麗無比。

從此，朝思暮想，流連仰望。終於有一天，漸漸長高的年輕人決定爬上去看個仔細，百年危牆，高不可攀。

近了，近了。最後，那隻顫抖的手一把抓住了它。原來是一支破牙刷。他好失望，心情沮喪得很。

事物的轉換總是這樣，年輕人在此之前，擁有一份好心情；一旦得到了那支牙刷時，卻又失去了昔日的那份特別好的心情。

這正如佛經上所說的，「失就是得，得就是失。」

得與失在我們心中，真是只有一線之隔，我們意以為得，就是得意；意以為失，就是失意，所以顏回居陋巷，一簞食，一瓢飲，也能得意在其

中。秦王統一六國，兼併天下，也能失意於其間。大約有得必有失，有失必有得；所得既多，便是增加，也不覺得欣喜，稍有所失，便惶惶恐恐；所失既多，就是再失，也不感到痛苦，稍有所獲，便十分快樂。如此說來，得意何嘗不是失意之由，失意又何嘗不是得意之果呢？

《孔子家語》裡記載：有一天楚王出遊，遺失了他的弓，下面的人要找，楚王說：「不必了，我掉的弓，我的臣民會撿到，反正都是楚國人得到，又何必去找呢？」孔子聽到這件事，感慨的說：「可惜楚王的心還是不夠大啊！為什麼不講人掉了弓，自然有人撿得，又何必計較是不是楚國人呢？」「人遺弓，人得之」應該是對得失最豁達的看法了。就常情而言，人們在得到一些利益的時候，大都喜不自勝，得意之色溢於言表；而在失去一些利益的時候，自然會沮喪懊惱，心中憤憤不平，失意之色流露於外。但是對於那些志趣高雅的人來說，他們在生活中能「不以物喜，不以己悲」，並不把個人的得失記在心上。他們面對得失心平氣和、冷靜以待。

當我們在得與失之間徘徊的時候，只要還有抉擇的權利，那麼，我們就應以自己的心靈是否能得到安寧為原則。只要我們能在得失之間做出明智的選擇，那麼，我們的人生就不會被世俗所淹沒。

正確認識得失，得到了也可能失去，無論你得到了什麼，都不妨時常這樣提醒自己。這樣，得到了的時候就會倍加珍惜，失去的時候也不至於無所適從。

不要忽視自己擁有的

我們時常覺得「不開心」，根源就在於我們很少想到我們已經擁有的，卻總是想著我們所沒有的。輕視乃至忽視自己擁有的，抱怨自己所沒有的，人當然就無法快樂起來。

安徒生有一個〈老頭子總是不會錯〉的童話故事：鄉村有一對清貧的老夫婦，有一天他們想把家中唯一值點錢的一匹馬拉到市場上去換點更有用的東西。

老先生牽著馬去趕集了，他先與人換得一頭母牛，又用母牛去換了一隻羊，再用羊換來一隻肥鵝，又把鵝換了母雞，最後用母雞換了別人的一大袋爛蘋果。在每次交換中，他都想給老伴一個驚喜。

當他扛著大袋子來到一家小酒店歇息時，遇上兩個英國人。閒聊中他談了自己趕集的經過，兩個英國人聽後哈哈大笑，說他回去準得挨老婆婆一頓揍。老先生堅稱絕對不會，英國人就用一袋金幣打賭，三個人於是一起來到老先生家中。

老婆婆見老先生回來了，非常高興，她興奮的聽著老先生講趕集的經過。每聽老先生講到用一種東西換了另一種東西時，她都充滿了對老先生的欽佩。她嘴裡不時的說著：「哦，我們有牛奶了！」「羊奶也同樣好喝。」「哦，鵝毛多漂亮！」「哦，我們有雞蛋吃了！」

最後聽到老先生背回一袋已經開始腐爛的蘋果時，她同樣不慍不惱，大聲說：「我們今晚就可以吃到蘋果餡餅了！」

結果，英國人輸掉了一袋金幣。

從這個故事中我們可以領悟到：不要為失去的一匹馬而惋惜或埋怨生活，既然有一袋爛蘋果，就做一些蘋果餡餅好了，這樣生活才能妙趣橫生，和美幸福，這樣，你才可能獲得意外的收穫。

生命有得到是正常的，有失去也是正常的，如果你緊緊抓住失去不放，得到就永遠也不會到來。放下失敗，抓住成功，就可以讓生命重放光彩。而這一切，需要你有一顆淡泊名利得失、笑看輸贏成敗的心。

個性樂觀的人對得失看得很淡，他們認為「得」是勞作的結果，無論勞心勞力，「得」都是心願的實施，了卻了心願，卻難免會失去追求。得

到功名利祿的時候，滿心喜悅，但同時也失落了沉思與警醒；得到虛榮的時候，靈魂卻在貶值；失去最愛的時候，便是得到永恆的寄託；失去依賴的時候，便得到人生必備的磨礪；失去憧憬的時候，便得到現實的選擇。

只求生命中最有價值的東西

生活中有許多十字路口，也正因為有了這些路口，人生才顯得絢麗多姿和變幻莫測。人一生中選擇的機會可能很多，但在這其中能改變人生機遇的卻是寥若晨星。

在新的機遇面前，我們在增強緊迫感、提高自身素養的同時，要保持清醒的頭腦，開闊胸襟，審時度勢，弄清楚對自己來說什麼才是最重要的，然後主動放棄那些可有可無、不觸及生命意義的東西，求得生命中最有價值、最必需、最純粹的東西。

為了熊掌，我們可以放棄魚；為了贏得更廣闊的生存和發展空間，我們可以放棄穩定、舒適的環境；為了莊嚴的真理、崇高的理想，我們可以放棄金錢、名利乃至生命。只有卸掉前進路上的累贅，才能獲得人生的主動、快樂和崇高！

有一個 10 歲的小男孩在一次車禍中失去了左臂，但是他很想學柔道。最終，小男孩拜一位日本柔道大師為師，開始學習柔道。他學得不錯，可是練了 3 個月，師父只教了他一招，小男孩有點弄不懂了。

一天，他終於忍不住問師父：「我是不是應該再學些其他招法？」師父回答說：「不，你只需要會這一招就夠了。」

小男孩並不是很明白，但他很相信師傅，於是就繼續照著練了下去。

幾個月後，師傅第一次帶小男孩去參加比賽。小男孩自己都沒有想到居然輕輕鬆鬆的贏了前兩輪。第三輪稍稍有點艱難，但對手還是很快就變得有些急躁，連連進攻，小男孩敏捷的施展出自己的那一招，又贏了。就

這樣，小男孩迷迷糊糊的進入了決賽。

決賽的對手比小男孩高大、強壯許多，也似乎更有經驗。關鍵時刻，小男孩顯得有點招架不住了。裁判擔心小男孩會受傷，就叫了暫停，還打算就此終止比賽，然而師父不答應，堅持說：「繼續下去！」

比賽重新開始後，對手放鬆了戒備，小男孩立刻使出他的那招，制服了對手，最終獲得了冠軍。

在回家的路上，小男孩和師父一起回顧每場比賽的每一個細節，小男孩鼓起勇氣道出了心裡的疑問：「師父，我怎麼能僅憑一招就贏得了冠軍？」

師父答道：「有兩個原因：第一，你幾乎完全掌握了柔道中最難的一招。第二，據我所知，對付這一招唯一的辦法是對手抓住你的左臂。」

原來，有時缺陷也能變成優勢，正如著名戲劇家莎士比亞所說：「並非所有缺點都受人唾棄。有些特定情況下的缺點，對於社會生活來說是必不可少的。」

人生最大的得應該是「生」，我們從父母那裡得到生命，不是最大的「得」嗎？因為沒有這個得，就沒有以後的得，這是得的根本。而人生最大的失，應該是「死」，當這一刻來臨時，我們便拋出所得的一切，包括自己的生命，這不是最大的失嗎？這最大的得與失，我們尚且無法掌握，又還有什麼得失好計較呢？

就我們個人而言，固然有得有失，就全人類而言，不是都一樣嗎？這彷彿雲來雲往，雨來雨往，這世上總有晴朗與陰雨的地方；又正如生生死死，死死生生，這世間的一切總是繼往開來，生息不斷的。所以得與失，到頭來根本就一無所得，也一無所失啊！

正確對待生命中的得與失

人生就是一個不斷追求的過程，渴望自己的生命變得圓滿。然而追求並不意味著你要死死揪著手中的東西不放。

俗話說，人生失意無南北，宮殿裡有悲哭，茅屋裡有笑聲。這是生活賦予人生的定律。坦然面對得失之人，即使失去了宮殿而身處茅屋，也不悲觀，他不是得到了從前所沒有的歡樂嗎？

兩個天使，一老一少，外出旅行。這晚，他們來到一個富有的家庭借宿。這家人並不友善，並且拒絕他們在舒適的臥房過夜，而是在冰冷的地下室找了一個角落給他們。當他們鋪床時，老天使發現牆上有個洞，就順手把它修補好了。

小天使問為什麼，老天使答：「有些事並不像看上去那樣。」

第二晚，兩人又到一個非常貧窮的農家借宿。主人夫婦倆對他們非常熱情，把僅有的一點食物拿出來款待客人，然後又讓出自己的床鋪給兩個天使。第二天一早，兩個天使發現農夫和他的妻子在哭泣 —— 他們唯一的生活費來源，一隻乳牛死了。

小天使非常憤怒，他質問老天使為什麼會這樣，第一個家庭什麼都有，老天使還幫他們修補牆洞，第二個家庭儘管如此貧窮，還是熱情款待客人，而老天使卻沒有阻止乳牛的死亡。

「有些事並不像看上去那樣，」老天使答道：「當我們在地下室過夜時，我從牆洞看到裡面堆滿了金塊。因為主人被貪欲所迷惑，不願意分享他的財富，所以我把牆洞堵上了。」

「昨天晚上，死亡之神來召喚農夫的妻子，我讓乳牛代替了她。所以有些事情並不像它看上去那樣。」

這個故事本意是要告訴我們善有善報，惡有惡報，但是同時也從另外一個角度告訴我們得與失的辯證關係。

對於農夫和他的妻子來說，雖然他們的乳牛死了，可是同時他們也應該慶幸，自己還健康的活著。

很多時候我們得到的同時也就意味著失去，同時在失去的背後實際上得到更多。

不要惋惜，才能更快樂

大氣的人，從不為已經不屬於自己的東西而惋惜；大氣的人生，像北極星一樣璀璨永恆。

讓心豁達起來，不要惋惜過去，而應換一種觀點，換一種心情去生活。一如有人曾說：「會在快樂時微笑，也要學會在困難中微笑。」懷抱這樣的胸懷的人，從不回頭去尋覓昨日黃花，而是快樂的去追求明日繁星。

有這樣一則故事：

風浪中，船沉了。唯一的倖存者被風浪沖到了一座荒島上。每天，這位倖存者都翹首以待，希望有船來將他救出。

然而，他盼到「花兒都謝了」，還是沒有船來。

為了活下去，他就辛辛苦苦的弄來了一些樹木枝葉替自己搭建了一個「家」。每天，他默默的向上帝祈禱著。

然而，不幸的事發生了。一天當他外出尋找食物時，一場大火頃刻間把他的「家」化為了灰燼，他眼睜睜的看著滾滾濃煙消散在空中，悲痛交加，眼中充滿了絕望。

第二天一大早，當他還在痛苦中煎熬時，風浪拍打船停的聲音驚醒了他 ── 一艘大船正向他駛來。他得救了。「你們是怎麼知道我在這裡的？」他問。「我們看見了你燃放的煙火信號。」

這個故事一直感動著一些人。

生活中，我們也許常常為自己失去的東西而悶悶不樂，甚至後悔，從而把自己本應該豐富多彩的青春弄得黯然失色。其實，我們的一生，總在得失之間，我們在失去的同時，也往往會另有所得，只有認清了這一點，才不至於因為失去而後悔，才能生活得更快樂。

身居豪華住宅，黑色的塑鋼欄杆圈起一方高貴的豪門自豪感，滿足了擁有一份富足的欲望，卻失去了與左鄰右舍茶餘飯後高談闊論的舒心；孩子各科功課成績優秀，許多愛好也發展得不錯，可看著她像個追趕時間的人，幾乎沒時間開開心心的與玩伴們嬉笑遊戲，哪還有什麼童年的快樂可言？新換了工作，薪水增加了不少，可工作時間延長，心理壓力增大，再沒有了原本那工作的輕鬆，沒有那麼多自由逛街的悠閒……

於是我們知道：「生活就是這樣，當你有了，你就沒有了。」這句話的確是經典。

有得必定有失，用這樣的眼光辯證的去看待發生在自己身上或周圍的許多事情，心態竟然平靜了許多。朋友背信棄義，讓你在惋惜友情夭折的同時，也慶幸真正認識了一個人，繼續來往，給你的傷害會更深，同時也明白怎樣的人才是自己真正的朋友；走出家門跨上旅遊的快車，花費了金錢，搭上了精力，可是飽覽了美麗的風景，見識了許多原本只能在夢中所見的事物，開拓了自己的視野……

缺憾換來圓滿

一個人要以清醒的心智和從容的步履走過歲月，他的精神中必定不能缺少淡泊。否則，他不是活得太憂鬱，就是活得太無聊。

世界上每個人想要的東西太多，誰都渴望擁有很多很多。可是，現實常給予我們的卻是適得其反，很多時候，屬於自己的或許只是不斷失去後換來的滄海一粟。但是，只要以一個純美的靈魂對待生活和人生，你終會

收穫一份圓滿。

國王有七個女兒，這七位美麗的公主是國王的驕傲。她們那一頭烏黑亮麗的長髮遠近皆知，所以國王送給她們每人 100 個漂亮的髮夾。

有一天早上，大公主醒來，一如既往的用髮夾整理她的秀髮，卻發現少了一個髮夾，於是她偷偷的到了二公主的房裡，拿走了一個髮夾。

二公主發現少了一個髮夾，便到三公主房裡拿走一個髮夾；三公主發現少了一個髮夾，也偷偷的拿走四公主的一個髮夾；四公主如法炮製拿走了五公主的髮夾；五公主一樣拿走六公主的髮夾；六公主只好拿走七公主的髮夾。於是，七公主的髮夾只剩下 99 個。

隔天，鄰國英俊的王子忽然來到皇宮，他對國王說：「昨天我養的百靈鳥叼回了一個髮夾，我想這一定是屬於公主們的，而這也真是一種奇妙的緣分，不曉得是哪位公主掉了髮夾？」

公主們聽到了這件事，都在心裡想：是我掉的，是我掉的。可是頭上明明完整的別著 100 個髮夾，所以都懊惱得很，卻說不出。只有七公主走出來說：「我掉了一個髮夾。」

話才說完，七公主一頭漂亮的長髮因為少了一個髮夾，全部披散了下來。王子不由得看呆了，決定和公主一起過幸福快樂的日子。

人不總是因為全部擁有而幸福，相反卻因失去而美麗。為什麼一有缺憾就拚命去補足呢？100 個髮夾，就像是完美圓滿的人生，少了一個髮夾，這個圓滿就有了缺憾；但正因缺憾，未來就有了無限的轉機、無限的可能性，何嘗不是一件值得高興的事！

放得下就是快樂，承受得起失去，就能體會另一份圓滿。只要你心無掛礙，何愁沒有幸福的花兒在綻放呢？

不要說自己什麼都沒有

在生命的長河中，有時我們會陷入意料不到的沼澤裡，這時，不要輕易的說自己什麼都沒有，只要抱著一個堅定的信念，努力的尋找，我們最終會戰勝困難，走出沼澤。

有一位旅行者獨自穿過沙漠時迷失了方向，更為可怕的是他發現自己已不再擁有任何東西了，他已吃完最後一片乾糧，喝完最後一滴水。翻遍所有的口袋，他只找到一個發黃的梨。

「哦，我還有一個梨。」他驚喜的喊道。他握著那個梨，深一腳淺一腳的在大漠裡尋找著出路。

整整兩個晝夜過去了，他仍未走出空曠的大漠，飢餓、乾渴、疲憊卻一起湧上來，望著茫茫無際的沙海，有好幾次他都覺得自己快要支撐不住了，可是看一眼手裡的梨，他抿抿乾裂的嘴唇，陡然又添了些許力量。

頂著炎炎烈日，他又繼續艱難的跋涉。已數不清摔了多少跟頭了，只是每一次他都掙扎著爬起來，跟蹌著一點點的往前挪，他心中不停的默唸著：「我還有一個梨，我還有一個梨……」

三天之後，他終於走出了大漠，那個他始終未曾咬過一口的梨，已乾巴得不成樣子。他還寶貝似的捧在手中，久久的凝視著。

他懂得，在生命的盡頭，在他認為自己已經失去一切甚至就要失去生命的時候，他還有一個梨帶給他希望，所以，他活下來了。

在你瀕臨絕望之時，千萬不要對自己的人生下「一無所有」的定論。讓你失去很多寶貴的東西甚至生命，並不是上帝的本意，而是你自己看不到可以挽救自己的希望之光。

生命中，往往因為你追求得太多，太美，所以到最後連你應該得到的都即將失去。

人生就是這樣舉棋不定的，當你從什麼都不能從自己身上尋找到時，問問自己，在你的心中是否還裝著什麼？

笑看人生起伏

人生得失無定時，要笑看人生起伏。所以，面對失去我們要坦然，胸襟豁達一些，眼光長遠一些，只有摒棄不必要的留戀與顧盼，才能集中精力耕耘出更美好的未來。

從前，有一位老人上街去趕集，不小心丟失了一匹馬。鄰居們都替他惋惜，老人卻說：「我雖然丟了一匹馬，但這未必不是一件好事。」

眾人聽了，都感到老人很可憐。過了幾天，丟失的馬跑回來了，而且還帶回來了一匹騾子。眾人見了紛紛羨慕不已。可是，老人卻憂心忡忡的說：「你們怎麼知道這不是一件壞事情呢？」

大家都以為老人一定是讓好事給樂瘋了，以至於連好事壞事都分不清。幾天後，老人的兒子騎著騾子在院子裡玩，一不小心把腿摔斷了。

鄰居們都過來勸老人不要傷心難過。不料，老人笑著說：「你們怎麼知道這不是一件好事情呢？」大家簡直不敢相信自己的耳朵，無不奇怪的悻悻離去。

事隔不久，戰爭爆發了，凡是身體健康的年輕人都被拉去當了兵，大多數人都戰死沙場，沒能再回來。而老人的兒子因為腿瘸沒有當兵，待在家裡平安無事。

這個故事，就是著名的「塞翁失馬，焉知非福；塞翁得馬，焉知非禍」的成語典故。

我們的天性是欣喜於得到而悲哀於失去。呱呱落地，我們首先得到了生命。隨後，我們從父母那裡得到衣食、玩具、愛和撫育，從社會得到職業的訓練和文化的培養。長大成人以後，我們靠著自己的努力繼續得到事業。

孟子曰：「魚，我所欲也；熊掌，亦我所欲也，二者不可兼得，捨魚而取熊掌者也。生，我所欲也；義，亦我所欲也，二者不可兼得，捨生而

取義者也。」捨生而取義是君子的高風亮節，捨魚而取熊掌是凡夫俗子的行為。君子也罷，凡夫俗子也好，在得與失的選擇面前總會有一種無奈。

老子的《道德經》中有一句傳世名言：「禍兮，福之所倚；福兮，禍之所伏。」禍福相生，這是中國古代生存哲學的基本理念。

從災禍中吸取教訓，可以得到幸福；從幸福中喪失警惕，或許潛伏著災禍。因此，人生不必那麼在意得到多少，又失去多少，淡菜飄香，平淡有味。這絕非是一種人生的平庸，而是一種更高層面的充盈與享受。

承受住苦難的考驗

人們都希望自己成為生活的強者，但通向強者之路上永遠有苦難在那裡等待。苦難使人遭受考驗，苦難使人奮勇搏擊。順境中人們看到的是鮮花和笑臉，習慣於喜悅浸潤的心靈往往承受不起太大的打擊。迎向苦難，雖處逆境但可使人嘗遍人間酸甜苦辣鹹的滋味，經歷世態冷暖炎涼，更多一層對生活的領悟，更了解人生的真諦。

苦難是一本啟智開慧的好書，當人們精心閱讀感受之後，會發現它在娓娓講述豐富的生活閱歷時，又夾著睿智，細細品味會使人豁然開朗，智慧倍增。苦難又是一位深沉的哲人，他說：強者的人生意義不在於他輝煌的成功，而在於他為實現理想，所做的一次又一次搏擊，強者在風浪中領略到瑰麗之景是平庸者永遠看不到的。

苦難對於每個人來說都是一場考驗，只有承受住苦難的考驗，才能鑄就非凡人生。

說起如何面對苦難的考驗時，不提到貝多芬是令人遺憾的，因為他在人類戰勝苦難方面，創造了不亞於他那些交響曲的輝煌成就。

德國作曲家貝多芬於西元 1770 年冬天，在波昂一間牆壁歪斜的簡陋的小屋裡誕生。父母不和，生活貧困，悲慘的童年造成貝多芬性格上的嚴

肅、孤僻、倔強和獨立不羈，在他心中孕育著強烈而深沉的感情。從 12 歲起他開始作曲：14 歲參加樂團演出，並領取薪資補助家庭。可以說，貝多芬幾乎成了苦難的象徵。到了 17 歲，母親病逝，把家中最後的錢花光了，留下兩個弟弟，一個妹妹，還有一個已經墮落的父親。不久，貝多芬又得了傷寒和天花。他遭受的不幸，簡直不是一個孩子能夠承受的。

儘管如此，貝多芬還是硬挺過來了，既為了家庭生活，也為了自己的愛好，他一直在樂團工作著。貝多芬的音樂作品充滿了高尚的思想感情：有的像奔騰的激流，給予人信心和力量；有的如美麗的大自然，淳樸明朗，莊重寧靜；有的似素月清輝傾瀉在橡樹蔭中，縹緲輕柔，優美深遠……

貝多芬的音樂天才剛剛萌芽，在他正要邁入風華正茂的黃金時代之際，他竟發覺自己的聽力開始衰退。誰都知道，音樂是離不開耳朵的存在。這位早就把整個生命都獻給音樂的德國年輕人，怎麼能在 26 歲的年齡失去音樂的耳朵呢？

起初，貝多芬極力掩飾因耳聾遲鈍的缺陷。他避而不參加社會活動，以免別人發現他耳聾。後來，他兩耳完全失聰，實在無法掩飾了，就隱居到維也納郊外的海利根施塔特。他曾在一份叫做「遺囑」的文件中傾吐了當時的苦衷：「我不可能對人家說：『講大聲點，大聲喊，因為我是個聾子。』我本來就有一種優越感，認為自己是完美無缺的，比任何人都要完美，簡直是出類拔萃。我怎麼能夠承認這種可怕的病症呢？當別人站在我的身邊能聽到遠處的長笛聲，而我卻什麼也聽不見時，這是一種多麼大的恥辱啊！諸如此類的經歷簡直把我推到了絕望的邊緣 —— 我甚至曾想到要了此殘生。」

殘酷的命運，使這位年輕的音樂家痛苦萬分，但最終沒能使他消沉，他摒棄了自殺的念頭，對朋友說：「是藝術，只是藝術挽留住了我。在我

尚未把我的使命全部完成之前，我不能離開這個世界。」

貝多芬決定向悲慘的命運挑戰。他在給朋友的信中說：「我要扼住命運的咽喉，它休想使我屈服！」

這句話成了貝多芬一生的座右銘，這句話也最能表現出他的堅韌不屈的性格。從此，他比以前更加發奮、努力。他向朋友們描述了自己耳聾後爭分奪秒、緊張創作的生活：「一切休息都沒有！── 除了睡眠之外，我不知道還有什麼休息。」「無日不動筆，如果我有時讓藝術之神瞌睡，也只為要它醒後更興奮。」

貝多芬與命運進行艱苦搏鬥的時期，正是他一生中創作力量最旺盛、成就最輝煌的時期。他的大部分成功之作，都是在耳聾之後創作的，他以驚人的毅力、辛勤的努力和重大的成就，掀起了世界音樂史上嶄新的一頁。

苦難是一筆財富，它會錘鍊人的意志，使人獲得生活的真諦。有句成語說，苦盡甘來。另一句又說，吃得苦中苦，方為人上人。這些都是鼓勵人要承受住苦難的考驗，在面對苦難的時候要忍耐，要有希望，只有保持這樣一種心態，才會走向人生的輝煌。

PART SEVEN
當現實與理想遙遙相隔時 —— 活在當下

活在當下的涵義來自禪，禪師知道什麼是活在當下。當現實與理想相隔十萬八千里，以致我們終究無法抵達時，那就用一種全身心投入人生的方式活在當下吧。此時，沒有「過去」拖在你背後，也無「未來」拉著你往前趕，所以生命也會更多的生出一種張力。

簡單的生活最唯美

我們的生活總是在繼續，總在想：如果明天我有錢，我就可以 ⋯⋯
但是如果你現在賺錢少不快樂，就算你有再多的錢，保證你也不會快樂。

人生到底哪一刻最重要呢？此時此刻。

其實生活很簡單。

你對未來不用期待太多，期待太多，挫折感會很深。不如看看你現在
做什麼事情，會讓你覺得很自在，吸收到很多的東西，那個時候你才會覺
得人生真的很充實。

在語言學上，人們往往用「昨天」、「今天」、「明天」來作為對時
間的劃分。「昨天」代表過去，「今天」是現在，「明天」則代表將來。
人們往往在緬懷「昨天」的同時，卻擔憂著自己的「明天」，而對美好的
「今天」熟視無睹，一點也不知道珍惜。

從前有個年輕英俊的國王，他既有權勢，又很富有，卻為兩個問題所
困擾，他經常不斷的問自己，他一生中最重要的時光是什麼時候？他一
生中最重要的人是誰？

他對全世界的哲學家宣布，凡是能圓滿的回答出這兩個問題的人，將
分享他的財富。哲學家們從世界各個角落趕來了，但他們的答案卻沒有一
個能讓國王滿意。

這時有人告訴國王說，在很遠的山裡住著一位非常有智慧的老人，也
許老人能幫他找到答案。

國王到達那個智慧老人居住的山腳下時，他特意裝扮成了一個農民。

他來到智慧老人住的簡陋的小屋前，發現老人盤腿坐在地上，正在挖
著什麼。「聽說你是個很有智慧的人，能回答所有問題，」國王說，「你
能告訴我誰是我生命中最重要的人？何時是最重要的時刻嗎？」

「幫我挖點馬鈴薯，」老人說，「把它們拿到河邊洗乾淨。我煮些水，

你可以和我一起喝一點湯。」

國王以為這是對他的考驗，就照他說的做了。他和老人一起待了幾天，希望他的問題能得到解答，但老人卻沒有回答。

最後，國王對自己和這個人一起浪費了好幾天時間感到非常氣憤。他拿出自己的國王玉璽，表明了自己的身分，宣布老人是個騙子。

老人說：「我們第一天相遇時，我就回答了你的問題，但你沒明白我的答案。」

「你的意思是什麼呢？」國王問。

「你來的時候我向你表示歡迎，讓你住在我家裡。」老人接著說，「要知道過去的已經過去，將來的還未來臨 —— 你生命中最重要的時刻就是現在，你生命中最重要的人就是現在和你待在一起的人，因為正是他和你分享並體驗著生活啊。」

過去事已過去，未來事還未到，現在事能把握，然後你才可以重新開始。如果我們一直追著過去事，念著未來事，永遠無法切合實際的活在當下。活在昨天，那是一種虛幻的生活。活在明天，只會增加不必要的心理負擔。

我們為何不活在今天？當你擔心會失去明天的朝霞時，為什麼不好好享受今天的陽光呢？

把微笑留在現在

仁者說，誰笑在最好，誰笑得最好，智者說，現在就笑，笑得最好。

見仁見智，緣於生活，只能憑藉各自的心得去感受，領悟罷了。用平常心看待的世界是無固定形式的，應有盡有，其樂無窮。

幾十年前，在紐約北郊曾住著一位女孩叫瑞秋，她自怨自艾，認定自己的理想永遠實現不了。她的理想也就是每一位妙齡女孩的理想：跟一位

瀟灑的白馬王子結婚，白頭偕老。瑞秋整天夢想著，可周圍的女孩們都先後成家了，她年紀越來越大，她認為自己的夢想永遠不可能實現了。

在一個雨天的下午，瑞秋在家人的勸說下去找一位著名的心理學家。握手的時候，她那冰涼的手指讓人心顫，還有那淒怨的眼神，如同墳墓中飄出的聲音，蒼白憔悴的面孔，都在向心理學家暗示：我是無望的了，你會有什麼辦法呢？

心理學家沉思良久，然後說道：「瑞秋，我想請妳幫我一個忙，我真的很需要妳的幫忙，可以嗎？」

瑞秋將信將疑的點了點頭。

「是這樣的。我家要在星期二開個宴會，但我妻子一個人忙不過來，妳來幫我招呼客人。明天一早，妳先去買一套新衣服，不過妳不要自己挑，妳只問店員，按她的主意買。然後去做個髮型，同樣按髮型師的意見做，聽好心人的意見是有益的。」

接著，心理學家說：「到我家來的客人很多，但互相認識的人不多，妳要幫我主動去招呼客人，說是代表我歡迎他們，要注意幫助他們，特別是那些顯得孤單的人。我需要妳協助我照料每一個客人，妳明白了嗎？」

瑞秋一臉不安，心理學家又鼓勵她說：「沒關係，其實很簡單。比如說，看誰沒咖啡就端一杯，要是太悶熱了，開開窗戶什麼的。」瑞秋終於同意一試。

星期二這天，瑞秋髮型得體，衣衫合身，來到了宴會上。按著心理學家的要求，她盡心盡力，只想著幫助別人，她眼神活潑，笑容可掬，完全忘掉了自己的心事，成了宴會上最受歡迎的人。

最終，女孩與其中一位年輕人結合，日子雖然平凡卻幸福。沒錯，瑞秋之所以能夠重拾幸福，是因為她選擇了活在當下，把微笑留在現在。

人的一生似乎都在尋尋覓覓。尋找永恆不變的幸福，尋找功蓋千秋的

成功。為此人們勞苦終日，行色匆匆。也許到了彌留之際，都找不到自己要找的東西。因為要找的東西可能與現在擦肩而過了。

我們經常為了將來不斷的犧牲現在，合乎邏輯的結論是，這種態度不僅讓你迴避今天的快樂，也讓幸福永遠的溜走了。

當將來來臨時，將來成為了現在，我們為了另一個將來，必定又要犧牲這個已來臨的「將來」。這樣，幸福僅僅是明天的事情，因而與我們無緣。

不能活在當下，則失去當下

活在當下的英文是「Live in the present, live in here, live in now.」活在當下的真正涵義來自禪，禪師知道什麼是活在當下。

有人問一個禪師，什麼是活在當下？禪師回答，吃飯就是吃飯，睡覺就是睡覺，這就叫活在當下。

我們每個人都得做一個決定：我們是要每天提醒自己，時間有限，應該好好把握利用？還是虛度現在，空想有個美好的未來？

世界本來就不「完美」，我們不快樂的程度取決於現實跟它們「應該是」的樣子之間，有多大距離。如果我們不凡事苛求完美，快樂這件事就簡單多了。我們只需要決定自己比較喜歡事物朝哪個方向發展，即使不能如願，我們還是可以快樂的。

就像有位印度大師對急於尋找滿足的弟子說：「我把祕訣教給你，你要快樂，從現在開始覺得快樂就是了！」

我們要建立積極的價值觀，獲得健康人生，釋放強勁的影響力。

但是道理好懂，實踐起來就沒那麼容易了！可能人生還要體會各種經歷感覺吧！不只是快樂一種滋味！

只有活在當下，塑造自己的心態，改變自己對事物的看法，永遠都不

要放棄，永遠都要過好每一天，即使在最困難的時候，也要鼓勵自己，挺過去就會有美好的明天。

如果你不活在當下，就會失去當下。

有一個鄉下女孩擠了一罐牛奶，把它頂在頭上，她蹦蹦跳跳的往街上走去。

剛來到市集上她就開始胡思亂想了：這罐牛奶可以賣幾塊錢，這幾塊錢可以買幾隻小雞，小雞長大了可以下很多的雞蛋，雞蛋又可以孵出很多小雞，小雞長大又可以下很多雞蛋，這些雞蛋賣的錢就夠我買一條漂亮的裙子了，我穿上到王宮跳舞，我的舞姿吸引了王子，王子邀請我跳舞，我要擺擺矜持 …… 她一歪腦袋，牛奶罐掉地上摔碎了。

看著摔碎的牛奶罐，女孩傷心的哭了，為摔碎牛奶罐哭泣，又失去了好心情。連續兩個不幸發生，真是禍不單行。

這是個多麼令人恐懼的字眼！學會了活在當下，可以在一定程度上避免禍不單行。

有的人為什麼災難不斷發生？原因就是心情不好，失去理智，思緒混亂，連續出現決策失誤。

如果能夠活在當下，鎮定自若，相信沒有過不去的，在一定程度上可以避免禍不單行。

想得到越多，失去的就越多

做人的要務是尋找生活本身的幸福和快樂，而不是計較這種生活究竟是「貧民窟」還是「富貴鄉」。

人的欲望是永無止境的，俗語云：「猛獸易伏，人心難降；溝壑易填，人心難滿。」但生活所提供給欲望的滿足卻總是有限的。

在你的現實生活中，「足」是相對的、暫時的，如果一個人以「不

足」為生活的事實而予以理解和接納，那麼他對的生活的感受反倒處處是「足」了。

一個人對事事都感到不知足，是一件十分容易的事，並不需要主觀上的任何努力，因為不知足正是人的欲望的唯一特徵。

一個沿街流浪的乞丐每天總在想，假如我手頭有兩萬塊錢就好了。

一天，這個乞丐無意中發覺了一隻迷路的很可愛的小狗，乞丐發現四周沒人，便把狗抱回了他住的地方，拴了起來。

這隻狗的主人是本市有名的大富翁。這位富翁遺失狗狗後十分著急，因為這是一隻純正的進口名犬。於是，就在當地電視臺發了一則尋狗啟事：如有拾到者請速還，付酬金兩萬元。

第二天，乞丐沿街行乞時，看到這則啟事，便迫不及待的抱著小狗準備去領那兩萬元酬金，可當他匆匆忙忙抱著狗又路過貼啟事處時，發現啟事上的酬金已變成了三萬元。原來，大富翁尋狗不著，又電話通知電視臺把酬金提高到了三萬元。

乞丐似乎不相信自己的眼睛，向前走的腳步突然間停了下來，想了想又轉身將狗抱回了家，重新拴了起來。第三天，酬金果然又漲了，第四天又漲了，直到第七天，酬金漲到了讓市民都感到驚訝時，乞丐這才跑回家去抱狗。可想不到的是那隻可愛的小狗已被餓死了，乞丐還是乞丐。

其實人生在世，好多美好的東西並不是我們無緣得到，而是我們的期望太高，往往在剛要接近一個目標時，又會突然轉向另一個更高的目標。

不要有太高的欲望，否則什麼都得不到。人要控制自己的欲望，見好就收是明智之舉。

其實，金鳥就在當下

愛默生（Ralph Waldo Emerson）曾經寫道：「我們只要縮減需求，就

會非常富有。」這一告誡可謂洞穿肺腑之言，一語道破富有的真諦。

如果我們不能掌握自己的需求，需求就會把我們當作手中玩物。每分鐘的欲望都像孩子一樣，必須在理解的基礎上嚴加約束。

在不知足者的眼中，總會發現不和諧的地方。其實真正的不和諧在於他的心與現實的不和諧，在於他心裡不該有的東西太多，而自己認知太少。

有一個樵夫，每天上山砍柴，日復一日，過著平凡的日子。

有一天，樵夫跟往常一樣上山砍柴，在路上撿到一隻受傷的銀鳥。銀鳥全身包裹著閃閃發光的銀色羽毛，樵夫欣喜的說：「啊！我一輩子從來沒有看過這麼漂亮的鳥！」

於是，樵夫把銀鳥帶回家，用心的替銀鳥療傷。

銀鳥在療傷的日子裡，每天唱歌給樵夫聽，樵夫過著快樂的日子。

有一天，鄰人看到樵夫的銀鳥，告訴樵夫他看到過金鳥，金鳥比銀鳥漂亮千倍，而且，歌唱得比銀鳥更好聽。樵夫想著，原來還有金鳥啊！從此樵夫每天只想著金鳥，也不再仔細聆聽銀鳥清脆的歌聲，日子越來越不快樂。

有一天，樵夫坐在門外，望著金黃的夕陽，想著金鳥到底有多美？此時，銀鳥的傷已康復準備離去。

銀鳥飛到樵夫的身旁，最後一次唱歌給樵夫聽，樵夫聽完，只是很感慨的說：「你的歌聲雖然好聽，但是比不上金鳥；你的羽毛雖然很漂亮，但是比不上金鳥的美。」銀鳥唱完歌，在樵夫身旁繞了三圈後告別，向金黃的夕陽飛去。

樵夫望著銀鳥，突然發現銀鳥在夕陽的照射下，變成了美麗的金鳥。他夢寐以求的金鳥，在那裡。只是，金鳥已經飛走了，飛得遠遠的，再也不會回來了。

　　人常常在不知不覺之中成了樵夫，自己卻不知道。不知道，原來金鳥就在當下。

　　在這個世界上，什麼是最重要的？它既不是你失去的，也不是你沒有得到的，而是你正擁有的。

為自己種下一棵「心安草」

　　一個人活在世上，必然會被名利所困，為可望卻不可及的夢想所累，心會被這些搞得心神不寧。

　　凡是看透了人生種種難堪的局面者，才知「清淡之心」多麼有用。

　　有一天，一個王子獨自到花園裡散步。使他萬分驚奇的是，花園裡所有的花草樹木都枯萎了，園中一片荒涼。

　　後來王子了解到：橡樹由於自己沒有松樹那麼高大挺拔，因此輕生厭世死了；松樹又因自己不能像葡萄在架上，不能像桃樹那樣開出美麗可愛的花朵，於是也死了；牽牛花也病倒了，因為它嘆息自己沒有紫丁香的芬芳。其餘的植物也都垂頭喪氣，無精打采。只有一棵小小的心安草在茂盛的生長。

　　王子問道：「小小心安草啊，別的植物全都枯萎了，為什麼你這小草這麼勇敢樂觀，毫不沮喪呢？」

　　小草回答說：「王子啊，我不灰心失望，是因為我知道，如果王子您想要一棵橡樹，或者，一棵松樹、一叢葡萄、一棵桃樹、一株牽牛花、一棵紫丁香等等，您就會叫園丁把它們種上，而我知道您對我的希望就是要我安心做一株小小的心安草。」

　　心安草因為安心做好一株小草，而長得茂盛。同理，人們無節制的攀比，和不自量的要求都將為自己帶來超量的心理負荷。

　　這世間，有的人家財萬貫、錦衣玉食；有的人倉無餘糧、櫃無盈幣；

有的人權傾一時、呼風喚雨；有的人抬轎推車、謹言慎行；有的人豪宅、香車、嬌妻、美女；有的人醜妻、薄地、破棉衣……一樣的生命不一樣的生活，常常讓我們為此生出感慨無限。

消除不必要的煩擾，就能給自己一個快樂的空間。

人總是這樣，總是希望擁有自己所嚮往的一切，似乎擁有得越多，人就會越快樂。可是突然有一天，我們會忽然驚覺：我們的憂鬱、無聊、困惑、無奈都是因為我們渴望擁有的東西太多了，或者太執著了。

好好珍惜目前所擁有的一切

人的需求是無止境的，任何目標的達成，都不會帶來滿足，成功必然會引發新的目標。正如吃下去的金蘋果都帶有種子一樣，這些都是永無止境的。

如果不知道如何享受自己所有的，不能驅除自己能力之外的物欲，得到的再多又有什麼用呢？欲望還是永遠無法得到滿足，所以會時時處在渴求與痛苦之中。

每個人都要珍惜、改善自己現有的生活，而不該妄想、追逐遙遠的夢幻。那夢幻可能永遠是你的夢幻，也可能永遠是別人的生活！如果你永遠在妄想中追逐，就會把現有的生活也給破壞了！

一位經營超市的年輕人，一直希望成為一位服裝設計師。

他不顧家人反對，隻身到大城市學習服裝設計，期間愛上了一位模特兒。

10年過去了，他學無所成，模特兒也沒追到。在家人的催促下，他不得不回家接管超市，並娶了一位幼稚園老師。

他生活得很不快樂，常與顧客爭吵，時與妻子冷戰。

這位年輕人不知足的做法，既圓不了自己的夢幻，也無法過上好

日子。

　　人不能成為夢幻的玩偶，被夢幻把弄。有的人生活得本來很好，可是他的眼光總帶著羨慕投向遠方，看不見別人投過來的羨慕眼光，不滿足於所擁有的一切。要知道，世上美好的事物不該都歸你所有，幸福的生活不該都該降臨在你身上。如果能這樣想，你就容易感到滿足，感到幸福。

　　珍惜自己目前所擁有的一切，愉快的過平常人的生活。當不滿現狀，心感不幸福時，要懷有一顆滿足平和的心，並對自己說：這樣很好了！這樣很幸福了！就不會失落、不滿，沮喪、埋怨。

　　如果做不了太陽，那就做一顆星星吧；如果不能成為高山，那就成為小山丘吧；如果不能成為大海，那就成為小溪吧；如果不能成為大樹，那就做一棵小草。這樣就能使自己在心理上得到平衡，獲得滿足感。

　　生活的道理是真實而不是虛偽，是實現而不是追逐，心中不滿越多，越不快樂，保持自己的真實，沒有過多的貪求，自然活得會很快樂。

平靜是福

　　世界就像座城堡，城裡的人想逃出來，城外的人想衝進去。身居繁華都市的人，往往追求悠閒平靜的田園生活；身在林深竹海的鄉下人，卻嚮往燈紅酒綠的都市生活。

　　其實，平靜是福，真正生活在喧囂吵鬧的都市中的人們，可能更懂得平靜的彌足珍貴。與平靜的生活相比，追逐名利的生活是多麼不值得一提。平靜的生活是在真理的海洋中，在爭流波濤之下，不受風暴的侵擾，保持永恆的安寧。

　　心靈的平靜是智慧美麗的珍寶，它來自於長期、耐心的自我控制。心靈的安寧意味著一種成熟的經歷以及對於事物規律的不同尋常的了解。

　　許多人整日被自己的欲望所驅使，好像胸中燃燒著熊熊烈火一樣。一

且受到挫折，一旦得不到滿足，便好似掉入寒冷的冰庫中一般。生命如此大喜大悲，哪裡有平靜可言？人們因為毫無節制的狂熱而騷動不安，因為不加控制的欲望而浮沉波動。只有明智之人，才能夠控制和引導自己的思想與行為，才能夠控制心靈所經歷的風風雨雨。

是的，環境影響心態，快節奏的生活，無節制的對環境的汙染和破壞，以及令人難以承受的雜訊等等都讓人難以平靜，環境的攪拌機隨時都在把人們心中的平靜攪個粉碎，讓人遭受浮躁、煩惱之苦。然而，生命的本身是寧靜的，只有內心不為外物所惑，不為環境所擾，才能做到像陶淵明那樣身在鬧市而無車馬之喧，正所謂「心遠地自偏」。

有一個小和尚，每次坐禪時都幻覺有一隻大蜘蛛在他眼前織網，無論怎麼趕都不走，他只好求助於師父。

師父就讓他坐禪時拿一支筆，等蜘蛛來了就在牠身上畫個記號，看牠來自何方。

小和尚照師父交代的去做，當蜘蛛來時他就在牠身上畫了個圓圈，蜘蛛走後，他便安然入定了。當小和尚結束後一看，卻發現那個圓圈在自己的肚子上。

原來困擾小和尚的不是蜘蛛，而是他自己，蜘蛛就在他心裡，因為他心不靜，所以才感到難以入定，正像佛家所說：「心地不空，不空所以不靈。」

平靜是一種心態，是生命盛開的鮮花，是靈魂成熟的果實。平靜在心，在於修身養性，平靜無處不在。只要有一顆平靜之心，追求平靜者，便能心胸開闊，不被誘惑，坦蕩自然。

執著於空想的追求是一種負擔

有時不切實際的一味執著，是一種愚昧與無知，而放棄則是一種

智慧。

傳說有種小蟲，每遇一物便負於背上，越積越重，又不願放下一些，終於被壓趴在地上。有人可憐牠，幫牠取下一些負重，牠爬起來繼續前行，遇物又取之背負如故。牠的目的是越過一堵高牆，卻氣力不支，墜地而死。

人亦如此，較之物類更是固執。

有一天，某地下了一場非常大的雨，洪水開始淹沒村莊。一位神父在教堂裡祈禱，眼看洪水已經淹到他跪著的膝蓋，這時，一個救生員駕著舢板來到教堂，跟神父說：「神父，快！趕快上來！不然洪水會把你淹沒的！」

神父說：「不！我要守著我的教堂，我深信上帝會救我的。有上帝與我同在！」

過了不久，洪水已經淹過神父的胸口了，神父只好勉強站在祭壇上。

這時，又一個警察開著快艇過來，跟神父說：「神父，快上來！不然你真的會被洪水淹死的！」神父說：「不！我要守著我的教堂，我相信上帝一定會來救我。你還是先去救別人好了！」

又過了一會，洪水已經把教堂整個淹沒了，神父只好緊緊抓著教堂頂端的十字架。

一架直升機緩緩飛過來，丟下繩梯之後，飛行員大叫：「神父，快！快上來！這是最後的機會了，我們不想看到洪水把你淹死！」

神父還是意志堅定的說：「不！我要守著我的教堂！上帝會來救我的！你趕快先去救別人，上帝會與我同在的！」神父剛說完，洪水滾滾而來，固執的神父終於被淹死了。

人總喜歡為自己加上負荷，輕易不肯放下，自謂為「執著」。

執著於名與利，執著於一份痛苦的愛，執著於幻美的夢，執著於空想的追求，致使理想與追求反而成為一種負擔。

該放棄的就要放棄

有些人隨時淘汰那些不再需要的東西，省去了集中處理的精力，使家中也顯得簡潔明快。其實人生又何嘗不是如此，即使過著平凡的日子，也依然會不斷的累積，大到人生感悟，小到一張名片，都是從無到有，積少成多。

無論你的名譽、地位、財富、親情，還是你的煩惱、憂愁，都有很多該棄而未棄或該儲存而未儲存的。

人類本身就有喜新厭舊的癖好，都喜歡煥然一新的感覺，不學會放棄就無論如何也無法煥然一新。學會放棄也就成了一種境界，大棄大得、小棄小得、不棄不得。於是在生活中應該學會遺忘不如意的事，學會放棄生命中可有可無的東西，心胸自會坦然。

有一個聰明的年輕人，很想在一切方面都比他身邊的人強，他尤其想成為一名大學問家。可是，許多年過去了，他的其他方面都不錯，學業卻沒有長進。他很苦惱，就去向一個大師求教。

大師說：「我們登山吧，到山頂你就知道該如何做了。」

那山上有許多晶瑩的小石頭，煞是迷人。每見到他喜歡的石頭，大師就讓他裝進袋子裡背著，很快，他就吃不消了。

「大師，再背，別說到山頂了，恐怕連動也不能動了。」他疑惑的望著大師。

「是呀，那該怎麼辦呢？」大師微微一笑，「該放下，不放下，背著石頭怎麼能登山呢？」大師笑了。年輕人一愣，忽覺心中一亮，向大師道了謝走了。之後，他一心做學問，進步飛快……其實，人要有所得必要有所失，只有學會放棄，才有可能登上人生的極致高峰。

我們很多時候羨慕在天空中自由自在飛翔的鳥兒。其實人也該像鳥兒一樣的，歡呼於枝頭，跳躍於林間，與清風嬉戲，與明月相伴，飲山泉，

覓草蟲，無拘無束，無羈無絆。這才是鳥兒應有的生活，才是人類應有的生活。然而，這世上終還有一些鳥兒，因為忍受不了飢餓、乾渴、孤獨以及「愛情」的誘惑，從而成為籠中鳥，永永遠遠的失去了自由，成為人類的玩物。與人類相比，鳥兒面對的誘惑要簡單得多。而人類，卻要面對來自紅塵之中的種種誘惑。

於是，人們往往在這些誘惑中迷失了自己，從而跌入了欲望的深淵，把自己裝入了一個個打造精緻的所謂「功名利祿」的金絲籠裡。

這是鳥兒的悲哀，也是人類的悲哀。然而更為悲哀的是，鳥兒被囚禁於籠中，被人玩弄於股掌之上，仍歡呼雀躍，放聲高歌，甚至於呢喃學語，博人歡心；而人類置身於功名利祿的包圍中，仍自鳴得意，唯我獨尊。這，應該說是一種更深層次的悲哀。

人生在世，有許多東西是需要不斷放棄的。在仕途中，放棄對權力的追逐，隨遇而安，得到的是寧靜與淡泊；在淘金的過程中，放棄對金錢無止境的掠奪，得到的是安心和快樂；在春風得意，身邊美女如雲時，放棄對美色的占有，得到的是家庭的溫馨和美滿。

古人云：「無欲則剛。」這其實是一種境界，一種修養。沒有太多的欲望，就會活得更加簡單，更加灑脫，更加自由。

學會真心欣賞自己

如果你在不斷追求目標的同時能珍惜所擁有的一切，你就掌握了一個祕訣：不管外在環境如何，要做到珍惜自己、使自己快樂、對自己有信心。這樣一來，當你獲得更大的成就時，就會由衷的體會到成功的快樂。

如果缺乏個人成就感，更多的物質只會讓我們感到更焦慮、更不滿足。如果你想不通這個道理，不妨看看那些八卦雜誌吧！為什麼上面總是寫滿了有錢人的負面消息？因為對於一些富翁或名人而言，財富和名

望所帶來的只有不幸，離婚、暴力、背叛、沮喪或毒癮時時伴隨著他們。由此可見，財富可以讓人享受生活，也可能帶來災難，關鍵在於我們是否已經獲得了某種程度的成就感。

個人的成就感發自於內心，為此，你要做自己的主人，也要學著真心欣賞自己。在追求目標過程中，成就感會帶給你資訊、快樂和力量。個人成就感的意義不僅在於實現目標，更在於珍惜所擁有的一切。如果你缺乏成就感，即使得到更多，也永遠不會感到滿足和快樂。

今天，在我們這個物欲、權欲橫流的社會，人們的心態彷彿汙染嚴重的城市天空一樣，難見陽光。

追權逐利，即所謂的實現人生價值，是當今大家孜孜以求的。然而欲壑難填，如果僅以此為目的，終將為其所累。可是不追求它，自己不容易說服自己不說，老婆難免也要罵你無用。無怪乎在物質生活越來越豐富的今天，人們卻越來越累、越來越煩，傳統人文價值觀喪失。

我們的心靈目前所急需的是一眼荒漠甘泉，這就是以儒道思想為代表的傳統文化。深入挖掘儒道思想的精髓，不但有助於重建禮儀之邦的價值觀，還必將有助於重塑久違的陽光心態。

上帝造人的時候在心上放了把鎖，把鑰匙放在哪裡呢？上帝把鑰匙放在人的心裡面了，從此，這把鎖從外面打不開。這把心鎖是什麼呢？我能在禪學裡找到這把鑰匙，這把鑰匙叫做悟性。從內部打開鎖的能力，可以把它理解為悟性。佛學上講的開悟，我們普通人稱為覺悟。開悟就是知道生命的本質：生命是過程、生命是體驗、生命是旅遊。開悟是把生命看透但不看破。

要學會欣賞每個瞬間，要熱愛生命，相信未來一定會更美好。

每一個剛畢業的大學生在公司工作一段時間，就會發現種種的不適應，現實離原來美好的憧憬總是那樣遙遠。

　　一個年輕人回憶他的故事：當我拿自己的薪資與別人比，拿自己的付出與別人比，拿現在的同事關係與以前的同學關係比，發現現實與目標差距太大了！但跳槽的想法遭到了家長的極力勸阻，而我找工作時與家庭的矛盾也使得我只能妥協。跳槽無望反而令我安心了。埋頭工作，才發現有那麼多我以前沒有接觸過的知識，充滿挑戰和樂趣；融入環境，才知道同事也非常的可敬，可以幫我解決很多的困惑；老闆也還是不錯的，至少捨得花錢培養我。很快熟悉工作，得到大家的肯定，對自己滿意了，信心足了，同時錢包也漸漸的開始豐滿了。

　　他還說他的一位好友，和他一起進入這家公司，發現不適應，不到半年便跳槽走人。朋友的第二份工作只持續了 3 個月，現在已經換了 N 份工作，期間還自己創業兩次。每一次發現不合適，便迅速轉行，每一次的跳槽和創業都慘遭失敗。

　　回顧一下我們的周圍，你會發現，面臨著同樣的環境，總有一些人在那裡或喋喋不休怨天尤人，或者垂頭喪氣、冷眼觀望；也有另外一批人，坦然面對現實，積極努力。

　　既然現實總存在著缺憾，坦然面對它吧，其實缺憾也是一種美，它能磨練人的毅力，培養人坦然的作風和踏實的心態。

　　積極的去面對現實，當遇到不順，就當是上帝對你的磨練和考驗，過去了這道關口，你就成功的開始了自己人格魅力建設的第一步。

貪婪是無處閃躲的明槍

　　「不能對一次好運預期過高。」一句古老的格言如是告誡人們。

　　但對弱者和愚人來說，好運都可能演變成陷阱。如果不加以遏制，任何欲望都可能蔓延滋長，無限膨脹，演變成一種痴迷，最終毀掉我們的運氣。

有一則印度寓言故事，頗值得我們深思。

一隻死去的大象靜靜躺在幽僻的恆河邊，正巧被一隻出來尋覓食物的狼看見了。狼高興的想：「哇，我今天運氣真好！」

牠快步來到大象身邊，並用力朝著象鼻咬了一口，但是象鼻硬得就像根木頭，狼生氣的破口大罵：「這是什麼鬼玩意，居然咬不動！」

於是，牠回頭去咬象耳，沒想到還是咬不動，轉到象的腹部仍然咬不動，牠東咬一口，西咬一口，大象的全身幾乎都咬遍了，仍然沒有一個可以被咬下一口的部位。

牠哀怨的說：「我的天，我快餓死了，怎麼沒有一個地方咬得動呢？」

最後，牠找到了大象的屁股，再次用力一咬，這回居然咬動了，而且咀嚼起來就像剛剛活捉的小羊的肉，既鬆軟又可口。

這下子狼開心的自言自語說：「這才像樣，看來大象身上最柔軟可口的地方，只有這裡了！」

只見貪吃的豺狼，從大象的屁股開始，不斷的往裡頭鑽食。

牠從屁股吃到了象肚，當牠吃完象的內臟，喝了幾口象血之後，便舒服的躺在象肚裡睡覺。

牠醒來時，想了想：「窩在這個象肚裡有的吃，又有得住，何必再去別的地方找食物呢？」

就這樣，狼在象肚裡舒舒服服的住了下來。

只是牠沒料到，在烈日的照射下，大象的屍體開始緊縮，特別是送入空氣的肛門處，已經越縮越小。

終於有一天，狼醒來時，象肚裡居然一片漆黑。其實在這之前，象肚裡的肉質早就變硬，象血也早已枯竭了，但是已經安逸於象肚裡的狼，一點也不介意，直到伸手不見五指時，牠才驚覺到大事不妙了。

　　狼發現出口不見了，感到萬分驚恐，不停的在象肚裡東突西竄，又撞又踢，只是不管牠怎麼撞，就是撞不出一個逃生的出口。

　　直到有一天，天空下了一場大雨，象屍因為浸泡在雨水中，全身開始發脹，不久肛門口也鬆開了，透進了一點微光。

　　狼看見這點微光，開心的來到肛門口：「得救了！」

　　只見牠用力衝向出口，終於拚了命的鑽了出來。只不過，因為用力過猛，牠身上的毛，居然全被象皮給磨光了。

　　牠逃出象肚，立即奔到河邊喝水解渴，這才從河的倒影中，發現自己居然全身光禿禿的。狼嘆了口氣：「唉，都怪我太貪心了，現在弄成這副德行，怎能見人呢？」

　　許多人就像故事裡的狼，一旦生活在舒適、安逸的環境之中，不僅容易失去理性的判斷，喪失應變能力，也會讓自己不自覺的朝著陷阱走去。

　　貪婪往往與怠惰懶散伴隨，貪心也經常與享樂同行。

　　不要讓錯誤的價值觀扭曲了我們的生活方向。我們可以享受生活，但是絕對不可以沉溺於對物質的無休止追求。

　　唯有知足，我們才能開心的享受人生。

快樂的人生首先是豁達的

　　人是好比較的，比較並不是壞事，但不同的比較對情緒卻會產生不同的影響。

　　「比較」的效果是與人的期待程度密切相關的。期待越高失望就越大，期待不高倒容易快活，所以，「知足常樂」利於健康也就不難理解了。

　　有一句話說：「男人是十足的行動者。」他們是以工作和行動來決定自己存在的意義和價值。男人處處以目標為導向，他們在乎實實在在的好

處，例如，口袋裡有多少錢、開什麼車、住什麼房子、擔任什麼職務等等，此外的東西對他們顯然不重要了。

曾有一個笑話將男人「開同學會」比喻為「比賽大會」，看看誰的成就比誰好，誰賺的鈔票比誰多。「嗯！這傢伙這幾年混得不錯，現在已經爬到總經理的位置了！」「那小子更風光，有自己的別墅，開的還是超跑名車！」看到別人比自己混得好，就渾身不自在，頓時覺得矮了一截。

有一名中年男士，早年費盡心力，終於拿到博士學位，並且在一所著名的大學裡任教，他的名字曾經連續兩年榮登《美國名人錄》，在學術界享有盛名。提起自己的成就，他最得意的是：「很多當年的同學都很羨慕我！」

當提及他的生活時，他的表情開始轉為凝重。他承認自己幾乎沒有家庭生活：「我一天只睡五個小時，絕大多數的時間都用來做研究。我的太太常和我爭吵，女兒也跟我很疏遠，我從來沒有帶她們出去度過一天假，所有的時間都給了工作。」

非得要把自己弄得那麼累嗎？他重重的嘆了一口氣：「唉！你不知道，做我們這一行，不進則退，後面馬上就有人追上來了！」

那麼，感覺快樂嗎？他愣了許久，最後終於說出真話：「憑良心說，我一點都不快樂，我恨死了我現在的工作，我只想好好坐下來，蹺著二郎腿，什麼事都不做。可是，我簡直不敢回頭想。以前，我的願望只是想當一名高中老師。」

豁達的人不一定就非常聰明，也不一定很有才華，但他們能把你帶到一個新境界。原來你可以這樣看待事情，原來大方的人比小氣的人幸福許多。在豁達的境界裡找一些豁達的人做朋友，跟他們做朋友，你的個性也會變得豁達一些。

人心就是江湖，在哪裡都存在著利益取捨，存在著競爭，工作之後的

競爭壓力將會更大。

　　如果我們能保有一份好心情，提高適應環境的能力，保持樂觀向上的精神狀態，使自己進入灑脫豁達的境界，那就掌握了生命的主動權。

　　做人不能太在意那些虛假的面子上的事，也不能太過貪心，過於遷就一些庸俗的觀念。為顧忌面子上的事而禁錮自己真實的願望，為了一點小便宜而沾沾自喜，並不是一件快樂的事情。

　　人應該活在真實裡，豁達了，做人才會快樂。隨意、淡泊的人生是一種享受。

　　一個完美的人生，不見得要賺很多錢，也不見得要有很了不起的成就，在一份簡樸平淡的生活中，活得快樂而自在，也是一種上乘人生境界。

PART SEVEN 當現實與理想遙遙相隔時—活在當下

PART EIGHT
當情感的堡壘搖搖欲墜時 —— 不要為瞬間的激情迷了雙眼

在情感的國度裡，一個人的愛叫相思，兩個人的愛才叫相愛，所以甜蜜的是愛情，痛苦的仍然是愛情。而我們每一個人都在其中擔任著一個角色，或是愛人者，抑或被人愛者。所以相互愛著的兩個人都手持著一個劇本精心演繹著這場情感大戲。如果彼此相愛的最高境界經得起平淡的流年，才能以甜蜜劇終，反之亦然。

錯過，不是青春的過錯

愛是永恆的主題，持久的構思，多彩的內容。

時光終會老去，在朦朧的情感世界裡，總有些東西只可意會不可言傳，於是，彼此選擇用一種並不直接的方式傳遞心中的愛。如果你沒有用心，就一定體會不到對方心中所隱藏的愛情誓言。

在愛情這筆帳上，最後該由誰來買單呢？

當彼此錯過了一瞬，也許就只能錯過一生了。

傑瑞對凱西一見鍾情。凱西身上的一切都是他想要的。凱西太迷人了，在凱西身邊使傑瑞眼花繚亂、雙膝發軟、極度緊張。無論如何，傑瑞想和凱西約會，可是他的內心卻認為自己不夠好，他終究退縮了。他想如果凱西拒絕了他的約會請求，他肯定受不了。因此傑瑞只好和凱西做普通朋友。他不時打電話給凱西，和她一起參加社團活動，這些都不是傑瑞所希望的，可是這種關係讓他覺得有安全感。他寧願在夢中與心愛的女孩約會，也不敢輕易追求凱西，因為他害怕受傷、害怕失去她。

幾個月過去了，傑瑞還在原地踏步。有一天，他鼓起勇氣告訴凱西：他喜歡她，想和她約會。凱西同意了，這時，傑瑞感到自己是世界上最幸福的人。

傑瑞時刻提醒自己按時赴約。星期五晚上七點，他準時出現在凱西家門口。凱西看起來不怎麼熱情。她擁抱了一下傑瑞，把自己喜歡的一本書送給他。傑瑞道謝之後，把凱西帶到自己車裡，把書放進了儲藏箱。他們開車前往曼哈頓，傑瑞計劃先看一齣百老匯歌劇，再共進晚餐。

可是這一晚並不順利，不是因為發生了什麼糟糕的事，而是傑瑞太緊張了。她會喜歡他嗎？他們還有下一次約會嗎？緊張使得傑瑞表現不佳，他甚至無法享受與凱西在一起的快樂時光。晚餐後兩人互相道別，傑瑞垂頭喪氣的回家了。他認為自己肯定讓凱西留下了很壞的印象，想到

這裡他連呼吸都覺得困難，他越想越感到難堪，於是決定不再打電話給凱西。

他的恐懼使他做出了一些自我安慰的預言。

10年時光飛逝而過，傑瑞再也沒有見到凱西。他們約會後的一年，他聽說凱西要結婚了，他心情沉重，好像被拋進了地獄。之後他也交過一些女朋友，可是都不如對凱西那麼動感情。一天，傑瑞的老朋友哈爾打電話給他，哈爾嚴肅的告訴傑瑞：凱西已離開人世了，她患了腦癌，葬禮將在星期二舉行，可凱西還很年輕。哈爾提醒傑瑞，他手頭有一本書，是傑瑞送給他的，這本書又是凱西和傑瑞第一次約會時送給傑瑞的。

「傑瑞，你有沒有看到書裡夾的一張卡片？」哈爾問。

「什麼卡片？」

「凱西寫給你的。你給我時它就夾在書裡面。」

「我從沒看過那本書，上面都寫了什麼？」傑瑞問。

「我覺得好像是很隱私的內容。」

「沒關係，哈爾，儘管唸給我聽。」

哈爾打開卡片，唸道：「傑瑞，就今晚約會還是永遠約會？凱西。」

這是一個讓人嗟嘆不已的故事，可它確實是真的。傑瑞永遠也不可能擁有凱西了，因為他認為自己不值得被對方愛，可事實上對方愛他。由於恐懼和不安，他放棄了自己最渴望的一切。

別讓愛情埋藏在悄無聲息的歲月之中。生命何其短，有愛就要大膽的向對方表達，苦苦的等待，不是對愛的堅貞，而坦率的傾吐，才有可能享受愛情的前奏。

幸福的愛情也許只在你一念之間，你把握了，就會與它攜手與共一輩子，你之所以會失去的原因呢？是你自己沒給自己贏取的機會。

現實不是感情的絆腳石

只有愛過才知情重，醉過才知酒濃。

當一個人開口對你說：「為了你，再辛苦我也甘願。」這時的你，是不是覺得一切苦澀與淚水必將一掃而空呢？不管生活多麼灰暗，不論歷經幾多風雨，如今的你，眼中看得到的也只是那一道美麗的彩虹！

有一對新婚夫婦為了要讓蜜月過得更有意義，選擇了跟隨一個探險隊到非洲冒險。

不幸的是，在一次自由活動當中，這對新婚夫妻卻與隊伍失去聯絡。他們迷失在原始叢林中，不僅沒有任何輔助工具，也沒有食物可充飢。

完全沒有探險經驗的兩個人，自然非常惶恐，像無頭蒼蠅一樣四處亂闖，而混亂的情緒更讓他們失去方向感，找不到出口。

到了傍晚時分，妻子鼓起勇氣對丈夫說：「不如我們分開來找吧！也許能多一線希望。」

丈夫回頭看了看妻子，接著將她緊緊摟進懷中，相互鼓勵一番，然後，他們便決定分頭尋找。

剛走不久，丈夫忽然回頭過來，脫下妻子為他編織的毛線衣，還將毛衣上的線頭找出來，交給愛妻。

太陽下山了，叢林裡的氣溫驟降，而丈夫手上的毛線也已拆盡，他繼續將毛線接到毛褲上。不久之後，他的身上只剩一件單薄的內衣，而夜晚的天氣也越來越寒冷。

丈夫最後因為身體承受不了，凍死在叢林中。

第二天，朝陽升起，探險隊發現了丈夫的屍體，也發現他手上緊抓的一條不知道延伸到哪裡的毛線。

他們沿著毛線伸展的方向搜尋，終於在另一頭，找到已經奄奄一息的妻子。

雖然是個悲劇故事，但其中隱含的生命之美，卻依然持續的燦爛燃燒。因為愛的支持力量，讓他們在不同的世界中有了不同的重生。

當許多夫妻一天到晚為小事吵鬧不休，甚至因此簽下離婚協議時，故事中的小夫妻是否給了我們一些啟示呢？

熱戀時，只想執子之手，訂下婚約時，只想與子偕老。然而真的纏繞相伴在一起時，所有難以預測的問題卻紛紛出籠。

結婚難道真是被愛情沖昏了頭腦嗎？

其實，就像故事所啟發的，不管親情、愛情或是友情，在人性之上，我們本來就應該存有「真心」。

兩顆心不該有太多的外在企圖，而現實也不該是偕伴前進的絆腳石。因為，當我們牽起對方的手時，我們心底真正應該想著的是：「我只想與你一同前進，不管路途有多艱辛，只要有你相伴，苦味也會變甘甜。」

懷疑也是一把開啟愛情之門的鑰匙

婚姻是一個誰也說不清的東西，你感覺到什麼，就是什麼。正如大自然中，有各式各樣的花，紅的、黃的、白的；三瓣、五瓣、七瓣 …… 你不能說哪一種花才是花，你不喜歡的就不是花。所以不能說什麼樣的婚姻才是好的婚姻。

婚姻真的注定就是愛情的墳墓嗎？因為很少有人能有幸像王子和公主一樣永遠活在浪漫的童話中，乃至人們對現實中的愛情不再有絕對的把握。

兩個人之間，隔著一張門，門裡門外的距離只不過有著一把未開啟的鎖的阻礙。

他是個愛家的男人。他同意她婚後仍保有著一份自己喜愛的工作，他縱容她週末約同事回家打通宵的麻將，他縱容她擁有不下廚的習慣，他縱

容她在半夜挑逗他那已沉睡的身軀，他始終都扮演著一個好男人的典範，好得讓她這個做妻子的自慚形穢。

　　她第一次懷疑他，是從一把鑰匙開始的。她雖然不是個一百分的好老婆，但總能從他的一舉一動了解他的情緒，從一個眼神了解他的心境。

　　他原有四把鑰匙，樓下大門、家裡的兩扇門以及辦公室等四把。不知從何時起，他口袋裡多了一把鑰匙。她曾試探過他，但他支支吾吾閃爍不定的言詞，令她更加的懷疑這把鑰匙的用途。

　　她開始有意無意的電話追蹤，偶爾出現在他辦公室，名為接他下班實為突擊檢查，她開始將工作擺在第二位，週末也不再約同事回家打牌，還買了一堆烹飪的錄影帶和食譜，想專心的做個好老婆，可是一切似乎太遲了。

　　他越來越沉默，越來越不讓她懂得他心裡想什麼，他常常獨自一個人在半夜醒來，坐在陽臺上吹了整夜的風，他變得不大說話，精神有點恍惚，有一次居然連公事包都沒帶就去上班，他真的變了很多，唯一沒有變的是他對她的溫柔和體諒，但她的猜疑始終沒有消減。在日以繼夜的追查下，她終於發現那把鑰匙的用途，是用來開啟銀行保險箱的，於是她決定追查到底，她悄悄的偷出了那把鑰匙進了銀行。

　　當鑰匙一寸一寸的伸進那小孔，她慌張又急迫知道答案的謎底，謎題即將揭曉。首先映入眼簾的是一個珠寶盒，她深深的吸了一口氣，緩緩的打開盒蓋，然後，心裡甜甜的笑了起來：「這個傻瓜。」那是他們兩人第一次合照的相片。照片之後是一疊情書，算一算一共28封，全是她在熱戀時期寫給他的，這個時候甜蜜是她臉上唯一的表情。珠寶盒底下是一些有價證券，有價證券底下是份遺囑，她心想：「待會出去一定要罵一罵他，才30出頭立什麼遺囑。」雖然如此，她還是很在意那份遺囑的內容。她翻開封面，內容寫著別墅和存款的百分之二十留給父母，存款的百分之

十給大哥，有價證券的百分之三十捐給老人機構，其餘所有的動產、不動產都寫著一個名字。

她哭了，因為這個名字不是別人，正是她自己。所有的疑慮都煙消雲散，他是愛她的，而且如此忠誠。正當她收拾起所有動作，準備回家為他張羅豐盛晚餐時，突然，一個信封從兩疊有價證券裡掉下來，那已經褪去的猜疑，又萌生出來了，她迅速的抽出信封裡的那張紙，是一張診斷書，在姓名欄處她看到了先生的名字，而診斷欄上是四個比刀還鋒利的字：「骨癌中期」。

人與人之間的情感從來都是很微妙的，其中自然少不了會產生一些誤會和猜忌。

其實，我們每個人心裡都有一扇門，那扇門的名字叫懷疑，愛是那扇門唯一的鑰匙。

只有心中有愛，才能打開那扇門。

沒有完美的愛情，也沒有完美的伴侶

《尚書大傳·大戰》：「愛人者，兼其屋上之烏。」即：因為愛一個人而連帶愛他屋上的烏鴉。比喻愛一個人而連帶的關心到與他有關的人或物。

既然愛一個人，就要愛他的全部，因為你們要朝夕相處，如果連彼此的一點缺點都不能容忍，那麼愛情或者婚姻，都是不會幸福的。

一個女人，丈夫是某政治人物的祕書，有名的作家，郎才女貌，後來，丈夫升職了，她當母親了。一個大學同學偶爾在街上遇見她，濃淡適宜的妝容，氣質優雅極了，直覺她真是一個幸福的女人。同學向她打趣，有愛情的滋潤，女人的美麗就是不一樣，她只是淡淡一笑，平靜之中似乎有些憂傷。她說：「婚姻如鞋，合不合腳只有自己知道。」「妳那雙優質

的婚姻鞋難道不合腳嗎？」同學反問。

　　她的話匣子打開了，也許是平時她少有傾心訴說的機會，此時，她歷數丈夫的種種陋習：喝酒、抽菸、應酬多、早出晚歸⋯⋯讓她慢慢的受不了，她是個很敏感的女人，很在乎自己的感受，天長日久，灰色情緒漸漸堆積，離婚的心情都有了。

　　沉默了半晌，同學問她：「妳愛妳的丈夫嗎？」這是明顯的廢話，從她的表情就應該看得出來，她正是因為太愛、太在乎，所以才會有失望。

　　「妳丈夫愛妳嗎？」這也是廢話，她不可能與一個不愛自己的人在一起生活。

　　同學笑著對她說：「其實妳的鞋子還是很合腳的，只不過鞋子裡有幾粒沙子而已。」

　　她是個聰明的女人，她明白了對方說的意思，她笑著說，那沙子挺惱人的，要想辦法把它們拿出來才好。

　　這世上有很多人說鞋子不合腳，其實未必就是鞋子有問題，可能是鞋中之沙造成了一種不合腳的錯覺，因為幾顆沙粒而放棄整雙鞋子，那可是天下第一號大笨蛋。

　　完美是一種理想狀態，因為世上的任何事物都不可能沒有瑕疵存在。記住，絕對的完美是不存在的。但從另一個角度說，完美的東西是存在的，那存在於人的心裡。只有寬容、樂觀、知足的人，才會得到完美的收穫。

愛情愛誰

　　不會愛自己，就不會愛別人，愛情是從愛自己開始的。

　　渴望愛情，希望自己朝思暮想的人與自己廝守一生，不就是你追求自己所愛的理由嗎？

　　有了想要的人，就有了一份給對方一輩子幸福的責任。只有真正懂得愛情的人，才能在至愛至親的道路上，實現自己給對方的承諾，與伴侶同風雨，共磨難，一生一世。

　　不能領悟愛情的人呢？只會被自己弄得遍體鱗傷，也讓對方傷心欲絕，最終，棄你而去。

　　愛情容不得咄咄逼人，也經不起蒼白無力的鞭笞，茫然無知的人必將被無情的「被判出局。」

　　有一個男孩愛上一女孩，他決定向女孩求婚，而且百折不撓，直想快點勝利。

　　第一次求婚，女孩拒絕了。其實女孩是為了試探他是否真心，也為了自己的矜持。

　　而男孩卻哭了。男孩的眼淚讓女孩突然間感到很失望。女孩在心裡對他說：你這麼脆弱，這麼不愛惜一個男人的堅強形象，我怎麼敢嫁給你呢？

　　男孩沒有動搖愛意，於是有了一年後的第二次求婚。這時他已「戒」掉了眼淚，變得很堅強。女孩出於謹慎，又拒絕了他。誰知男孩「撲通」一聲跪在她面前，苦苦哀求。

　　女孩更加失望。她說，人生不知有多少比愛情更難征服的困難在等待著你，你打算一輩子跪著做人嗎？你這麼不愛惜自己的尊嚴，我怎麼能嫁給你呢？

　　男孩仍然不死心，於是有了又一年後的第三次求婚。這時他的性格已像鋼鐵般見稜見角，隱隱柔情藏匿在俠骨之中。女孩為了做最後的考驗，又拒絕了他。不料男孩「騰」地從懷裡掏出一把匕首，寒光一閃，他的一根指頭已經飛離了身體，血流汨汨浸潤著男孩絕望的咆哮 —— 妳答不答應？

女孩徹底失望了。她對男孩說：「我花了 3 年時間來啟發你，卻仍然沒能讓你真正的懂得愛情 ── 你連自己的身體都不愛惜，你還會愛我嗎？」

愛情是理智的付出和追尋，絕不是懦弱與無能。沒人可以預言甜蜜的愛情從何而來，但是，一定不是靠盲目追求所能得到。

用一生的愛點燃一盞燈

很多相愛的人不知道自己到底是不是在愛，有時候也在懷疑對方是不是愛自己。

真正的愛未必浪漫，但一定是真摯的；它埋藏在自己心間。而最幸福的事情，莫過於自己心愛的人，在任何情況下，都對自己不離不棄。

愛是因為相互欣賞而開始的，因為心動而相戀，因為相互離不開而結婚，但最重要的一點是需要寬容、諒解和適應才會攜手一生。

有一天，如果你懷疑自己好像不再愛了時，請詢問你的心，與自己同床共枕的那個人，為你做過一些什麼平凡卻感動著你的瑣事。

一對新人結婚時家徒四壁，除了一處棲身之所外，連床都是借來的。然而女人卻傾盡所有買了一盞漂亮的燈掛在屋子正中。男人問她為什麼要花這麼多錢去買一盞奢侈的燈，她笑笑說：「明亮的燈可以照出明亮的前程。」他不以為然，笑她輕信一些無稽之談。

漸漸的，日子好過了。兩人搬到了新居，她卻捨不得扔掉那一盞燈，小心的用紙包好，收藏起來。

不久，男人辭職創業，有了錢，有了小三。他開始以各種藉口外出，後來乾脆無須解釋就夜不歸宿了。她勸他，以各種方式挽留他，均無濟於事。

這一天是男人的生日，妻子告訴他無論如何也要回家過生日。他答應

著，卻想起漂亮情人的要求。猶豫之後他決定去情人處過生日後再回家過一次。

情人的生日禮物是一條精緻的領帶。他隨手放到一邊，這東西他早已擁有太多。半夜時分他才想起妻子的叮囑，急匆匆趕回家中。

遠遠看見寂靜黑暗的樓房裡有一處明亮如白晝，那正是自己的家，一種遙遠而親切的感覺在心中升起。太太就是這樣夜夜亮著燈等他歸來的。

推開門，太太正淚流滿面的坐在豐盛的餐桌旁，沒有絲毫倦意。見他歸來，她不喜不怒，只說：「菜涼了，我再去熱一下。」

當一切準備就緒之後，太太拿出一個紙盒送給他，是生日禮物。男人打開，是一盞精緻的燈。女人流著淚說：「那時候家裡窮，我買一盞好燈是為了照亮你回家的路；現在我送你一盞燈是想告訴你，我希望你仍然是我心目中的明燈，可以一直明亮到我生命的結束。」

男人無語，只是在心底告誡自己：「這個為我照亮整個世界的女人，是無人能取代的。」

愛是一盞燈，不管它是否能照亮他的前程，但它一定能照亮你回家的路。因為這燈光是一個女人從心底深處用一生的愛點燃的。

不離不棄才能守住夫妻之道

兩個人的婚姻是一種雙人舞蹈，和諧的方式有很多。一是兩人舞步相同，姿態相似，夫妻同心，跳得似一個人，但這不是最高境界。因為這樣的舞蹈在跳的時候不能隨心所欲，即興發揮，你必須遵守規則，對細節亦步亦趨，不能鬆懈。這種舞蹈或許跳起來好看，也易得到他人贊同，但對跳舞的人而言，不是全身心的享受而是表演。

另一種舞蹈，夫妻雙方可以舞步不同，姿態可以不一，但節奏一致，舞蹈呈現著內在的和諧。跳舞的人根據自己對婚姻（舞蹈）的理解，身隨心起，步隨意發，跳至高潮時，兩人的舞姿高低相錯，剛柔相濟，相得益

彰。乍一看，雙方配合不當，仔細研究才知，相互的配合才是婚姻的最高境界，才能更多的感動自己亦感動別人。

有兩個人，他們的感情一直不冷不熱。他們之間沒有什麼大矛盾，但他們經常是為了一點小事就要吵幾天。原因是男人下了班之後不會做飯，即使做了，也是非常難吃，或是把廚房弄得天翻地覆。所以女人認為男人沒有照顧自己的能力，更不用說來照顧她了，更談不上什麼愛不愛了。

一連幾天他們都沒有見面，男人賭氣搬進了公司，只留女人守著空蕩蕩的家。

晚上，女人打開電腦，忽然收到一封先生發來的郵件。沒有多餘的話，只是敘述他剛剛看到的一段生活場景。

公司所在的那條街上有一對夫妻。丈夫是個孤兒，從小靠撿破爛為生；妻子是個精神病人，平時還好，發起病來就想往外面跑。這天，我看到那個丈夫在街上往回拉自己的妻子。

妻子往外用力，丈夫往裡用力。他倆沒有任何爭吵，從妻子的臉上可見精神病人常有的瘋癲表情，而丈夫的臉上沒有任何無奈與煩躁，神情坦然。

先生繼續在郵件中寫道：「我看到他們在街上來回拉著，兩個人都在用力，路邊的人一如既往的大笑著，可是我的淚落了下來。親愛的，他們連一件像樣的衣服都沒有，連一頓最 ── 般的飯都成問題，夫妻之間，尚有一個清醒的人懂得守住夫妻之道，不離不棄的走過來，而我們生活無憂、神志健全的人為什麼反而做不到呢？」

先生最後寫道：「寶貝，我愛妳。」

來不及關上電腦，太太披上衣服，流著淚往外跑。她只想用最快的速度，實實在在的擁抱她最愛的人。

夫妻間的爭吵，大多因一些小事而起，但就是這樣瑣碎的小事，卻使

許多夫妻走向分解。其實，兩個人之間，沒有什麼是過不去的，若想守衛住夫妻之道。就要不離不棄的走過來。

也許身在婚姻中的人們實在品不出更多的感動，但事實上正是因為那些相濡以沫的瑣事碎事，才讓我們偶爾回憶起那些誓言，那些浪漫，那些擁吻，那些牽手啊。

我們一起來做

許多看起來不配、不等、不和諧、不美滿的婚姻，其實也是個好婚姻。

當一個人對我們說：「我結婚 40 年，爭吵 40 年！」那麼我們要祝福他，並且為他加上：「同樣相愛和幸福了 40 年！」

一個糟糕的婚姻不可能維持多久，一個沒愛的婚姻也不可能爭吵幾次。所以，只要是兩個人一起，分享所有，承擔所有，就足以維繫一生婚姻的美滿。

有一對夫妻，從同一個大學畢業，女的在一所普通高中任教，男的則在一家證券公司上班。女人的工作時間比較輕鬆，她也承擔了家裡所有的事情，孩子的教育當然也由身為教師的她全權負責。男人喜歡他的工作，也做得非常精彩，短短的六年時間，他就已經晉升為營業部經理，從此在外面的應酬也不斷增加，家裡就漸漸變得像他的旅館。一個長年主外，一個長年主內，兩人在許多問題上的看法差距越來越大，丈夫開始看不上自己的糟糠妻了，覺得她品味不高、衣著一點也跟不上時代、話題也說不到一起，兩人的差距就像是一個上世紀的女人和一個現代男人生活在一起一樣。終於丈夫忍受不了了，向妻子提出離婚，深明道理的妻子很理性的同意了。看到妻子的「爽快」，丈夫非常內疚，一心想要為妻子再做些什麼。妻子很平靜的說：「我已經為你做了 8 年的飯了，卻從來沒有吃過你

做的飯。那就在我們未正式離婚之前，你替我做一段時間的飯，包括整理屋子和兒子的教育。」

丈夫答應了妻子的要求，從此開始照顧妻子和兒子的起居飲食。從此，買菜、做飯、洗衣、整理環境和照顧兒子幾乎占據了男人所有的時間，他在工作中明顯精力不足，還出現過幾次錯誤。他終於明白了。

一個星期六，男人花大半天的工夫準備了一頓精美的晚餐，在燭光下，男人愧疚的舉起酒杯，對妻子說：「我敬妳這杯酒，我收回說過的話。」這時，女人哭了。

對，就是普通的做飯、普通的家務勞動讓這位丈夫看到了自己的妻子在人群嘈雜的菜市場與小販討價還價的樣子，看到了妻子在嗆人的油煙中為全家準備飯菜的身影，還看到了妻子忙忙碌碌打掃整理、接送孩子、督促孩子功課的背影，他看到了她 8 年的生活。

從那以後，男人覺得女人忙碌的身影是那麼的可愛，覺得她對時尚的一笑置之是那麼的質樸，這才是自己一生要與之為伴的伴侶。

買菜、做飯如此普通而平常的事情，也許在幾十年前，大家普遍會認為這是女人的天職。但在今天，婦女勇於撐起半邊天，每天也一樣被工作緊緊圍繞，也一樣有著龐大的工作壓力，她們的時間也同樣不再充裕。俗話說：「女為悅己者容。」那男就要為悅己者廚了。再者，社會生活節奏的加快，夫妻在一起的時間本來就不多，如果能在一起買買菜、做做飯，那這頓飯一定可以成為增進夫妻感情的催化劑。

包容是互相的

愛情是相互的。就像埋下一顆種子之後，總希望有一天能發芽開花；付出一段感情，也總希望能有甜美的果實。

永恆的愛需要彼此的包容與付出，生活中的爭吵和責怪，是謀殺愛情

的刺客，如果一旦面臨矛盾就彼此埋怨，這種缺乏寬容的愛是不會持久的。寬容是一種品性修養，是良好心理的外在表現。至於外界的流言蜚語，會在雙方在誠信中將其化為烏有。只有寬容的愛，才是持久的愛。

有人會問：「哪裡距離眼睛最近？」

或許有人會猜不出來，答案是「睫毛」。

睫毛距離眼睛最近，可是我們卻看不見它！

相同的，我們身邊也有一些很親近的人，可是我們往往看不見他們的優點。

那時，她和他是熱戀的情侶。

他大她三歲，他並不是每天都會來找她，但電話每晚臨睡前都會響起，說一些天冷了，記得加衣服，晚上別在被窩裡看書的話。

所有的人都知道她有一個甘願為她付出的男友。

她嘴裡不說，心裡卻是得意的。他長相俊朗，才氣逼人，是不少女孩暗戀的對象，這樣的一個人，卻獨獨對她用情至深。

每次他們吵架，他生氣走開，但最後回頭的總是他。他說，丫頭，我們和好吧。後來他們在一起生活了，她是玲瓏剔透的女孩，生活的瑣碎讓她不勝其煩，他主動承擔了大部分的家務，照顧她，一如既往的寵著她。

但她卻覺得，他開始干預她的生活了。某次她下班和同事喝酒，深夜才回去，他大為震怒，當晚睡到了另一個房間。

他們的爭吵不斷，但每次都是他轉身說對不起。雖然她覺得等待他轉身的時間越來越長。後來有一次，他們為一件小事爭吵後，他走出了她的房間。

一天，兩天，三天，她等著他轉身。

一個星期後，她耐不住這種等待的痛苦，決定到外地幾天，她想，當她回來的時候，一切都會煙消雲散了。

當她回來時，她驚恐的發現，房間裡已經沒有了他的痕跡。他已辭職，去了外地。

她沒有想到他會採取這種決絕的方式。她知道自己是深愛著他的，那麼多的爭吵都是因為自己任性，不懂得珍惜。而他，不是一直包容著她，扮演著感情的天使嗎？

很久以後，她把這件痛心的往事講給朋友聽，朋友聽了，突然說：「為什麼妳不轉身呢？」

那一刹那，她淚流滿面，多麼簡單的一句話，可是當初為什麼她沒有轉身呢？

學會包容你愛的人，包容你們的婚姻。如果你真的愛他，無論何時，好好的對他說一句「我愛你」。

婚姻的第一則箴言：互相寬容。無論多相愛的夫妻也總有不和的地方，唯有互相寬容，才能將這些不和抹平，把婚姻的未來變得甜甜蜜蜜。

夫妻之間最重要的基礎是寬容、尊重、信任和真誠。即使對方做錯了什麼，只要心是真誠的，就應該重過程重動機而輕結果，這樣才能有家庭的和睦，夫妻的恩愛、寬容是善待婚姻的最好的方式，充分理解對方的行事做法，不苛求不責怨，如此，必然給予對方愛的泉源，婚姻一定如童話般妙趣橫生，和美幸福。愛是一門藝術，寬容是愛的精髓。

美好的愛情大抵如此，總會有無數次的轉身，那個最先轉身的是他們愛情的天使，但如果每一次轉身的都是同一個人，天使也會疲倦。

贖回我們的幸福與快樂

婚姻中的兩人最需要的空間概念。男人的內心總需要更大的自由度，他們無意識的以為自己永遠是自由的，事業被他們視為終極目標，讓他們有了忙碌的藉口。可是，女人的心思就希望自己和伴侶的心能緊緊的捆綁

在一起。

愛，其實很簡單，有時候就像是倒一杯水，簡潔的內涵，只要有愛，誰會計較一些外在的東西？那些忘記享受生活的人，整天為事業所忙，總以為有了名利才能給予對方異常隆重的幸福，其實他們不知道，好的婚姻其實就像醉酒一樣，有一種「醉情」，兩個人在一起就要掌握住酒的濃度。

威爾斯經過幾個月努力，終於使自己為公司研發的又一款新遊戲軟體順利的通過了測試。他希望第一時間將這個令人興奮的好消息告訴妻子。

可是想到妻子，他才意識到自己已經有半個月沒有回家了。記得昨天妻子貝拉曾打來電話懇求他回去一次，可是當時正是研發的最後關頭，他不能走開，於是只好告訴她今天一定回去。

這是一棟有花園的豪華別墅，花園的玫瑰悄悄的獨自綻放著。威爾斯抑制不住內心的激動，大聲叫道：「親愛的，我回來了。」可是沒人回應。奇怪，妻子到底去哪裡了呢？整個屋內空無一人。在經過客廳的時候，威爾斯突然看見一張紙條，上面寫道：「先生，請準備足夠多的贖金到梅勒敦公園來，不可報警！否則你將永遠見不到你的妻子。」

威爾斯想報警，可綁匪的威脅又使他不由自主的放下電話。

他領出了銀行裡所有的錢，那是用心血和汗水換來的。接著，他來到梅勒敦公園，公園裡一派安寧祥和的景象。可是此時這一切卻與威爾斯無緣，他心裡萬分焦急和緊張。他四處張望，可是沒發現一個長得像綁匪的人。

威爾斯來到了梅勒敦湖邊，那棵熟悉的橡樹依然迎風而立，一張空空的長椅靜默一旁，那是他和貝拉多麼熟悉的地方啊。他感到心一陣陣的揪緊：他和貝拉正是在這裡邂逅和相愛的。

後來，他們組成了一個溫馨的小家。閒暇時，他們總會挽著手來這裡

散步，憧憬幸福的未來。可是，隨著威爾斯開了自己的公司，工作一天天忙碌起來，他們一起散步的次數也越來越少。此時，威爾斯孤零零的坐在這裡，想到從前曾經有過的幸福時光和自己後來對妻子的疏忽和冷淡，心裡充滿了愧疚。

就在威爾斯精神恍惚時，一個人交給他一張字條，那人說是一個陌生人託自己交給他的。待威爾斯緩過神來，那人已經走遠。威爾斯不知道歹徒究竟在玩什麼花樣，他急忙拆開，只見上面寫著：「到弗萊理電影院來，買一張正在放映的電影的門票，記住是十排二號位，到時會告訴你交易的地點。你妻子現在很好。」

昏暗的電影院裡人很少，這裡也曾是他和貝拉經常來的地方。可遺憾的是，他竟想不起上一次帶貝拉來這裡離現在有多久了。記得他有一次曾對妻子許諾：等有空了，就帶她到那家有名的紐巴克餐廳去。因為那時他們還很窮，沒有錢去吃。可是等到他們有錢後，儘管貝拉多次懇求，威爾斯也沒能實現自己的諾言，因為他實在太忙了。他以為有了錢就能擁有一切，可現在他領悟到沒有了貝拉的愛情，再多的錢都毫無意義。

威爾斯含著淚水走出了電影院，他再也看不下去了。這時，門口有一個人又遞給威爾斯一張紙條。威爾斯無法忍受了，他抓住那個人的領口，大聲叫道：「你們這幫綁匪到底要怎樣？你們把我妻子怎麼了？」那人被這架勢嚇著了，同時有點憤怒的說：「先生，你誤會了，我可不想綁架你，我只是受一位女士的委託把這個給你而已。」

「女士？」威爾斯滿腹狐疑的鬆開了手，難道是一個女綁匪嗎？

威爾斯急忙拆開字條，上面寫著：「想見你妻子，帶上贖金到前面的紐巴克餐廳來。」

「贖金？紐巴克餐廳？」一剎那間，威爾斯恍然大悟。他飛快的向紐巴克餐廳所在的方向跑去。

這時已是華燈初上，透過餐廳柔和的燈光，他看見了一個熟悉的身影。威爾斯輕輕的走過去，握著貝拉的手說：「對不起，我知道自己錯了。這一次，我以一顆心作為贖金，妳能再給我一次機會，讓我贖回虧欠妳的所有幸福和快樂嗎？」

貝拉眼裡閃爍著幸福的淚光。

有一句話說：工作能把一個人變成禽獸。雖然工作是重要的，但生活同樣重要。

我們往往因為工作，而失去了許多美好的生活，工作是工作，生活是生活，忽視任何一方都將失去幸福和快樂。

愛情裡的生活方式

很多時候，在婚姻的不和諧面前，兩個聰明的人會相互調整，最後接受對方的一切來保持原有的關係，一個聰明人會透過示弱來維繫平衡，而兩個「笨人」卻只能任由矛盾激化而無力挽回。

一位社會學博士，在做畢業論文時被搞糊塗了，因為他在歸納兩份相同性質的資料時，發現結論相互矛盾。

一份是雜誌社提供的 4,800 份調查表，問的是：什麼在維持婚姻中發揮著決定作用（愛情、孩子、性、收入、其他）？ 90%的人回答是愛情。可是從法院民事庭提供的資料看，根本不是那麼回事，在 4,800 對協議離婚案中，真正因感情徹底破裂而離婚的占不到 10%，他發現他們大多是被小事分開的。

例如第 1 號案例：這對離婚者是一對老人，男的是教師，女的是醫生，他們離婚的直接原因是，男的嗜菸，女的不習慣；女的是素食主義者，男的受不了。

再比如第 2 號案例：這對離婚者大學時曾是同學，念書時有三年的戀

愛歷程，後來住在同一個城市，他們結婚五年後離異。直接原因是，男的老家在鄉下，父母身體不好，姐妹又多，大事小事都要靠他，同學朋友都進入了小康行列，他們一家還過著窮日子，女的心裡不快，經常吵架，結果就分手了。

再比如最後一號案例：這對夫妻結婚才半年，男的是警察，睡覺時喜歡開窗，女的不喜歡；女的是護士，喜歡每天洗一次澡，男的做不到，兩人為此經常鬧矛盾，結果協議離婚。

本來這位博士以為他選擇了一個輕鬆的題目，拿到這些實實在在的資料後，他才發現「愛情與婚姻的辯證關係」是多麼難做的一個課題。

他去請教他的指導老師。指導老師說，這方面的問題你最好去請教那些金婚老人，他們才是專家。

於是，他走進大學附近的公園，去結識來此晨練的老人，可是他們的經驗之談令他非常失望，除了寬容、忍讓、賞識之類的老調之外，根本沒說出愛情與婚姻的辯證關係。

不過在比較中，博士也有一個小小的發現，那就是：一些人在婚姻上的失敗，並非是找錯了對象，而是從一開始就沒弄明白，在選擇愛情的同時，也就選擇了一種生活方式。就是這種生活方式，決定著婚姻的和諧。有些人沒有看到這一點，最後使本來還相愛著的兩個人走上了分手的道路。

據說，博士生就因為他這一小小的發現，使他通過了博士論文的答辯。

愛情和婚姻是人生的兩大主題。即使相愛的兩個人已走入婚姻，也會出現離婚的現象。這是因為在選擇愛情的同時，沒有選擇一種生活方式。這種生活方式就是 —— 接受對方的生活方式，只有這樣，才能使婚姻和諧美滿。

珍惜前世修來的夫妻緣

美好的愛情與婚姻你都可以得到，關鍵是看你怎樣經營。

相愛的兩人可能因為對愛情或婚姻的無知而犯錯誤，對自己或對方造成傷害，當你明白過來，也許為時已晚。

當你與心愛的人有了矛盾，不要意氣用事，去尋找問題的原因，理解對方，珍惜彼此，把愛持續下去。

有一次，仙崖禪師外出弘法，在路上，遇到一對夫婦吵架。

妻子說：「你算什麼丈夫，一點都不像男人！」

丈夫說：「妳罵，妳如果再罵，我就打妳！」

妻子說：「我就罵你，你不像男人！」

這時，仙崖禪師聽了之後就對過路行人大聲叫喊：「你們來看啊，看鬥牛，要買門票；看鬥蟋蟀、鬥雞都要買門票；現在鬥人，不要門票，你們來看啊！」

可是，那對夫妻仍然繼續吵架。

丈夫說：「妳再說一句我不像男人，我就殺了妳！」

妻子說：「你殺！你殺！我就說你不像男人！」

仙崖禪師煞有介事的說：「精彩極了，現在要殺人了，快來看啊！」

這時，有過路人說：「和尚！你大聲亂叫什麼啊？夫妻吵架，關你什麼事？」

仙崖禪師說：「怎麼不關我的事呢？你沒聽到他們要殺人嗎？殺死人就要請和尚唸經，唸經時，我不就有紅包拿了嗎？」

過路人說：「真是豈有此理，為了紅包就希望殺死人啊！」

仙崖禪師說：「希望不死也可以，那我就要說禪理了。」

這時，連吵架的夫婦都停止了吵架，雙方不約而同的圍上來，聽聽仙崖禪師和人爭吵什麼。

仙崖禪師對吵架的夫婦說：「再厚的寒冰，太陽出來時都會融化；再冷的飯菜，柴火點燃時都會煮熟；夫妻，有緣生活在一起，要做太陽，溫暖別人；做柴火，成熟別人。希望夫婦倆要互敬互愛！」

仙崖禪師的話說得吵架的夫婦十分慚愧，各自認錯。而過路人聽了之後，也都當下領悟了禪師的高妙禪理。

有緣千里來相會，無緣對面不相逢。芸芸眾生中能走到了一起，就是緣分。那麼，夫妻之間就應該珍惜這緣分 —— 互敬互愛，互諒互讓。

為愛守候

幾乎每天都在一起的兩個人，不可能不產生矛盾。但是，記住，那是你的伴侶。

你需要學會經營自己的愛情和婚姻，了解愛情婚姻幸福美滿的祕密，讓自己終生享受愛情的甜蜜。

婚姻有時是沒有原因的，兩人的關係看似簡單，其實複雜。

能夠為愛守候的人，是最幸福也最偉大的，因為用了心的愛叫真愛。

有這樣一對夫妻。妻子溫柔賢慧，將一個小家打理得乾乾淨淨，丈夫對妻子體貼關懷，兩人恩恩愛愛，感情極好。但是最近常吵架，原因是丈夫總希望在事業上有所作為，而他的工作又偏偏應酬極多，於是丈夫夜夜晚歸，妻子常做守夜人。妻子天性恬靜，嚮往夫唱婦隨式的溫馨生活，只要兩人一起吃飯、做家事、看電視，哪怕偶爾拌拌嘴也是幸福。丈夫卻覺得男人應以事業為重，有交際應酬也是難免的，更何況自己這麼辛苦不也是為了讓這個家更富足更美滿嗎？

這一天是兩人結婚紀念日，丈夫早就許諾無論如何也要陪妻子度過一個浪漫之夜。妻子下班後將房間打掃乾淨，為自己挑好衣服化好妝，等著丈夫回家。6點鐘過了，7點鐘8點鐘也過了，丈夫還沒回來。快9點時

他打電話來說公司同事生日在某餐廳吃飯。妻子心中積蓄多日的怨氣終於爆發出來，對著話筒大大的發洩了一通。丈夫擱下電話便匆匆趕了回來，妻子仍在生氣，丈夫便主動下廚做好了晚飯，兩人沉默的吃完飯後，妻子終於破涕為笑，丈夫如釋重負，打開電視尋找妻子愛看的頻道。妻子氣消了之後卻越想越不是滋味，總覺得丈夫這樣中途離席不禮貌，於是又反過來勸丈夫再回餐廳去。丈夫安慰她說沒關係，但後面的電視節目兩個人沒看進去，都顯得有些心不在焉。

以後，丈夫仍然早出晚歸，妻子卻不再說什麼。只是每次丈夫總會先打個電話回家：「我帶了鑰匙，妳自己先睡。」但每次當他躡手躡腳的走到門口準備掏鑰匙時，門卻打開了，妻子說：「你的腳步聲太重了……」

當你用心去愛一個人，並且知道愛上後如何經歷今後生活的話，那麼你就成熟了，就可以有一個家了。

暫時關閉自己的耳朵

婚姻是複雜系統，愛與恨總是同時存在。兩口子好起來像泥團，你中有我，我中有你，恨起來是死敵，不共戴天。這就是婚姻的迷人之處。

富蘭克林（Benjamin Franklin）曾經說過：「結婚以前睜大你的雙眼，結婚以後閉上你的一隻眼睛。」其實，在把眼睛閉上一隻的時候，耳朵最好也半堵著，有些事情可以不要聽到。

「你說什麼？我聽不到哦。」這句經典之語出自美國最高法院大法官露絲·貝德·金斯堡（Joan Ruth Bader Ginsburg），她選擇自己男友的標準也很獨到：「他是我所有交往過的唯一在乎我智慧的男人。」

戀愛四年，結婚。婚禮當天早上，露絲在樓上做最後的準備，男友的母親走上樓來，把一樣東西放到露絲手裡，然後看著露絲，用從來沒有過的認真對露絲說：「我現在要給妳一個今後一定用得著的忠告，那就是妳

必須記住，每一段美好的婚姻裡，都有些話值得充耳不聞。」

男友的母親在露絲的手心裡放下一對軟膠質耳塞。

正沉浸在一片美好祝福聲中的露絲十分困惑，更不明白在這個時候，塞一對耳塞到她手裡究竟是什麼意思，但沒過多久，她與丈夫第一次發生爭執時便一下明白了老人的苦心。

「她的用意很簡單，她是用她一生的經歷與經驗告訴我，人在生氣或衝動的時候，難免會說出一些未經考慮的話，而此時，最佳的應對之道就是充耳不聞，權當沒有聽到，而不要同樣憤然回嘴反擊。」露絲說。

但對露絲而言，這句話產生的影響絕非僅限於婚姻。

作為妻子，在家裡她用這個方法化解丈夫尖銳的指責，修護自己的愛情生活。作為專業人士，在公司她用這個方法淡化同事激動的抱怨，改善自己的工作環境。她告誡自己，憤怒、埋怨、妒忌與自虐都是無意義的，它只會掏空一個人的美麗，尤其是一個女人的美麗。每一個人都有可能在某個時候說一些傷人或未經考慮的話，此時，最佳的應對之道就是暫時關閉自己的耳朵 —— 寶貝，你說什麼？我聽不到哦！

家不是講理的地方。夫妻吵架不是非得講出個一二三的道理來，若非得為了道理爭得面紅耳赤，那雙方的感情肯定也會被殺死不少。

在吵架或對方嘮叨時，完全可以暫時把自己當聾子，好多話都可以裝作聽不到，更不需要去理會，也可以裝作認真聆聽狀，而心中卻想著另外的事。

牽手一生

聖經上說，男女原本是一體的，因為太無憂無慮而被上帝分成兩半，他們一生不得不苦苦尋求另一半，只有找到另一半，生命才得以完整。所以，當找到了那一半的時候，就要握住他的手，絕不輕易放開。

牽手一生，平淡卻溫情的感動。

結婚好幾年了，彼此都成了對方的唯一。平平淡淡的日子一天天、一年年過去了，當年為了見她一面不惜大冬天的晚上騎著自行車狂奔十幾公里的熱情也不知上哪裡去了，取而代之的是每天醒來的一句急匆匆的「早安」，晚上倦意十足的「晚安」，日子不再浪漫，彼此不再激情澎湃。他甚至會想自己是否還愛著這個當年自己願意為她死的女人。

他不知道她的心思在哪裡，她肯定也不知道他每天在想著什麼。終於在一個偶然的機會，他發現了問題的所在。

那天，她朋友過生日，請她去做客，因為鬧到太晚，所以他去接她了。路不算太遠，她就要求一起走回去，因為他們已經很久沒有這麼浪漫的在大街上散步了。他們就這樣牽著手，依偎著在路上走著，她時而還把冰冷的手放到他的衣服口袋裡讓他溫暖的大手給握著。一回到家，她就撲到他的懷裡，緊緊抱住他，眼中噙著淚花，說：「好久沒有感覺到你的溫暖了，好久都沒有握住你的大粗手了，我真希望今天的溫暖以後天天都有，以後我們還是天天晚上都去散步，不管多晚，行嗎？」

他的心為之一顫，不知道該說什麼好，原來他們的愛情一直沒有離開過，是自己一直忽略了她的感受，她還是一直都沒有變，還是像小女生的時候那樣容易滿足，他需要的只是牽牽她的手。仔細想想，就是他的忙忙碌碌讓自己忘了該怎麼樣做，讓他心中不斷困惑，又讓他迷失了愛的方向，還使自己的心差點飄失了。今天的這些看似微不足道的動作，使他明白了與伴侶身體間的距離是造成心與心之間的距離的根本原因，心與心之間有了距離，即使身體近在咫尺也猶如相隔天南海北。

在擁擠的人群或在每一個不經意的時刻，輕輕的握住另一個人的手。在那一刻，周圍的喧囂會暫停，周圍的人群會遁形。

兩個人一塊外出，不管是牽手還是挽著手臂，適度的身體接觸是必須的。哪怕是老夫老妻了，也不妨「接觸」讓年輕人看看。

讓我們的愛泛起浪漫的漣漪

有一個故事說：特別的東西不要珍藏。好東西想留到特殊的日子再用，結果留來留去用不著了。

那麼，特別的感情也不要珍藏，想表達就表達，想浪漫就浪漫一把，好不好？

每次看到別的太太過生日或結婚紀念日收到自己先生送的首飾、化妝品或玫瑰時，覃太太心中都酸溜溜的，羨慕得不行。

但是她羨慕的絕不是別人的東西比自己的好，她自己的東西肯定要比她們的好，而是自己的丈夫除了結婚戒指以外，從來就沒有再買過任何東西給自己。為此她總是自己逛高級時裝店、珠寶店，為自己買更多更好的「禮物」來安慰自己，但每當朋友、同事看到她這些漂亮的裝扮、問起是否是她的先生買的時，她的心就像被錐子刺一樣的疼。

「我自己買的。」覃太太總是用這種故作瀟灑的態度驕傲的答道，其實此時她的心中可不是滋味。她常想，為什麼別人的丈夫賺不了幾個錢，卻能經常買禮物給自己的妻子，而自己的丈夫日進斗金，卻連自己的生日都忘了，從來沒想過給自己一件禮物，哪怕這個禮物是多麼的不起眼。

覃太太也開始為丈夫的這種行為嘮叨起他來了。「我給妳錢，多好呀，妳想要什麼都可以買來，省得我浪費了時間，買來的東西妳又不一定喜歡。」

每次聽到丈夫的這種回答，覃太太的心都涼了，他總是那麼煞風景。錢！錢！錢！那麼沒情調！為什麼他就不能浪漫一些，在妻子生日的時候，訂一束玫瑰，送到她的辦公室去，然後在下班的時候來接她一起出去吃頓飯。

有一次，又是碰上這種問題，覃太太實在忍不住了，生氣的說：「情義是不能用錢衡量的。最重要的是看你有沒有這份心。要是有一天，萬一

你真有個三長兩短的，你就讓我天天看著這些錢想你呀。我就連個可以睹物思人的東西都沒有。」而覃先生繼續看著自己的報紙，連眼都沒抬，說道：「我要死了，給妳留了錢，不是更實際嗎？」

可是，災難往往都是無法料想的，就在幾個月後，覃先生忽然身體狀況直線下滑，到醫院檢查後，發現是肝癌晚期，立刻住院等待手術。此時的覃太太每天為了丈夫的病情四處奔波，找合適的肝源，照顧重病中的丈夫。覃先生在生命彌留之際，緊緊的拉住妻子的手，「實在對不起，到現在我也沒有為妳買上禮物，等來世，來世我一定買很多很多的禮物給妳。」此時此刻，覃太太淚流不止，哽咽著道：「不，不，是我不好，我不該那樣咒你的，只要你好起來，我什麼都不要，我現在只要你，你這個『禮物』。」

用一點點浪漫來裝點你們此時此刻的愛情和風景吧。油鹽米醋的生活會讓婚姻失去原本的鮮活。不要吝惜一點小小的浪漫，讓婚姻的顏色永遠的燃燒起來。

人生的路匆匆而過，大家都在急急忙忙的趕著往前走，希望看到前方更好的風景，等到達盡頭時，才發現自己在途中已經把最美好的那一段給錯過了，想要回頭去享受那段風景已成為奢望，不再可能了。

幸福在你的尾巴上

有隻小狗問自己的媽媽，牠說：「媽媽，媽媽，幸福是什麼？它在哪裡呢？」狗媽媽說：「孩子，幸福就在你的尾巴上。」

於是小狗每天都去追自己的尾巴。小狗總是這樣很快樂很堅定的去追逐自己的尾巴，這樣過了很久⋯⋯

有一天，小狗說：「媽媽，為什麼我這麼努力，仍然抓不住幸福呢？」狗媽媽說：「孩子，有時候幸福並不需要你刻意的去追尋。你只要一直往前走，幸福自然就會跟在你的身後。」

幸福是什麼樣的？每個人都有與他人不同的理解，就是同一個人在不同的時刻、不同的心境下，其解釋也是不同的。

和親人朋友圍在餐桌前，熱鬧的吃著飯；每天下班回到家，孩子就把拖鞋幫你拿過來；和伴侶一起去郊外露營一次；在你暮年的時候，白髮蒼蒼，滿臉皺紋，一雙手蒼老而乾枯，但身邊有與你年齡相仿的老伴，兩人的手緊緊握在一起，在河邊、在廣場上緩緩的散步……

這些都是幸福。幸福沒有明確、統一的定義，只要真心付出了，幸福就會降臨到你的身邊。

一天深夜外面狂風大作，妻子腹痛不止。丈夫四處打電話找車不成，只好將已經有點神智不清的妻子用雨衣包好，背起來就直衝向醫院。颱風天氣，暴雨打在身上都會覺得疼，那電閃雷鳴也非常嚇人，妻子趴在丈夫的背上只有痛苦的呻吟。丈夫背著妻子深一腳淺一腳的在暴風雨中艱難的前進，他心中只有一個想法，那就是早點趕到醫院。

丈夫打趣的和妻子說：「我現在才知道什麼叫相依為命。」妻子則用微弱的力氣說：「現在，我感到非常的幸福。」

由於及時送到醫院，妻子的病情沒被耽擱，立刻被送上手術臺。

手術過後，虛弱的妻子需要住院一段時間，手術的刀口經常讓她疼痛難忍。但是每當中午11點，她必然強撐病體起床梳洗，並化上漂亮的妝，用胭脂和口紅來掩飾自己憔悴的病容。然後艱難的挪到面對著醫院大門的窗口向外張望。原來每天中午12點，她的丈夫就會送飯過來。

同病房的人對她丈夫說：「你又上班，接送孩子上下學，還每天要往醫院跑，真是太辛苦了！」那丈夫說：「不，每天當我走進醫院大門時，抬頭看到她那張在窗口為我微笑的臉時，我就覺得自己真幸福。」

鞋子的好壞只有自己的腳知道，自己的幸福不需要他人來證明，自己的婚姻家庭是否幸福也只有自己知道。那是心底的感覺，是在心底的綿綿

情意，是心心相印，是……

無須向他人炫耀，也無須他人來評判，只有你自己心裡清清楚楚。

在你愛他（她）的時候，幸福自然就會來找你，用心體會就行了，沒有必要滿世界去找。

不要為瞬間迷失了雙眼

婚姻是有生命的，婚姻就像一個孩子，等於是兩個人的孩子，不是說放棄就能放棄的。

當我們找到另一半之後，難免會再碰到出色的異性讓你心動，千萬不要喪失理智，一失足會成千古恨，把它當作小小的浪花就行，因為她與你那個耳鬢廝磨、同甘共苦一生的人相比，實在是微不足道的，就好像一生與一瞬相比，如果為這一瞬而放棄一生相守的伴侶，實在是個錯誤。

深夜，寺裡一人一佛，智者坐，人站。

人：聖明的智者，我是一個已婚之人，我現在狂熱的愛上了另一個女人，我真的不知道該怎麼辦。

智者：你能確定你現在愛上的這個女人，就是你生命裡唯一的最後一個女人嗎？

人：是的。

智者：你離婚，然後娶她。

人：可是我現在的伴侶溫柔、善良、賢慧，我這樣做是否有一點殘忍，有一點不道德？

智者：在婚姻中沒有愛才是殘忍和不道德的，你現在愛上了別人已不愛她了，你還猶豫什麼？

人：可是我的伴侶很愛我，真的很愛我。

智者：那她就是幸福的。

人：我要與她離婚後另娶她人，她應該是很痛苦的，又怎麼會是幸福的呢？

智者：在婚姻裡她還擁有她對你的愛，而你在婚姻中已失去了你對她的愛，因為你愛上了別人。所謂擁有的就是幸福的，失去的才是痛苦的，所以痛苦的人是你。

人：可是我要和她離婚後另娶她人，應該是她失去了我，她應該才是痛苦的。

智者：你錯了，你只是她婚姻中真愛的一個具體，當你這個具體不存在的時候，她的真愛會延續到另一個具體，因為她在婚姻中的真愛從沒有失去過。所以她才是幸福的而你才是痛苦的。

人：她說過今生只愛我一個，她不會愛上別人的。

智者：這樣的話你也說過嗎？

人：我，我，我……

智者：你現在看你面前香爐裡的三根蠟燭，哪根最亮？

人：我真的不知道，好像都是一樣的亮。

智者：這三根蠟燭就好比是三個女人，其中一根就是你現在所愛的那個女人，芸芸眾生，女人何止千百萬，你連這三根蠟燭哪根最亮都不知道，都不能把你現在愛的人找出來，你為什麼又能確定你現在愛的這個女人，就是你生命裡唯一的最後一個女人呢？

人：我，我，我……

智者：你現在拿一根蠟燭放在你的眼前，用心看看哪根最亮？

人：當然是眼前的這根最亮。

智者：你現在把它放回原處，再看看哪根最亮？

人：我真的還是看不出哪根最亮。

智者：其實你剛拿的那根蠟燭就是好比是你現在愛的那個最後的女人，所謂愛由心生，當你感覺你愛她時，你用心去看就覺得它最亮，當你

把它放回原處，你卻找不到最亮的一點感覺，你這種所謂的最後的唯一的愛只是鏡花水月，到頭來終究是一場空。

人：哦，我懂了，你並不是要我與我的伴侶離婚，你是在點化我。

智者：看破不說破，你去吧！

人：我現在真的知道我愛的是誰了，她就是我現在的伴侶。

人們在婚姻中似乎很容易遇到婚外的戀情，它是一種讓人興奮，迷失了瞬間的毒藥，吃了只會要人的命。

那麼，是捨棄現在的安穩生活，還是一心追隨浪漫與激情，是一個很難抉擇的問題。不妨讀完這個小故事後好好想想，你挑選的蠟燭確實是最亮的那根還是你眼睛的錯覺？

不要被暫時的激情迷住了雙眼，既然生命中的真愛已經從茫茫人海中覓得，那麼，最愛的人就一定會在你心底，永遠不會變。

PART NINE
當心靈開始迷惘時 —— 心盲只會讓你不斷迷失

人生有許多無法完成的事，更有不願付出的心。當心被綁死而不得解脫時，便會迷路，誰最先尋覓到迷途的心靈，誰就能掌握好生活的方向盤，才不至於讓生命腐爛。

走出自卑的陰影，每個人都會超越自己

　　你覺得人生真的沒有希望了嗎？當我們習慣性的如此認定了自己之後，我們還能得到什麼呢？

　　從現在起，相信你是最重要的人，從肯定自己開始，你會慢慢擺脫自卑的外衣，發現自己的不平凡與無限可能，最終超越自己。

　　他，從一個僅有 20 多萬人口的小城考進了大城市裡的大學。

　　他一個學期都不敢和同班的女同學說話。

　　因為上學的第一天，與他鄰桌的女同學問他的第一句話就是：「你從哪裡來？」而這個問題正是他最忌諱的，因為在他認為，出生於小城，就意味著小家子氣，沒見過世面，肯定被那些來自大城市的同學瞧不起。

　　所以，第一個學期結束的時候，有很多同班的女同學都不認識他！

　　很長一段時間，自卑的陰影都占據著他的心靈：最明顯的表現就是每次照相，他都要下意識的戴上一個大墨鏡，以掩飾自己的內心。

　　她，也在大城市的一所大學裡上學。

　　她不敢穿裙子，不敢上體育課。她疑心同學們會在暗地裡嘲笑她，嫌她肥胖的樣子太難看，大部分日子，她都在疑心、自卑中度過。

　　大學時期結束的時候，她差一點畢不了業，不是因為功課太差，而是因為她不敢參加體育長跑測試！老師說：「只要妳跑了，不管多慢，都算妳及格。」可她就是不跑，她想跟老師解釋，她不是在抗拒，而是因為恐慌，害怕自己肥胖的身體跑起步來會非常的愚笨，一定會遭到同學們的嘲笑。可是，她連跟老師解釋的勇氣也沒有，茫然不知所措。她只能傻呼呼的跟著老師走，老師回家做飯去了，她也跟著。

　　最後老師煩了，勉強算她及格。

　　後來，在播出的一個電視晚會上，她對他說：「要是那時候我們是同學，可能是永遠不會說話的兩個人。你會認為，人家是城市裡的女孩，

怎麼會瞧得起我呢？而我則會想，人家長得那麼帥，怎麼會瞧得上我呢？」

他，現在是電視臺著名節目主持人，經常對著全國電視觀眾侃侃而談，他主持節目給人印象最深的特點，就是從容自信。

她，現在也是電視臺著名節目主持人，而且是完全依靠才氣，而絲毫沒有憑藉外貌走上主持人這個位置。

自卑的心理每個人或多或少都會有一些，因為一個人不可能永遠都充滿自信，關鍵的問題是，我們如何走出自卑的陰影。唯有相信自己，才是戰勝自卑最有效的方法。

戰勝了自卑，每個人都會走出迷途，超越自己，從平庸變得傑出。

不對自己失望

人生沒有真正的絕境，無論遭受多少艱辛，無論經歷多少苦難，只要一個人心存希望，那麼總有一天他能走出困境，讓生命重新開花結果。

心存信念的光芒，任何外來因素都撲不滅對人生的追求和對未來的嚮往，很多時候，擊敗我們的不是別人，而是我們對自己失去了信心，熄滅了心中那有如火山一般沉靜的光。

只要心中有光，在被打倒後就會再一次站起來，並用不屈的毅力和信念贏得未來。

人生就是這樣，只要心未迷失，希望就存在。

1900 年 7 月，一位叫林德曼（Lindemann）的精神病學專家，獨自一人架著一葉小舟駛進了波濤洶湧的大西洋，他在進行一項歷史上從未有過的心理學實驗，預備付出的代價是自己的生命。

林德曼博士認為，一個人只要對自己抱有信心，就能保持精神和身體的健康。

當時，德國舉國上下都在注視著獨舟橫渡大西洋的悲壯的冒險。已經先後有 100 多位勇士相繼駕舟橫渡大西洋，結果均遭失敗，無人生還。林德曼博士認為，這些死難者首先不是從肉體上敗下陣來的，主要是死於精神上的崩潰，死於恐懼和絕望。為了驗證自己的觀點，他不顧親友們的反對，親自進行了實驗。

在航行中，林德曼博士遇到了難以想像的困難，多次瀕臨死亡，他的眼前甚至出現了幻覺，運動感也處於麻木狀態，有時真有絕望之感。但只要這個念頭一升起，他馬上就大聲自責：「懦夫，你想重蹈覆轍，葬身此地嗎？不，我一定能夠成功！」求生的希望支持著林德曼，最後他終於成功了。

他在回顧成功的體會時說：「我從內心深處相信一定會成功，這個信念在艱難中與我自身融為一體，它充滿了我身體的每一個細胞。」

生活中有兩種人：一種人走起路來總是向前看，他看到的是一條路，順著路走下去，也會發現路越來越寬，景色越來越美；而另一種人走路時只看地上，他會發現腳下的路有溝有坎，不平坦，於是他舉步不前，停留在那塊平地上，一事無成。前者因為自信而獲得成功，後者因為缺乏信心而失敗。

一個人如果不對自己失望，精神就永遠不會崩潰。

為自己點亮一盞長明燈

我們的能力，其實與面臨的阻力成正比，所遭遇到的阻力越大，我們的能力也就越強。

如果意識不到必須獨自勇敢面對眼前的困難，那麼，我們就不會努力去為自己做任何事。

每個人都有享受寂寞與孤獨的能力，生活不該只有熱鬧與喧譁。唯有

在孤獨沉靜時，我們才能看見真正的自己。

馬里亞納海溝的深處，是個又冷又黑暗的地方。那裡千萬年來一直都沉寂無聲，許多動植物幾乎都無法生存。

不過，那裡卻偶爾會有些零星的小光點，緩慢的在黑暗中游移，那是鮟鱇魚身上發射出來的光芒。

鮟鱇魚靠著身上的一盞小燈籠，照亮牠周遭永無天日的世界。

只能在深邃海溝中生存的鮟鱇魚，無法享受海域上方澎湃的水流，更無法享受陽光照射海面時的美麗粼光。

但是，牠會靠著自己的力量，在一萬多公尺深的海底中努力生存。

沒有光線，牠就設法給自己光線。

在物競天擇的進化過程中，牠努力開發生存的能量與力量，讓深海底的奇蹟在自己的身上發生。

當鮟鱇魚在深水海域中，面對著黑暗、寂寞與平淡時，仍不願放棄生命，堅強的進化自己，以便擁有更堅韌的生存能力。對此，自詡為萬物之靈的我們應該如何選擇呢？

與萬物比較之後，人類更顯渺小。看著山峰、極地裡的動植物，看著深海底的水中生物，牠們在險惡而單調的環境中，仍然頑強的生存著。

反觀人類，小小的寒風便抵擋不了，腳趾不小心踢到石頭，便大聲哭著喊疼，還敢自誇為萬物之靈？

寂寞、孤獨、挫折與失敗等等痛苦的折磨，我們都有機會遇上。

那是生活中另一個美麗的生命點綴，如果人因此而放棄自己，那他肯定是個比鮟鱇魚還低等的動物。

因為，只有在險惡環境之中，我們才會激發出無比的力量，創造出一盞屬於我們自己的長明燈。

不論處在哪種境地，絕不要向自己低頭，更不能舉手無措。讓自己鎮定自若的面對黑暗，走向光明。

看不見錯誤，就會陷入迷途

因為心盲而看不見自己的缺失的人，在我們的生活中處處可見。他們不是不清楚問題的癥結所在，只是無法面對問題，並解決這一切。

多年前，在一個村莊中有個很奇怪的現象，這個村莊的居民，每一個人不是口吃，便是瘸腿。

更奇怪的是，這兩項缺陷竟然被村民們視為正常現象。

有個外地人來到這個村莊，看到這種情況時，還以為這裡的居民一定會很羨慕他的走路方式。

於是，他不瘸不拐，大搖大擺的在街上行走。

當地人看見他這樣，全都停下了腳步看他，但是，他們不僅沒有投以羨慕的眼光，反而個個都嘲笑這個外地人。

他們捧腹大笑的喊著：「誰來教一教這個人？瞧他走路又瘸又拐的，這麼走路怎麼行？」

這個外地人一聽，對於他們的錯誤觀念很是驚訝，便糾正他們說：「是你們又瘸又拐，我可沒有，你們那樣才叫又瘸又拐！」

沒想到村民居然無法聽清楚他的話，反而對他如此順暢的話語，完全沒有口吃的情況，感到更不可思議，這些情況讓村民們笑得東倒西歪。

結果，這個外地人，不僅無法糾正他們的錯誤，而且不管走到哪裡，都要受到他們的嘲笑。

如果我們也生活在錯誤的生活方式當中，當有機會獲得提醒與叮嚀時，請先停下腳步仔細看看，我們是否也徒有一雙健康的雙腳，而用著又瘸又拐的方式歪斜行走呢？

看不見自己的錯誤，是一件非常可怕的事情。一旦看不見錯誤，或把錯誤為正確，那麼就算有再多的智者提醒，也無法喚醒身陷迷途中的羔羊。

心盲只會讓你不斷迷失

一個人，在塵世間走得太久了，心靈也無可避免的會沾染上塵埃，使原來潔淨的心靈受到汙染和蒙蔽。最後，只能走上一條沒有方向的迷途。

生活中，並不是只有眼睛澄清的人才能找準人生的方向，更要有一顆透淨的心靈，在生命旅途清醒的跋涉而不至於迷失。

很多眼不盲卻心盲的人，容易在人生的旅途上迷失方向，那是因為他們只顧及地上的小石子，而看不見前方的美麗景色。

在一間寺院的前面，有一塊荒蕪已久的空地，長久以來都沒有人想去開墾它。雙目失明的心明大師來到這裡後，利用誦讀經書之餘的時間，把這塊荒地開墾出來，並播下希望的種子。

不管颱風下雨，只要一有空閒，他就會到空地上去耕作，即使寺院裡的人笑他自找苦吃，他也不以為然。

日復一日，心明大師就在人們的譏笑聲中，讓種子慢慢的從土壤裡發芽、成長，當綠葉上托著一朵朵的花苞，在一夜春風的吹拂下美麗綻放後，大家才被這個前所未有的美麗景致感動得無法言語。

無論花朵多麼美麗，心明大師都看不見。但是他的辛勤勞作讓能看見的人可以享受到花朵的芳香和美麗。

心明大師說：「在我的『眼睛』裡，沒有荒蕪的世界。」

眼不盲的人，容易受外在事件的驅使而心盲；心不盲的人，因為看不見外在事物的誘惑而清明。

當心明大師讓荒地變花圃時，我們得到了什麼樣的啟示呢？

人生有許多無法完成的事，更有不願付出的心，再乾涸的土地，只要我們每天挑水澆灌，終有一天也會成為適合栽種的田地。

心明大師還有一句更重要的啟示：「只要肯做，沒有什麼事是不可能的！即使眼盲，我仍可以用心看見你們不一定看得見的美麗世界！」

有些事情，在不知道它到底有多難，是否能夠成功時，我們也要有去做的心，做到無知者無畏，最後就一定會得到成功。

別讓怯懦淹沒了自己的天賦

面對人生的各項競賽，只有用平常心克服緊張情緒，事情才會如你所預期的一樣，順理成章的完成。

球王比利（Pelé）是世界聞名的足球明星，但是，當年他得知自己入選巴西最有名氣的桑托斯足球隊時，卻緊張得一夜未眠。

那天，他翻來覆去的想著：「那些著名球星們會不會笑我？萬一在球場上發生尷尬的情形，我怎麼有臉回來見家人和朋友？」

他甚至還胡思亂想起來：「那些球星就算願意跟我踢球，其實也只是想用他們絕妙的球技，來對比我的笨拙和愚鈍而已。如果他們真的在球場上戲弄我，把我當笨蛋似的耍弄的話，我該怎麼辦？」

一種前所未有的懷疑和恐懼，使比利整夜未眠。因為他完全缺乏自信，明明已經是球隊裡的佼佼者，卻依然充滿憂慮和自卑。

比利終究要到桑托斯足球隊來面對一切，但是緊張和恐懼的情緒，始終無法完全克服。

「開始練球時，我都嚇得快要癱瘓了。」他懷著這樣的心理，在這個著名的球隊裡開始了他的足球生涯。

本來，他以為剛進球隊，教練應該只會讓他做一些盤球、傳球等基本練習，再來就是準備當板凳隊員。但是，沒想到第一場球賽，教練就讓他上場踢主力中鋒。

當時比利緊張得還沒回過神來，雙腳就像長在別人身上似的，每當球滾到他身邊，他都覺得是別人的拳頭要朝他攻擊一樣。

幾乎是被硬逼著上場的比利，不顧一切的在場上奔跑之後，開始慢慢

的投入，忘了是誰在跟他踢球，甚至還到了渾然忘我的境界，每一個接球、盤球和傳球，都變得非常自然和暢快。

等到比賽快要結束時，他幾乎已經忘了自己是桑托斯球員，以為仍在故鄉的球場上練球一樣。而那些讓他充滿畏懼的足球明星們，沒有一個輕視他，反而對他相當友善。

這時，比利才知道，如果自信心能強一點，那麼自己也不必受那麼多的精神煎熬了。

在難以抗拒的挑戰面前，用堅定的信心，讓自己「膽大妄為」一點，不僅會讓你的生命充滿希望和活力；更會具備贏得自我的智慧，讓自己活得更光明、更喜悅。

成功的人生從不相信無能，也不接納軟弱。所以，大可用泰然自若的心態勇敢闖出一片屬於自己的天地。

迷失方向時，記得校對好心靈羅盤

如果你認定自己無法改變命運，讓自己的宿命甘於失敗，那麼你就注定只能敗得徹底。

成功的條件是：你希望成功，並始終相信自己會成功，永遠都不停止努力。

人生路有遠有近，通往目標的道路也有許多條，迷失方向的時候，你可以向沿途許多人問路，不過問得再詳細，想要達到目標仍然得靠你親自走一遭。

有一個寒冷的深夜，一個美國作家從阿拉巴馬州的伯明罕驅車前往密西西比的梅地安，因為他必須在第二天早上趕到梅地安。

車子奔至中途，由於原先計劃行走的道路正在整修，這位作家只好找服務站求助。

值班員熱心的告訴他一條最佳的替代路線，並為他畫了張簡圖，信誓旦旦的說，只要按著地圖走，保證能提前到達梅地安。

這位作家完全按服務站人員的指示前進，但走了一小時後卻發現越走越不對勁，下車詢問另一個加油站員工後才知道，自己正走在與梅地安相反的路上，顯然那位熱心的服務員為他指錯了方向。

類似的情況是不是也曾經在你身上發生過？

當一個人因為挫折而灰心喪氣，或在家庭和事業上都很不順心時，往往會尋求別人指引明路，但是，必須小心提防有人指錯了路，對你產生消極影響。

無論你身處何種境遇，路畢竟都是自己選擇的。

沒有誰有權更改你通往人生的路線。可是，風風雨雨人生路，坎坎坷坷皆考題，你要準備好一顆清醒的心來與之應戰。

你可以偶爾讓別人為你指點一下，但是，必須再用心靈羅盤校對、確認一下，才不會步入歧途。

繼續走完下一哩路，就可以創造奇蹟

每個人的能力發揮到多少，誰都無法預料。

人生中縱然有享受不盡的奢華和喜悅，但是，它們一定蘊藏在不斷的犧牲和奮鬥之中。只要永遠有再堅持一下的耐力，就一定能到達成功之路的盡頭，創造人生的奇蹟。

萊德先生是個著名的作家兼戰地記者，他曾在 1957 年 4 月的《讀者文摘》上撰文表示，他所收到的最好忠告是「繼續走完下一哩路」，下面是其文章中的一部分：

　　第二次世界大戰期間，我跟幾個人不得不從一架破損的運輸機上跳傘逃生，結果迫降在緬印交界處的樹林裡。當時唯一能做的，就是拖著沉重的步

伐往印度走。全程長達 140 哩，必須在八月的酷熱和季風所帶來的暴雨侵襲下，翻山越嶺長途跋涉。

才走了一個小時，我一隻長統靴的鞋釘扎了另一隻腳，傍晚時雙腳都起泡出血，範圍像硬幣那般大小。我能一瘸一拐的走完 140 哩嗎？別人的情況也差不多，甚至更糟糕。他們能不能走呢？我們以為完蛋了，但是又不能不走。為了在晚上找個地方休息，我們別無選擇，只好硬著頭皮走完下一哩路……

當我推掉其他工作，開始寫一本 25 萬字的書時，心一直定不下來，我差點放棄一直引以為榮的教授尊嚴，也就是說幾乎不想做了。最後我強迫自己只去想下一個段落怎麼寫，而非下一頁，當然更不是下一章。整整六個月的時間，除了一段一段不停的寫以外，什麼事情也沒做，結果居然寫成了。

幾年以前，我接了一件每天寫一個廣播劇本的差事，到目前為止一共寫了 2,000 個。如果當時簽一張『寫作 2,000 個劇本』合約，一定會被這個龐大的數目嚇倒，甚至把它推掉，好在只是寫一個劇本，接著又寫一個，就這樣日積月累真的寫出這麼多了。

「繼續走完下一哩路」是一個積少成多堅持進取的過程，是實現任何目標的最直接最聰明做法。運用這個原則做事，就可以創造奇蹟。

這就好像戒菸一樣，最好方法是「一小時又一小時」的堅持下去，最後一定會成功。

有生命才有希望

當你遇到難以解決的問題，或者是遇到一件又一件讓你感到非常難過的事情時，比如被你所愛的人拋棄，或者是所有的財產被人席捲一空時，你也許會產生輕生的念頭：「活著真是不如死了痛快，死了也許就不會有痛苦了！」傷痛時難免會有負面的意念浮起，勾引你做出不該有的舉動。這時你絕對需要告誡自己：不可以這樣想，再苦再難也一定要活下去呀！

只有活下去，一切才有希望，事情也才有改變的可能。

死了，則一切都無法改變了。你不會願意事情是這樣發展，你只是被

氣餒、傷心的情緒局限了思考，草率做了決定罷了。如果讓你躲避一段時間再做打算，必然會是完全不一樣的結果。因而當負面的意念浮起時，你要掌握它，及時運用積極的意念代替它，不然就會產生不良的後果。

蘿拉已沮喪到不想起床的地步，她精力空空，自從胖了 20 幾公斤以來，每天要睡 16 到 18 個小時。就在這時，收音機裡的一則廣告引起了她的興趣。由於蘿拉的治療師說過她不可能好轉，因此實在很難相信她會對健康俱樂部的廣告感到有興趣。更令人驚訝的是，她竟然搖搖晃晃的跑到那裡一探究竟。這是她的第一步。

俱樂部推廣人員及會員既友善又生氣蓬勃，他們顯然很喜歡目前從事的工作。蘿拉加入俱樂部，展開運動課程。

經過一段時間，她的感覺及精神大幅度的轉變，於是她說服俱樂部給她一份推廣的工作。以前她在鞋店賣過鞋，成績相當不錯，後來因家人的堅持，改行當了老師。

當老師期間，她非常不快樂，心情很鬱悶，又開始拚命吃巧克力蛋糕，結果體重大增，精力大衰。俱樂部的推廣工作令她回想起鞋店的快樂時光，但她的情緒仍舊起伏不定，時好時壞，因此她的經理便給她一套勵志錄音帶，要她每天聽。沒想到她的銷售業績及個人生活竟因此大獲改善。

蘿拉向來對廣播推銷極為神往，有意朝這個方向發展。但她中意的電臺沒有職位空缺，也不願給她面試機會。

那時她已領會堅持到底的訣竅，便死守在總經理辦公室門前，直到他答應讓她面試為止。看到她顯露出來的信心、決心、毅力及衝勁，經理終於點頭，答應僱用她。剛開始她就表現驚人，沒多久便遙遙領先於其他同事。

接下來是她的人生轉捩點：她跌斷了腿，幾個月之內都得上石膏、挂

拐杖，但她並沒有停下來。12 天後，她又回到電臺，並僱了一名司機載她到各指定地點去。由於上下車對她實在很不方便，她開始利用電話進行推銷和接訂單，結果業績竟大幅度的提高。

由於蘿拉的業績比其他四名推銷員的總和還高，她們於是向她討教。蘿拉向來不吝與人分享資訊，因此便將自己的方法傳授給其他推銷員。沒多久，銷售部經理辭職，大家便向上級請求，由蘿拉接任經理一職。蘿拉獲得新職位，兢兢業業，不但每天召開銷售會議，還保持自己的業績。雖然電臺銷售僅占市場的 2%，但他們每個月的營業額仍由 4 萬美元上升至 10 萬美元，全年下來，共累積達 27 萬美元！

廣播電臺的一個頻道總經理，聽說這個電臺聽眾最少，業績卻名列前茅，便邀請蘿拉到其城市主持研討會。不管她到哪裡，成果都相當顯著，因為一旦有了凝聚信心的動機，再配合顧客至上的銷售技巧，生意自然蒸蒸日上。

由於研討會的成果斐然，連鎖電臺因此聘請蘿拉擔任整個連鎖線的銷售部副總。「全國廣播協會」也邀請她到全國大會中對 2,000 名聽眾發表一場演講。雖然蘿拉從未有過演講的經驗，但她對自己及所學的技巧，都具有無比的信念。

她認認真真的準備講稿，想像自己說話的樣子，在心裡想著聽眾對她演講報以熱烈掌聲的情景。每演練完一次，她就為自己來個起立鼓掌。

那一天終於到來。她準備了一大堆演講稿，一切準備就緒。但是當她踏上講臺，耀眼的燈光卻使她很難看清楚演講稿。於是她依照心中的感想發表演說。聽眾如痴如醉，不斷以掌聲打斷她，並起立為她致敬，場面與她心裡所想像的完全一致。演講完畢，她立即受邀前往全國 18 個城市開辦研討會。

如今，蘿拉已是知名的演說家、作家，也是她自己的公司 —— 蘿拉

推銷與激勵公司的董事長。她比以往更快樂、更健康、更富裕，也更穩定。她的朋友增多了，心態平和安寧，家庭關係融洽，對未來更是充滿希望。

蘿拉的故事可以說明很多道理，但最重要的一點是：如果自身存在一些不足和危機，算不了什麼，只要信念加上訓練，可使你大幅度擺脫和克服自身的危機而成就非凡。

生活總會有困難的時候，但是死亡不可輕易嘗試。因為一旦死亡，則一切希望也就沒有了。孟子說：「天將降大任於斯人也，必先苦其心志。」人生就是一場歷練，再苦、再累、再無奈，也要咬著牙堅持下去。

生活中美好的事物不可能是現成的，等著你去享受，而是要你憑著自己的力量去追求。得來不易，才會感覺美好。自己開創，才能有所成就。這就是人生的價值、意義與內涵。

千萬別讓人生終止在一件失敗的事情上，千萬不要讓生命的光彩毀在自己手裡。生命賦予我們只有一次權利，每個被賦予了生命的人都應該珍惜生命的可貴。

為自己播下希望的種子

世事無常，我們無時無刻都會遇到困厄和挫折。遇見生命中突如其來的困難時，你都是怎麼看待的呢？

不要把自己禁錮在眼前的困苦中，眼光放遠一點，當你看得見成功的未來遠景時，便能走出困境，達到你夢想的目標。

有個突然失去雙親的孤兒，生活過得非常貧窮，今年唯一能讓他熬過冬天的糧食，就只下父母生前留下的一小袋豆子了。

但是，此刻的他，卻決定要忍受飢餓。他將豆子收藏起來，餓著肚子開始四處撿拾破爛，這個寒冬他就靠著微薄的收入度過了。

也許有人要問，他為什麼要這麼委屈或折磨自己，何不先用這些豆子充飢，熬過了冬天再說？

或許，聰明的人已經猜想了，原來在他小小的心靈裡，充滿著發了芽的嫩綠豆苗。整個冬天，在孩子的心中，充滿著播種豆苗的希望與夢想。

因此，即使這個冬天他過得再辛苦，甚至還餓昏了過去，他也不曾去觸碰那袋豆子，只因那是他的「希望種子」！

當春光溫柔的照著大地，孤兒立即將那一小袋豆子播種下去，經過夏天的辛勤勞動；到了秋天，他果然得到豐富的收穫。

然而，面對這次的豐收，他卻一點也不滿足，因為他還想要得到更多的收穫，於是他把今年收穫的豆子再次存留下來，以便來年繼續播種、收穫。

就這樣，日復一日，年復一年，種了又收，收了又種。

終於，孤兒的房前屋後全都種滿了豆子，他也告別了貧窮，成為當地最富有的農人。

在不斷前進的人生中，凡是看得見未來的人，也一定能掌握現在，因為明天的方向他已經規劃好了，知道自己的人生將走向何方。

就像故事裡的主角，即使當下貧苦挨餓，卻對未來充滿憧憬，在飢寒交迫的冬天裡，希望成為他支持下去的重要動力。

留住心中的「希望種子」，相信自己會有一個無可限量的未來，心存希望，任何艱難都不會成為我們的阻礙。

只要懷抱希望，生命自然就一定能充滿熱情與活力。

摒除雜念，才能完成人生考驗

法國文豪福樓拜（Gustave Flaubert）曾經在書中寫道：「堅強求助於你的意志力，而不要求助於天神，因為天神從來不理會人們的呼聲。」

一個人只有靠自己的意志力，摒除腦海中各種雜念，才能戰勝困難，衝破心靈的防線，踏上正確的旅途，成為最後脫穎而出的人。

蒙克夫是一位國際著名的登山家，他經常在沒有攜帶氧氣設備的情況下，成功的征服海拔 6,500 公尺以上的高峰，這其中還包括了世界第二高峰 —— 喬戈里峰。

其實，許多登山高手都以不帶氧氣瓶而能登上喬戈里峰為第一目標。但是，幾乎所有的登山好手來到海拔 6,500 公尺處，就無法繼續前進了，因為這裡的空氣變得非常稀薄，幾乎令人窒息。

因此，對登山者來說，想靠自己的體力和意志，獨立征服 8,611 公尺的喬戈里峰峰頂，確實是一項極為嚴峻的考驗。

然而，蒙克夫卻突破障礙做到了，他在接受表彰的記者招待會上，說出了這一段歷險的過程。

蒙克夫認為，在突破海拔 6,500 公尺的登山過程中，最大的障礙是心裡各種翻騰的欲念。

因為，在攀爬的過程中，任何一個小小的雜念，都會讓人鬆懈意念，轉而渴望呼吸氧氣，慢慢的讓人失去衝勁與動力，而「缺氧」的念頭也會開始產生，最終讓人放棄征服的意志，接受失敗。

蒙克夫說：「想要登上峰頂，首先，你必須學會清除雜念，腦子裡雜念越少，你的需氧量就越少，你的欲念越多，你對氧氣的需求便會越多。所以，在空氣極度稀薄的情況下，想要攻上頂峰，你就必須排除一切欲望和雜念！」

生活中最難做到的，不是尋找最後的結果，而是在尋找的路途上能不受誘惑，並奮力不懈的直達目標。

因為，任何停滯與遲疑的念頭，都會讓人忘記前進的步伐，甚至失去了起步時勇往直前的那股衝勁。

已經走到半山腰的你，還記得開始時你對自己所喊的加油聲嗎？

找回你盎然的活力，全力向前衝刺，就像蒙克夫說的，忘記所有雜念。只要堅守最初非成功不可的意志，我們最終都能完成每一項人生考驗。

蒙住了眼睛，只會盲目的過一生

在人生漫漫長河中，我們是不是都知道，在前進的道路上，一旦陷入原地踏步或盲目打轉的困頓中，你這一生便已毀滅。

人生，從「生」開始至「死」終結，如果在這其中，你只是處在混混沌沌之中「騎驢找馬」的狀態中，不斷的重新啟程，那麼，最初的夢想，就一定到達不了。

目標是圓規的一角，當它無法順利在紙上滑行時，就注定完成不了一個漂亮的圓，一旦你將它駕馭於你的手掌之下，它就只能唯命是從了。

有位作家寫過一則寓言故事，大意是說唐初在長安城西的一家磨坊裡，有一匹馬和一頭驢子是一對好朋友，馬兒每天都在外面奔波運送，驢子則在屋裡推磨。

貞觀四年，這匹馬被玄奘大師選為坐騎，要與大師一起前往印度取經。

十幾年後，這匹馬馱著佛經，回到了長安。

牠重回磨坊裡會見驢子朋友，並談起這次旅途的經歷：「你知道嗎？我經歷了浩瀚無邊的沙漠、高入雲霄的蔥嶺、凌山的冰雪、熱海的波瀾，那些像神話般的境界……」

驢子聽了大為驚奇，讚嘆的說：「你的經歷多麼豐富呀！那些遙遠的道路，我連想都不敢想啊！」

這時，老馬笑了笑說：「其實，我們走過的路程是相等的。當我向西

域前進的時候，你同樣一步也沒有停止過。我們不同的地方是，我與玄奘大師都有一個遙遠卻明確的目標，也始終按照一定的方向前進，最終我們打開了廣闊的世界。而你因為被蒙住了眼睛，一生只能繞著磨盤盲目的打轉，最終都無法走出狹隘的天地。」

夢想是我們人生的動力，目標明確則是啟動夢想的重要鑰匙。

明確的目標就像方向盤一樣，人生沒有了方向盤，我們便無法掌握前進的方向。只要我們有了方向，生活態度與實際行動便會開始改變，潛能也會跟著激發出來，一切正是為了完成我們的最終目標。

你的目標在哪裡？你確定你的失意是因為沒有機會，還是因為你根本不清楚自己的目標是什麼？

其實，我們根本不必擔心沒有機會，因為人生一定有很多機會，怕只怕你根本不知道自己的方向在哪裡，而錯失一次又一次的機會。

擦亮你的眼睛吧！找準你的目標、方向，然後大步前進，總有一天你會到達夢想的彼岸。

只要不放棄，就能看見日出

愛默生曾經在〈論自助〉中這樣寫道：「一定要信任你自己，因為每一顆心都是朝著自信這根鋼弦跳動。」

其實，你是可以成功的，真的！只要我們用無比堅定的信念與信心，給自己一個走出迷霧的理由，最後你就一定能如願以償。

意志力不堅定的人，往往畏縮、絕望，總是在困難面前被嚇倒；然而，所有奇蹟的發生，其實只靠著一個簡單的法則，只要不放棄也不退縮，就一定可以成功。

德瑞克原本是個很有抱負的學生，但是以考取大學為人生最重要目標的他，卻不幸落榜了。

　　這個結果對他是一個沉重的打擊，他從此一蹶不振，開始過起自暴自棄的生活。有一天，他走到河邊，居然起了投河自盡的念頭。

　　但是，會游泳的他卻又擔心自己淹不死，於是他走到河邊，將一顆顆鵝卵石往提袋裡塞。就在他不斷的撿拾石頭時，忽然，他發現在拾起的一顆鵝卵石身上，居然有一幅渾然天成、美妙絕倫的圖畫，天然花紋上繪著碧藍的湖泊與一隻飛翔的小鳥。

　　他不停的翻轉石頭，一會又見幾朵白雲在天際飄蕩，隱隱約約中又見兩艘帆船正航行在海天交界處。忍不住再倒過來看，竟又像是家鄉的山脈，青青的山巒令人懷念，而石頭上的黑影，就像是小鹿愉快奔跑的樣子，真是太美了，美得讓他忘了自殺這件事。

　　他認真的看著石頭，不自覺的放下了裝滿石頭的提袋，自言自語道：「這顆石頭可不能糟蹋啊！它應該被放在窗臺上，不，應該再做一個玻璃盒將它放好，還要在玻璃盒裡墊上一塊紅色的金絲絨才對。」

　　他不斷的幻想著，想像著年老的雙親將對著他發現的石頭如何讚嘆；想像著熱愛收藏的克拉克老先生將會出現在他的家門口，不停的請求他割愛。德瑞克還出神的想：「我才不要賣給他呢！」

　　看著這顆美麗的鵝卵石，他忽然想到：「是的，我還要把上面的圖案畫在紙上，這樣的色彩肯定沒有人調得出來，只有我行！」

　　就這樣，他下定了決心要成為偉大的畫家。

　　太陽快要下山了，德瑞克一個翻身躍起，想到自己原本要投河的念頭，不禁大笑起來：「誰說我要死，我才不想死呢！想想，生活是那樣美好，還有好多事等著我去做，還有好多好運氣正等著我，爸爸媽媽也正盼望著我的畫展……」

　　重新找回了信心和希望，他精神抖擻的朝著家的方向前進：「我死了肯定有愧於人，因為這個世界就會少了一位傑出的畫家！」

28 歲時，德瑞克果然成為著名的畫家之一。

宗教改革家馬丁路德（Martin Luther）曾經如此寫道：「最終衡量一個人是否成功，不是看他一帆風順的時候做什麼，而是看他在艱苦和困難的時刻，是否懂得用坦然的遼闊心胸去面對！」

你是否曾經也因為遭受打擊而將自己已踏入的步伐又邁回一步，而返回原點了呢？

與困難共舞，而不是把困難視為令你萌生退意的藉口，迷失在人生的十字路口中。生命從來不容畏縮不前的人，只有拾起已經破碎的心，從淚眼中再一次辨清前方的路，才能登上山巔成為當之無愧的勝者。

在絕望之中為自己留下一點希望之光

人生是你自己的，為何要在茫茫人海中彷徨呢？生命是你自己的，何必得從漫漫人生路中替自己殺出一條死路呢？

再大的失敗都不必心生恐懼，只要你的人生還在延續，就不至於絕望到無力前進。

有一位商人，最初繼承父業做珠寶生意，但他缺乏先輩對珠寶行業的明察秋毫，經營入不敷出，幾年時間，就將父親留下的全城最大的珠寶店賠光了，只好將珠寶店關門變賣。

他認為自己不是缺乏經營才幹，而是珠寶行業投資大、技術性強、陷阱多、風險大，他決定改行做服裝生意，認為服裝生意週期短，資金流動快，不需要很深的專業知識，肯定能成功。於是，他變賣了部分家產，開了一家服裝店。可是，他每次進的服裝款式，都比市場流行的慢一拍，經常造成貨量積壓，資金周轉不靈，過了三年，他已經沒有資金購買貨源，引進新款服裝了。他只好變賣了服裝店。

變賣了服裝店之後，他認為服裝流行趨勢變化太快，自己不敏感，不

適合做服裝生意。於是他將剩餘不多的資金，開了一家餐館。他想，這種簡單的生意不會再賠了。可是，他又錯了。他眼睜睜的看著鄰家餐館賓客盈門，而自家餐館門可羅雀。最後，連員工也紛紛跑到別的餐館去了，只剩下他一個人孤孤零零的面對失敗。

後來，他又嘗試做了化妝品生意、鐘錶生意等，都無一例外的失敗了。這個時候，他已經 50 多歲了。從經營父親留下的珠寶店至今，近 30 年的時間全被失敗占滿，寶貴的青春年華也已凋謝，斑白的雙鬢使他相信，他沒有絲毫的經商才能，他不應該經商。

在盤點自己的人生的時候，他感到很絕望。他覺得自己的人生已經沒有可以起死回生的任何機會了，生命不再發光。他想，既然自己已沒有能力創業了，那就替自己買塊墓地留著，等到自己謝世時，也算有個歸宿。他盤算了自己的家底，用剩餘的錢為自己買了一塊墓地。

墓地所在是一片極其荒僻的土地，離城有 5 公里，有錢的人，甚至沒多少錢的人，也不會到這麼荒涼的地方來買墓地。

可是奇蹟發生了。就在他辦完這塊墓地產權手續的一個月後，這座城市公布了一項環城高速公路的建設計畫。他的墓地恰恰處在環城路內側，緊靠一個十字路口。公路兩旁的土地一夜之間價格倍增，他的墓地更是漲了好多倍。結果，他發財了。

他做夢也沒有想到，自己的絕望之舉卻成了為他帶來最大利潤的投資。他靈機一動，自己為何不做房地產生意呢？說做便做。他賣了這塊墓地，又購買了一些他認為有升值潛力的土地。

僅僅過了 5 年，他成了全城最大的房地產業主。

這個最終以房地產業功成名就的商人為自己留下的墓誌銘是：「機會時常意外的降臨，但屬於那些永不言棄的人。」

只有在每一個絕望之中為自己留下一點希望之光的人，才能讓生命的終點燦若夏花。

PART TEN
當心情備感壓抑時 —— 做心情的主人

心中若無煩惱事，便是人生好時節。人活的就是心情。生於
塵世，每個人都不可避免的要經歷苦雨淒風甚至亂石橫飛。面對
艱難困苦，放鬆壓抑的心情，好心情就是一種好心態，它能讓你
的生命煥發光彩。

不為遇到的麻煩而心煩

不要讓一時的不如意困擾你，笑一笑，你會發現，天大的問題終究有解決的方法。

用幽默的心情看待人生，其實正是我們應有的生活態度，遇到倒楣事的同時，如果都能放鬆心情，那麼，面對人生過程中的起起伏伏，我們不僅能輕鬆應對，更能在霉運當頭時，盼到轉機的到來。

有一天，魯賓斯下班後，攔了一輛計程車搭乘，一坐進車時，他便感受到這位司機一定是個非常樂觀的人。

因為，司機先生一會吹口哨，一會播放《窈窕淑女》的插曲，魯賓斯見他如此快樂，羨慕的說：「你今天心情真好！」

司機先生笑著說：「當然啦！為什麼要心情不好呢？」

魯賓斯微笑著回應：「說得也是！」

然而，司機先生接著又說：「其實，我是因為悟出了一個道理，發現情緒暴躁或低落，對自己一點好處也沒有，更何況，凡事都會出現轉機嘛！」

魯賓斯聽見司機這麼說，好奇的問：「怎麼說？」

司機緩緩的回答說：「有一天早上，我照常開車出門，本來想趁著上班尖峰時間多賺點錢，但情況卻未如預期那麼好，再加上那天的天氣非常寒冷，車子才上路沒多久居然爆胎了，當時我整個人情緒頓時掉到谷底。接著，我拿出了工具要換輪胎，但是，因為天氣實在太冷了，我更換輪胎的過程非常不順利。」

司機故弄玄虛的停頓了一下，接著說：「就在這個時候，有個路過的卡車司機從卡車上跳下來，一言不發的上前來幫我，而且完全不必我動手，這個陌生的卡車司機很快的把輪胎換好。當我向他表示謝意，想給予酬謝時，只見他輕輕的揮了揮手，旋即跳上卡車便離開了！」

司機先生笑著說：「這個陌生人的幫忙讓我一整天的心情都很好，也讓我從此開始相信，人不會永遠都在倒楣。在輪胎問題解決後，我的心似乎也打開了，而好運似乎也跟著進門，那天早上乘客一個接著一個，生意也比其他人多一倍呢！所以，遇到麻煩，不必心煩，生活不會永遠都在不如意之中，因為事情總會有轉機！」

就像故事裡的司機所言：「生活不會永遠都在不如意之中。」

相信事情一定會有轉機，其實也是一種樂觀的心理暗示力量，當司機明白這個道理之後，他的心中自然充滿自信，他相信，人生一如日出日落，黑暗過後必然是黎明。

生活態度樂觀的人，就會相信機會隨時都會出現，即使遇到困難也不會埋怨，因為他知道，風雨過後就是豔陽高照的好天氣，既然好運必將來到，就沒有必要給自己太多煩擾。

你認為呢？還有必要因為眼前的不如意生氣嗎？

不要讓一時的不如意困擾你的心情，笑一笑，你會發現，天大的問題終究有解決的方法。

地球一直都在轉動著，從未停止過，我們面對的問題不也如此，凡事都會有轉變，只要能樂觀以對，終究會讓你等到好運到來的時候。

以笑聲面對殘酷的命運

生命是一個過程，也是一種體驗，我們用柔弱敏感的觸角，體驗著春夏秋冬，體驗著人情冷暖。在這個剛柔相濟、有愛有恨的國度裡，追逐著我們完整且美麗的人生。

英國詩人雪萊（Percy Bysshe Shelley）說過：「微笑，實在是仁愛的象徵，快樂的泉源，親近別人的媒介。」既然如此，我們有什麼理由不讓生活充滿笑聲，學會用微笑面對一切呢？

凱倫·白烈森（Karen Blixen）從非洲返回丹麥後，不但成為一位享譽歐美文壇的女作家，而且在她去世40多年後的今天，她和比她早出世80年的安徒生並列為丹麥的「文學國寶」。她的作品是國際學者研究的項目之一，幾乎每一、兩年便有英文及丹麥文的版本出現。她的故居也成了「凱倫·白烈森博物館」，前來瞻仰她故居的遊客大部分是她的文學崇拜者。

凱倫·白烈森離開非洲的那一年，她可以說是什麼都沒有的一個女人，有的只是一連串的厄運：她苦心經營了18年的咖啡園因長年虧本被拍賣了；她深愛的英國情人因飛機失事而斃命；她的婚姻早已破裂，前夫再婚；最後，連健康也被剝奪了，多年前從丈夫那裡感染到的梅毒發作，醫生告訴她，病情已經到了藥物不能控制的階段。

回到丹麥時，她可說是身無分文，除了少女時代在藝術學院學過畫畫以外，無一技之長。她只好回到母親那裡，依賴母親，她的心情簡直是陷落到絕望的谷底。

在痛苦與低落的狀況下，她鼓足了勇氣，開始在童年老家伏案筆耕。

一個黑暗的冬天過去了，她的第一本作品終於脫稿，是七篇詭異小說。

她的天分並沒有立刻受到丹麥文學界的欣賞和認可。她的第一本作品在丹麥飽嘗閉門羹；有的甚至認為，她故事中所描寫的鬼魂，簡直是頹廢至極。

凱倫· 白烈森在丹麥找不到出版商，便親自把作品帶到英國去，結果又碰了一鼻子灰。英國出版商很禮貌的回絕她：「男爵夫人（凱倫·白烈森的前夫是瑞典男爵，離婚後她仍然有男爵夫人的頭銜），我們英國現時有那麼多非常優秀的作家，為何還要出版妳的作品呢？」

凱倫·白烈森頹喪的回到丹麥。她的哥哥驀然想起，曾經在一次旅途中認識了一位在當時頗有名氣的美國女作家，毅然把妹妹的作品寄給那位

美國女作家。事有湊巧，那位女作家的鄰居正好是個出版商，出版商讀完了凱倫·白烈森的作品後，大為讚賞的說，這麼好的作品不出版實在是太可惜了。她願意為文學冒險。1943 年，凱倫·白烈森的第一本作品《七個奇幻的故事》終於在紐約出版，一鳴驚人，不但好評如潮，還被「本月書籍俱樂部」選為該月之書。當消息傳到丹麥時，丹麥記者才四處打聽，這位在美國名噪一時的丹麥作家到底是誰？

凱倫·白烈森在她行將 50 歲那年，從絕望的黑暗深淵，一躍而成為文學天際一顆閃亮的星星。此後，凱倫·白烈森的每一部新作都成為名著，原文都是用英文書寫，先在紐約出版，然後再重渡北大西洋回到丹麥，以丹麥文出版。凱倫·白烈森在成名後說：「在命運最低潮的時刻，我和魔鬼做了個交易。」她效仿歌德筆下的浮士德，把靈魂交給了魔鬼，作為承諾，讓她把一生的經歷都變成了故事。

「人生愁恨何能免」，面對殘酷的命運，我們要做到精神不倒，用微笑以對，讓前方的星星照亮我們的前程。

用自己的堅強守住生命的永遠鮮活，即使孤苦淒然也要昂起不屈的信念，這是怎樣的一種心態，是豁達的人生，更是命運的主宰。

沮喪，常常讓你錯失良機

天助自助者，當你懂得把握眼前的機會時，機會才會幫助你發揮所長。就像放風箏一樣，如果你不懂得抓住起風的時機，又如何能讓風箏飛得又高又遠呢？

機會總是會眷顧你的，但是你要控制好抓住它的心情，別讓自己不經意的就陷入沮喪中難以自拔，讓機會從你身邊擦身而過。

有個美國麻省理工學院的畢業生，名叫奧斯卡。

他將舊式的探礦器、電流計、磁力計、示波器、電子管和其他儀器重

新設計組合，發明了一種可以勘探石油的新式儀器。他還實際運用這款新式儀器，在美國西部的沙漠地區探勘到了石油。但是，幾個月後，委託他探勘石油的公司卻因無力償付積欠的債務而宣告破產。

於是，奧斯卡被迫踏上歸途。在沮喪的情緒下，他站在奧克拉荷馬城的火車站前，面對未來，一股消極的情緒將他緊緊的籠罩著。

由於他比預定搭乘的時間早到了好幾個小時，為了排解煩悶，就本能的在火車站旁架起他的新式探礦儀器，藉以消磨時間。

沒想到當他搭架好後，儀器上的指示針竟清楚的顯示出，該車站地下竟然蘊藏著非常豐富的石油。

但是，對於正遭受打擊的奧斯卡來說，他完全不相信老天爺會在此刻眷顧他，他對自己鬧起了脾氣，一怒之下還將儀器給踢了。

「這裡不可能有那麼多石油！不可能！這絕對是不可能的事！」他十分煩躁的喊著。

然而，就在不久之後，人們真的發現了奧克拉荷馬城地下蘊藏著豐富的石油，甚至可以誇張的說，這個城市根本就是漂浮在石油之上的。但是，這個油田的發現者卻不是奧斯卡。

錯失良機的奧斯卡事後才悔恨不已的說：「機會真的稍縱即逝。」低沉的情緒只會讓你一味的懷疑自己的能力，使你駐足不前不願去開啟成功之門。

別再讓機會白白溜走，保持好的心情，給自己多一點信心，如果再像從前那麼錯過的話，恐怕真的沒有什麼輝煌會為你等候了。

向下比較

生活的差別無處不在，而這往往替人生的快樂打了不少折扣。然而，凡夫俗子，哪個不為更好的生活而心動呢？就算是道人法師，也要三聲「阿彌陀佛」，才能鎮住自己的欲望和邪念。

　　換一種思維模式呢？別專挑自己的弱項、劣勢去比人家的強項，優勢，比得自己一無是處，心情消沉，那樣多累。把眼光放低一點，學會俯視，多往下比一比，生活想必會多一分快樂，多一分滿足。

　　在印度，一些建築工人在蓋樓房，房頂上剩了很多磚，老闆對一個工人說，你上去把那些磚弄下來。這個工人很聰明，他做了一個定滑輪固定在房檐上，用一根結實的繩子繞過滑輪，一頭繫著一個大筐，另一頭繫在地上，然後他就往筐裡裝磚，裝了滿滿一筐磚。他下到地面後解開了繫在地上的繩子，災難就發生了，這筐磚比他的體重要重，人一下子被筐拉起來了，在中間他遇到了急速下降的筐，筐正向他頭上砸來，他一偏腦袋，筐砸斷了他的左鎖骨。筐繼續下降，這個工人繼續上升，升到最高處的時候，他的手指卡在滑輪槽裡，卡斷了兩根手指，這時筐摔到了地上，磚頭落了一大堆。筐變輕了，筐往上升，人往下降，在中間他又被筐撞上了，撞斷了兩根肋骨。他再往下降，坐在亂磚堆上，把屁股又給摔爛了。這個工人手一鬆，筐掉下來正好砸在他的頭上，把他砸昏過去了。

　　一共有五個傷害他的機會，他一個不漏的全部趕上了。如果你遇到倒楣事，就跟這個印度建築工人比一比，你比他好多了！當你抱怨因貧窮而沒有鞋穿的時候，有人還沒有腳呢！

　　人什麼時候會快樂？當發現別人比自己差的時候。雖然自己有不盡如人意的事情，但是與更倒楣的人相比，自己還是幸運的。

　　若是因病住院了，入院的時候肯定會比較憂愁，但你也許應該為自己是所有病人中病得最輕的而高興。

　　原來人在什麼時候高興？在發現別人比自己更差的時候。所以我們應該懂得這樣一個快樂的道理：向下比較。比上不足，比下有餘。

　　向下比較的目的是為了讓心樂觀，不是詛咒別人更差。不是幸災樂禍別人的不幸，而是對自己的狀態知足。

　　打開心門，讓自己從心底微笑。當你心有不快的時候，別忘了眼下還有更不盡如人意的事在發生呢！

感恩獲得好心情

　　西方有一則格言是，懷著愛心吃菜，勝過懷著恨吃牛肉。

　　人總是抱怨自己的沒有，忘記自己的擁有。在抱怨之中，讓牢騷與煩惱折磨自己的肉體和精神，最後失去快樂與健康，最後的抱怨將會增加。

　　在感恩節那天，你向所有曾經幫助、支持、愛護過你的人發一則簡訊：感謝你在什麼什麼事情上對我的關照。你發一則簡訊，別人就會發三則，連鎖反應，今年的感恩節大家過得相當愉快，人際關係就變得和諧。你要是不感恩，別人就不再為你做事了，命運之神也不再幫你了。感恩獲得好心情。

　　一位中年女士有過這樣一段感觸人心的經歷：20 歲以前，她是一個任性的女孩，由著自己的性子自然成長，自小習畫，愛好文學，經常會有詩歌散文在報刊上發表，是一個多愁善感的文靜女孩。

　　30 歲時，她是一個自信的女孩，聰明好學善良活潑，很快就找到了自己的職業定位，完美主義的做事風格得到了足夠的信任，從一個企業報編輯，成長為一個大型電力企業的中層管理人員，在更替六屆主管的過程中平穩前進，擔任辦公室主任和董事會祕書。她與先生在同一公司工作，但是，他們沒能很好的協調工作和生活的關係，先生的大男人主義多些，她背負工作生活雙重壓力，卻得不到理解和呼應，於是她選擇了分手。

　　女人是感情動物，當真正面對婚姻的失敗以後，她便覺得事業上的成績是「虛假的繁榮」，毫無意義。於是她又選擇了逃避，與公司簽訂了兩年的學習合約，進修 MBA，希望透過念書調整心態，適應生活。去年一年，她都在各地奔波，每到週末都會回家看一下讀小學的孩子。

　　她的全部樂趣在孩子，全部閒暇在讀書，全部宣洩在寫作，全部恐懼

在夢裡。她看不到未來，但必須迎接未來 —— 有生以來第一次感到對命運束手無策。

不過，她想想自己的處境也不是很壞，至少有一個聰明乖巧的孩子，至少還有一個氣質尚佳的外表，至少有一個安靜的性格，至少有一份穩定的收入，至少能夠讀書學習，除了缺少一副可以依靠的肩膀，她還有什麼不滿足的呢？

世界上有這麼多的好風景，都是為誰造的？你只要看到了，就是為你造的。

「莫問鐘聲為誰而鳴，不是為別人，正是為你。」（英國名句）鐘聲在報告時間，誰聽到了為誰而敲，心中擁有感恩，滿足裝滿心中。

法國的羅浮宮是為誰存在的？是為你我存在的。因為有一天你我都會看到它。

用心體驗細節，就會充滿快樂。

「為一、二感恩」，人生不如意十有八九，記住一、二，忘卻八、九。你注意到了的事情，對於你來講是發生了的事情，與其抱怨黑暗，不如點亮蠟燭。

當陽光從天上灑下來的時候，總有照不到的地方。把眼睛投向有陽光的地方，如果你無能為力，就避開黑暗的地方。

對選擇投入

你還在自己已經選擇了的道路上徘徊，徘徊多久了呢？別再徘徊了，因為人生沒有太多的時間可以讓你浪費在舉棋不定的徘徊中。看見別人全心為自己的選擇而投入了嗎？他們可以，你也可以！

如果對所做的事情有興趣，就會獲得好心境，有了好心境，成功就在你眼前。

日本帝國飯店的創始人，在年輕時，就夢想自己未來能夠經營一家飯店，所以不遠千里坐了兩個月的船，到英國去學習「旅館經營」。

他剛到英國時，首先的工作就是擦玻璃，他很不服氣的想：「要擦玻璃，我不會留在日本擦嗎？為什麼要大老遠跑來學擦玻璃？」這使他感到非常沮喪。

直到有一天，他看到一位英國人一邊吹口哨，一邊擦玻璃，把玻璃擦得發亮，就好奇的問他：「擦玻璃有什麼值得高興的？」

那個英國人回答：「你看看我擦的玻璃，照亮了每一個路過的人，而你擦的玻璃卻一點都不明亮。」語畢，他恍然大悟，原來做任何事情都要熱心、徹底、全心投入，這樣才能做得好，做得愉快。

人的一生，就像一趟旅行，沿途中有數不盡的坎坷泥濘，也有看不完的春花秋月。如果我們的一顆心總是被灰暗的風塵所覆蓋，乾涸了心泉，黯淡了目光，失去了生機，喪失了鬥志，我們的人生軌跡豈能美好？而如果我們能保持一種健康向上的心態，即使我們身處逆境、四面楚歌，也一定會有「山重水複疑無路，柳暗花明又一村」的那一天。

如果你希望生活有所改變，最簡單的方法，就是從這一刻起珍惜光陰，並認真的對待我們所經歷的每一件事情。《聖經》上有句話說：「凡經我手更加美好。」如果你願意去實踐，相信你的生活一定更快樂、更有意義。

擁有燦爛心態的人，才是健康的人。

只有健壯的身體，而心態陰暗、狹隘，就不能算是成為了一個健康的人。

是否擁有好的心情，與年齡、職業，貧富無關，完全取決於個人。有人年輕，他的心老了；有人老了，他的心卻還年輕。

愛你的仇人

　　根據雜誌的報導，報復會損害你的健康。「高血壓患者最主要的特徵就是容易憤慨，」雜誌上說，「憤怒不止的話，長期性的高血壓和心臟病就會隨之而來。」

　　現在你該明白耶穌所謂「愛你的仇人」，不只是一種道德上的教訓，而且是在宣揚一種 20 世紀的醫學。他是在教導我們怎樣避免高血壓、心臟病、胃潰瘍和許多其他的疾病。就如莎士比亞所說的：「不要因為你的敵人而燃起一把怒火，熱得燒傷你自己。」

　　喬治·羅納在維也納當了很多年律師，但是在第二次世界大戰期間，他逃到瑞典，一文不名，很需要找份工作。因為他能說並能寫好幾國語言，所以希望能夠在一家進出口公司裡，找到一份祕書的工作。絕大多數的公司都回信告訴他，因為正在打仗，他們不需要用這一類的人，不過他們會把他的名字存在檔案裡等等。不過有一個人在回給喬治·羅納的信上說：「你對我生意的了解完全錯誤。你既錯又笨，我根本不需要任何替我寫信的祕書。即使我需要，也不會僱請你，因為你甚至連瑞典文也寫不好，信裡全是錯字。」

　　當喬治·羅納看到這封信的時候，簡直氣得發瘋。於是喬治·羅納也寫了一封信，目的要想使那個人大發脾氣。但接著他就停下來對自己說：「等一等，我怎麼知道這個人說的是不是對的？我修過瑞典文，可那並不是我家鄉的語言，也許我確實犯了很多我並不知道的錯誤。如果是這樣的話，那麼我想得到一份工作，就必須再努力學習。這個人可能幫了我一個大忙，雖然他本意並非如此。他用這種難聽的話來表達他的意見，並不表示我就不虧欠他，所以應該寫封信給他，在信上感謝他一番。」

　　於是喬治·羅納撕掉了他剛剛已經寫好的那封罵人的信，另外寫了一封信說：「你這樣不嫌麻煩的寫信給我實在是太好了，尤其是你並不需要

一個替你寫信的祕書。對於我把貴公司的業務弄錯的事我覺得非常抱歉，我之所以寫信給你，是因為我向別人打聽，而別人把你介紹給我，說你是這一行的領導人物。我並不知道我的信上有很多文法上的錯誤，我覺得很慚愧，也很難過。我現在打算更努力的去學習瑞典文，以改正我的錯誤，謝謝你幫助我走上改進之路。」

不到幾天，喬治·羅納就收到那個人的信，請羅納去找他。羅納去了，而且得到了一份工作。喬治·羅納由此發現「溫和的回答能消除怒氣」。

我們也許不能像聖人般去愛我們的仇人，可是為了我們自己的健康和快樂，我們至少要原諒他們，忘記他們，這樣做實在是很聰明的事。

不要因憤怒使自己瘋狂，在你想發怒之前，不妨先想兩個問題：這值得嗎？難道自己一點包容的心都沒有了嗎？你憤怒的心，或許會有另外一種感覺。

洗滌心靈，快樂的生活著

生活就是心靈的修練場，想要改變自己，應從改變自己的心開始，而不是築造虛華的白瓦紅牆。

學會洗滌心靈的人，懂得永保快樂的進行自己的生活，他們讓自己每日都遇見好心情，在飄浮的空氣裡輕輕鬆鬆的笑顏逐開！

埃及國家博物館有一件奇怪的展品。一只用精美白玉雕刻的匣子，大小約和常用的抽屜差不多，匣內被十字形玉柵欄隔成四個小格子，潔淨通透。

玉匣是在法老的木乃伊旁發現的，當時匣內空無一物。從所放位置看，匣子必是十分重要，可它是盛放什麼東西用的？為什麼要放在那裡？寓意何在？誰都猜不出。這個謎，在很長一段時間內，讓考古學家

們百思不得其解。

後來，在埃及中部盧克索的帝王谷，在卡爾維斯女王的墓室中，發現了一幅壁畫，才破解了玉匣的祕密。

壁畫上有一位威嚴的男子，正在操縱一架龐大的天平。天平的一端是砝碼，另一端是一顆完整的心。這顆心是從一旁的玉匣子中取出的。埃及古老的文化傳說中，有一位至高無上的美麗女性，名叫快樂女神。快樂女神的丈夫是明察秋毫的法官。每個人死後，心臟都要被快樂女神的丈夫拿去稱量。

如果一個人是歡快的，心的分量就很輕。女神的丈夫就引導那有著羽毛般輕盈的心的靈魂飛往天堂。如果那顆心很重，被諸多罪惡和煩惱填滿皺褶，快樂女神的丈夫就判他下地獄，永遠不得見天日。

原來，白玉匣子是用來盛放人的心靈的。看來心輕者可以上天堂。

自己的心是輕還是重，恐怕等不及快樂女神的丈夫用一架天平來稱量，那實在太晚了。呼吸已經停止，一生蓋棺定論，任何修改都已沒有空白處。

在我們還能微笑和努力的時候，就把心上的累贅一一摘掉。我們不希圖來世的天堂，只期待今生今世，此時此刻朝著愉悅和幸福的方向前進。

別為從未擁有的東西憂鬱

人為什麼會鬱鬱寡歡呢？因為，世界太大，裝載的東西太多，人們追求的東西也在不斷的增多。

讓心情舒緩，快樂是憂鬱的天敵，即使現在的你還不認為有資格享受自己的歡樂，至少你也應該好好把握眼前的歡樂，不為外物所牽絆的，簡簡單單的一點歡樂。

擁有健康，生命也就擁有了最大的財富，這不是錢財可以衡量的。你

之所以不快樂，是因為你永遠追求著你所沒有的東西，而遺忘了你所擁有的美好事物。

某機關一個小公務員一直過著安分守己的日子。有一天，他忽然得到通知，一位從未聽說過的遠房親戚在國外死去，臨終指定他為遺產繼承人。

那是一個價值萬金的珠寶商店。小公務員欣喜若狂，開始忙碌著為出國做種種準備。待到一切就緒，即將動身，他又得到通知，一場大火燒毀了那個商店，珠寶也喪失殆盡。

小公務員空歡喜一場，重返機關上班。他似乎變了一個人，整日愁眉不展，逢人便訴說自己的不幸。

「那可是一筆很大的財產啊，我一輩子的薪水還不及它的零頭呢。」他說。

「你不是和從前一樣，什麼也沒有丟失嗎？」他的一個同事問道。

「這麼一大筆財產，竟說什麼也沒有失去！」小公務員心疼得叫起來。

「在一個你從未到過的地方，有一個你從未見過的商店遭了火災，這與你有什麼關係呢？」這個人看得很開。

不久以後，小公務員死於憂鬱症。

失去與擁有全在一念之間。這位公務員為了他從未擁有過的商店而憂鬱，竟連命都賠上了。不是擁有就是錯誤，而是說如果一味的貪戀未曾擁有過的東西，那絕對是一大錯誤。

別讓自己為那些無謂的東西而悶悶不樂，那終是虛無縹緲的，沒有它，不是一樣可以安安心心的活下去嗎？甚至會活得更輕鬆、更美好。

穿透靈魂的微笑

　　心情就像磁鐵，不論我們的思想是正面抑或是負面的，我們都受到它的牽引。而思想就像輪子一樣，讓我們朝著一個特定的方向前進。

　　也許我們無法改變人生，延續生命，但我們可以改變人生觀；也許我們無法改變環境，融化痛苦，但我們可以改變心境。

　　好的心境，是一種生活態度，更是我們可以奉為座右銘的處世法則。它可以讓我們的苦惱在不知不覺中消解，讓生命的最後一刻也耀眼生輝。

　　非洲的一座火山爆發後，隨之而來的土石流狂瀉而下，迅速流向坐落在山腳下不遠處的一個小村莊。農舍、良田、樹木，一切的一切都沒有躲過被毀的劫難。

　　滾滾而來的土石流驚醒了睡夢中的一位 14 歲的小女孩。流進屋內的土石流已上升到她的頸部。小女孩只露出雙臂、頸和頭部。及時趕來的搶救人員圍著她一籌莫展。因為對於遍體鱗傷的她來講，每一次拉扯無疑是一種更大的肉體傷害。

　　此刻房屋早已倒塌，她的雙親也被土石流奪去生命，她是村裡為數不多的倖存者之一。

　　當記者把攝影機對準她時，她始終沒叫一個「疼」字，而是咬著牙微笑著，不停的向搶救人員揮手致謝，兩手臂做出表示勝利的「V」字形。她堅信政府派來的救援部隊一定能救她。可是搶救人員最終也沒能從固若金湯的土石流中救出她。而她始終微笑著揮著手，直到身體一點一點的被土石流所淹沒。

　　在生命的最後一刻，她臉上沒有一點痛苦失望的表情，反而洋溢著微笑，而且手臂一直保持著「V」字形狀。

　　那一刻彷彿延伸一個世紀，在場的人都含淚目睹了這莊嚴而又悲慘的一幕，心裡無不充滿了悲傷。世界靜極，只見靈魂獨舞。

死神可以奪去人的生命，卻永遠奪不去在生死關頭那個「V」字所蘊含的精神。

穿透靈魂的微笑，常常在生命邊緣蘊含著震撼世界的力量，讓生命所有的苦難如輕煙一般飄散。

人類最壞的敵人，是以沮喪的心情來懷疑自己的生命。其實生命中的一切事情，全靠我們的勇氣，全靠我們對自己的信仰，全靠我們自己對自己有一個樂觀的態度。唯有如此，方能成功。

讓煩惱也變得快樂起來

有人說過：「常保快樂在心中，我認為這是我長壽的要訣，我要在笑中去世，這是我的計畫之一。」

若要永遠保持快樂，我們絕對不可以讓自己的精神變得衰老、遲鈍或疲倦，我們絕不可失去樂觀的心態。重要的祕訣是，擁有清澈的心靈，可以在平凡中窺見快樂和希望的眼神。

英國有一個天生樂觀的人，從不拜神，令神不開心，因為神認為他在向自己的權位挑戰。

他死後，為了懲罰他，神便把他關在很熱的房間。七天後，神去看望這位樂觀的人，看見他非常開心。神便問：「身處如此悶熱的房間七天，難道你一點也不辛苦？」樂觀的人說：「待在這間房子裡，我便想起在公園裡晒太陽，當然十分開心啦！」（英國一年難得有好天氣，一旦晴天，人們都喜歡去公園晒太陽。）

神不甘心，便把這位快樂的人關在一間寒冷的房間。七天過去了，神看到這位快樂的人依然很開心，便問他：「這次你為什麼開心呢？」這位快樂的人回答說：「待在這寒冷的房間，便讓我聯想起耶誕節快到了，又要放假了，還要收很多聖誕禮物，能不開心嗎？」

神不甘心,便把他關在一間陰暗又潮濕的房間。七天又過去了,這位快樂的人仍然很高興,這時神有點困惑不解,便說:「這次你能說出一個讓我信服的理由,我便不為難你。」這位快樂的人說:「我是一個足球迷,但我喜歡的足球隊很少有機會贏。可有一次贏了,當時就是這樣的天氣。所以每遇到這樣的天氣,我都會高興,因為這會讓我聯想起我喜歡的足球隊贏了。」

神無話可說,讓這位快樂的人自由了。

沒有什麼能打敗樂觀的人,因為他總會在生活中找到開心的竅門:煩惱和快樂都是自己的感覺,只是自己的感覺。因此他才會輕而易舉的找到快樂,甚至讓煩惱也變得快樂起來。

在接踵而至的不幸中,仍能示人以如花般的微笑,更能讓人深深感受到那種蘊含在微笑後面無可比擬的力量 —— 那是一種對生活極大的熱忱和信心,一種高格調的真誠與豁達,一種直面人生的成熟與智慧。這才是支撐起幸福的基石。

笑對失敗是對失敗最有力的回應

我們的臉部表情是我們內心世界情緒波動的晴雨表。可以想像出,一個不善於微笑,整天肌肉緊張的人,一定是生活在壓力之下痛苦不堪的人,無論這種壓力是積極的還是消極的。

真正自信和開心的人,有發自內心的樂觀心態。只有具備了這種淡然如雲微笑如花的人生態度,那麼困難和不幸都能被錘鍊成通向幸福的階梯。

住在英國南特郡的凱恩斯,向他的朋友寫了一封信,後來這封信在網路上廣為流傳。

「很小的時候,考入劍橋就是我的理想,為了這個理想,我傾注了自

己全部的心血，我所付出的極大努力使我堅信在劍橋定有我的一席之地，根本不可能發生意外。然而龐大的失望出現了。得知我沒有被劍橋錄取的消息，我覺得整個世界都粉碎了，覺得再沒有什麼值得我活下去。我開始忽視我的朋友，我的前程，我拋棄了一切，既冷淡又怨恨。我決定遠離家鄉，把自己永遠藏在眼淚和悔恨中。

「就在我清理自己物品的時候，我突然看到一封早已被遺忘的信—— 一封已故的父親給我的信。信中有這樣一段話：『不論活在哪裡，不論境況如何，都要永遠笑對生活，要像一個男子漢，承受一切可能的失敗和打擊。』

「我將這段話看了一遍又一遍，覺得父親就在我身邊，正在和我說話。他好像在對我說：『撐下去，不論發生什麼事，向它們淡淡的一笑，繼續過下去。』

「於是，我決定從頭再來。我坦然面對失敗，並從中汲取營養。

「我一再對我自己說：『事情到了這個地步，我沒有能力改變它，不過只要心存希望，我就會有美好的生活。』現在，我每天的生活都充滿了快樂，儘管沒有進入劍橋，儘管我又重遇了若干次的失敗。我已經明白：笑對失敗才是對失敗最有利的回應，而一味的哭泣只能讓失敗愈加囂張。今天，這種積極的心態已經為我帶來了極大的成功。」

失敗有時就像落在屋裡的塵埃，只須輕輕一揮，你就會擁有一個清淨亮麗的開始，一個清淨亮麗的人生。

沒有笑對一切的心，就會對苦樂過於執著，對成敗過於掛懷，便難以苦中作樂，品嘗生命的真味。

生命並不漫長，不要讓失敗絆住我們前進的腳步，不要讓瑣碎的苦惱浪費我們寶貴的時光。讓我們一生中的每一天都快樂得無與倫比。

自尋煩惱，日子當然充滿苦惱

人一生下來，真實便一直朝著生活的軌道前進。

有許多人都覺得自己的日子很不幸福，甚至充滿苦惱和陰暗。那是因為，我們經常把「幸福的日子」物化了，為了「尋找幸福的日子」，我們鑽進「金錢」或「物質」的死胡同裡，自尋煩惱。

如果你習慣從我們的日子中鑽牛角尖，那就無藥可醫了。

有位智者的朋友，擁有一棟全村最豪華的別墅，每個人都以為，他的生活如此富裕，應該不會有任何不滿。

但是，當智者拜訪這位朋友時，卻發現他看起來悶悶不樂。

智者關心的問：「你怎麼了，什麼事令你不快樂呢？」

朋友說：「你有沒有看到，對面那棟剛蓋起來的新房子？」

智者往窗外一看，果然看到了一棟很大的花崗岩別墅。

朋友說：「自從對面蓋了那棟豪宅後，我幾乎失去了所有的快樂，你一定無法感受到我的人生有多麼悲慘。從清晨起床到夜晚入睡，我都會看見那棟房子，甚至做夢也會夢到，更慘的是，我經常從惡夢中驚醒！」

智者說：「這就奇怪了，你現在什麼事情也沒有發生啊？而且同樣住在這麼豪華的房子裡，為什麼從前那麼快樂，現在卻不行？更何況你的快樂和痛苦，與你的鄰居有什麼關係呢？」

朋友說：「你沒看見他的房子比我的豪華嗎？」

智者搖了搖頭，說：「你現在被鄰居的豪宅所折磨，也許你的鄰居正因為你的大房子忍受了長久的折磨，這才把房子蓋得比你的豪華呀！」

朋友聽了智者的話，認真的想了想，就在這個時候，對面的鄰居走了進來，要邀請他們共進晚餐。

智者立刻答應了，但朋友卻回答說：「喔！不行，今天實在很忙，我晚上還有個約會！」

等鄰居失望的走了之後，智者不解的問他：「你一點也不忙呀！你晚上哪有什麼約會啊？」

朋友說：「我晚上本來沒有約會，但是從現在開始，我會非常忙碌。總之，在我的房子還沒比他的房子豪華前，我是不會踏進他的家門的。放心好了，我很快就會蓋好一棟更大的房子，到時候我就會走進他家，請他來和我共進晚餐。」

喜歡自尋煩惱的人，通常是不知足的人，他們的生活其實都很富足，卻永遠無法滿足。因為不滿足，他們會煩惱多多，因為不滿足，心中會有很多的不滿。

但是，你認為這些是值得讓你自己苦惱的問題嗎？

自尋煩惱，日子當然就會充滿無盡的苦惱了，不如換個心情看世界吧！

低頭，向自己的失控情緒道歉

不能控制自己情緒的人，便會被情緒控制你的生活。

EQ 不高的人，一旦情緒不佳，就只顧著宣洩自己的情緒，即使傷及無辜也不知，更不用說與人溝通，或是處理別的事情了。

一個脾氣暴躁的旅行家前往拜訪一位著名的高僧。

旅行家當天出門時情緒相當差，滿臉的煩躁，旁人一看便知。

到達目的地時，他費力的解開糾成一團的鞋帶，接著使勁把鞋子往角落一甩，於是大門「砰」的一聲被砸了一下，也嚇壞了現場的每一個人。

旅行家直到看見高僧時，才一改剛才惡劣的態度，禮貌的向高僧致意。

但高僧卻對他說：「對不起，我無法平心靜氣的與你談話，除非你先跟被你遷怒的那扇門和你的鞋子道歉。」

　　旅行家一聽，臉上微慍的問：「你是在開玩笑吧？向門和鞋子道歉？為什麼？它們又不是人，難道它們也會有受辱的感覺嗎？」

　　高僧回答說：「不管是人或物，都有被尊重的必要，當你把你的憤怒加諸在它們身上時，你同樣也該準備好向它們道歉。所以，請你這麼做：否則我也無須尊重你，更不必再深談下去。」

　　旅行家心想：「好不容易才得以見上高僧一面，如果因為這點小事而中止期盼已久的談話，實在很可惜。」

　　於是，他走到自己的鞋子前說：「朋友，請原諒我的無禮。」

　　接著，又對門說：「對不起，我為我的魯莽行為向你表示歉意。」

　　道歉之後，他回頭坐在高僧身旁。

　　高僧笑著說：「現在你的情緒比較穩定了，我們之間已經建立起和諧的關係，可以開始談了。」

　　後來，旅行家在他的回憶錄裡寫道：「一開始，我覺得自己很滑稽，但是等道完歉之後，突然有股奇妙的感覺湧上心頭，心境變得很平和。很難想像，只是一個小小的動作，心情的轉變卻可以這麼大。」

　　當我們心情不好的時候，不是什麼事也無法進行嗎？

　　就像故事裡的旅行家，帶著暴躁的脾氣上門請教，然而心情沒有平靜下來，又如何能聽得進去別人的勸說？

　　不要用情緒解決事情，那只會讓事情越變越糟，學學高僧的方法，先讓情緒緩和下來，即使要向門與鞋道歉也無妨。因為，旅行家在回頭反省的動作中，會看見自己的無知與失控的情緒，並慢慢的舒緩自己的情緒，掌握失控的脾氣，我們也可以做到。

　　為自己的情緒失控道歉，雖然只是個小動作，卻有著大作用。不要讓情緒操控你的生活，得罪的人越多，我們的敵人就越多，學會掌控自己的情緒，你才能在人與人之間得心應手，凡事順利圓滿。

做心情的主人

你會怎麼看待自己面臨的難題？是被困難壓得喘不過氣，還是轉化心情，努力克服？

不管你用什麼方法，最重要的是，不要被麻煩絆倒了，任何問題都一定會有解決的方法。

只要盡了全力，我們就能視命運為使命；不管面對多大的艱難困苦，只要能把心情轉化，我們就一定能控制自己的命運。

在古希臘神話中，有一個人物名叫薛西弗斯，因為犯了天條，所以被天神懲罰到人世間受苦。他所受的懲罰就是把一塊石頭推到山頂上。

這項工作看起來似乎很容易，但當薛西弗斯費了九牛二虎之力，好不容易把那塊大石頭推上山頂後，一停下來休息，大石頭竟然又自動滾回山腳下了。於是，薛西弗斯得一次又一次的把那塊大石頭推回山頂。

這就是薛西弗斯所要面臨的嚴厲懲罰：一個永無止境的挫折。

天神的真正目的便是要折磨他的心靈，讓他在永無止境的失敗中受盡煎熬。

每當薛西弗斯把石頭推上山時，天神都會故意打擊他，說：「你絕對不可能成功的。」

但薛西弗斯一點也不認命，他不讓成功或失敗的結果困住，他總會告訴自己說：「把石頭推到山頂是我的責任，只要我把石頭推上山頂，我的責任就盡到了，至於石頭會不會滾下來，那就不關我的事了。」

當薛西弗斯想通之後，他每天都非常努力的把石頭推上山，他的心情非常平靜，因為他會安慰自己，明天他還是能把石頭推上山，明天仍有工作可以做，明天還有希望。

當天神發現，薛西弗斯已經能轉化自己的心境，祂所要懲罰的目的已經達到時，便讓他重返天庭了。

永無止境的失敗，或許可以解釋為我們一生中可能會遇上的困難。也許，我們每天非常努力的工作，但是，面對命運的態度，你學會了嗎？

為自己的情緒建立一個資料夾，嚴密管理它，別讓它亂跑。既然主人是你自己，那麼，你一定懂得自己的責任，先讓自己越來越快樂，然後心平氣和的獲取成功。

有些事想得太遠，就會有無盡的煩惱

簡單是一種速度。丟開一切束縛和我們心靈及思維桎梏，更不能讓世俗的網於無形中把你拉扯得身心疲憊、憔悴不堪。

走得太快，想得太多，不是一種對生活負責的表現，而是一種空想人生的頹廢心態。

其實，生活的腳步不須在匆匆追趕中踏過去。那樣，不僅不能讓自己安心的享受哪怕一丁點的閒暇，還會為自己帶來無窮無盡的煩惱。

你覺得讓自己承受這般煩惱，有必要嗎？

奉行有條不紊的生活秩序，凡事懂得總有個尺度的道理。你會活得坦然、快樂。

有一個製造各式各樣成衣的商人，在經濟不景氣的波及下生意大受影響，因此他整天心情鬱悶，每天晚上都睡不好覺。

妻子見他愁眉不展的樣子十分不忍，就建議他去找心理醫生看看。

醫生見他雙眼布滿血絲，便問他說：「怎麼了，是不是受失眠所苦？」

成衣商人說：「可不是嗎！」

心理醫生開導他說：「這沒有什麼大不了的！你回去後如果睡不著就數數綿羊吧！」

成衣商人道謝後離去了。

過了一個星期，他又來找心理醫生，他雙眼又紅又腫，精神更加不振了。

心理醫生複診時，非常吃驚的說：「你是照我的話去做的嗎？」

成衣商人委屈的回答說：「當然有呀！還數到三萬多頭呢！」

心理醫生又問：「數了這麼多難道還沒有一點睡意？」

成衣商人答：「本來是睏極了，但一想到三萬多頭綿羊有多少毛呀，不剪豈不可惜。」

心理醫生於是說：「那剪完不就可以睡了？」

成衣商人嘆了口氣說：「但頭痛的問題來了，這三萬頭羊毛所製成的毛衣，現在要去哪裡找買主呀！一想到這裡，我就睡不著了！」

做人做事，想得長遠一點不失為一件好事。但有些事想得太遠，就成了無休無止的壓力，煩惱自然也就跟隨而來。

不要掛念太多不該掛念的事，不要把有些事想得太遠，這樣才能心靜，才能快樂。

換個角度便能看見陽光大道

法國大作家雨果（Victor Marie Hugo）說：「世上最大的是海洋，比海洋大的是天空，比天空大的是人的胸懷。」

心胸豁達的人是真正的強者，樂觀則是他們的情緒體驗。樂觀者自如的面對困難，掌握自己的命運。樂觀的人即使在事情變得糟糕時，也能用樂觀的心態激發希望。

不管你的人生已成為什麼樣子，你都要微笑以對。

在古希臘的城邦國家時期，各個城邦之間經常發生殘酷的戰爭。其中有一次戰爭，雅典城邦被敵對的城邦圍困了半年之久。

一天，雅典最高長官命令負責軍糧的官員認真計算一下他們還有多少

糧食，雅典還能支撐多久。沒有多久時間，官員驚慌失措的來報，我們的糧食僅僅還夠支撐一週的時間。一週以後全城的人就要被餓死了。

最先聽到這個消息的一些官員也驚慌失措起來，他們的臉上布滿了悲觀和絕望，彷彿城邦的末日就要到了。他們紛紛向長官進言，與其被圍困餓死，還不如開城投降，保住一城百姓的性命。

這個時候，最高長官站了起來，他的臉上充滿了自信和樂觀。他說，我們還有一週的糧食可以支撐，太好了。難道我們不能利用這一週突圍嗎？敵人的軍糧就能夠用一週嗎？難道一週我們還想不出更好的辦法嗎？

是啊，還有一週呢，一週，也許敵人就會堅持不住了，我們就會不戰而勝了。大家開始這樣議論，一種樂觀的充滿希望的氣氛在城邦裡瀰漫開來。大家開始為如何突圍獻計獻策，為如何節約糧食獻計獻策。

正如最高長官預測的那樣，到了他們的糧食還能夠支撐三天的時候，圍城的敵人開始撤退了。原因是他們的軍糧已經用盡了，雅典靠信心和希望戰勝了敵人。

有很多時候是這樣的，同一個問題有兩種截然不同的看法，從一個角度去看是死路一條，而從另一個角度去看，則是充滿希望的陽光大道。

其實，生命並不悲哀，只不過其中有悲哀的日子，生命也並不可笑，只是它給了你一些你想要的，也同時給了你一些你不想要的。

也許我們可以說，生命既悲哀又可笑。你尋找幸福，得到的卻是悲哀，你尋找和平，得到的卻是傾軋；你尋找愛，得到的卻是失望。我們在這過程中試探、掙扎、沉溺、澈悟、解放，看到死亡也看到了新生。

用希望和幽默詆毀恐懼

《周易》上說：「窮則變，變則通，通則久。」這裡的「變」正是指調

整自己的狀態。

在人生的整個航程中，消極和恐懼者一直都在暈船，無論目的地境況如何，他們對未來總是感到失望、噁心；而積極、幽默者卻在充分享受人生旅途中美好的風光。

你是不是已經學會了在生活中出現困難與障礙時充滿希望呢？

充滿希望和幽默感是恐懼感的對立面，它們能鼓勵你知難而進。

諾曼·考辛斯（Norman Cousins）是加州大學洛杉磯分校醫學院神經病學與生物行為學系的副教授。35 年來，他一直是《星期六評論》的編輯，還寫過《人類的抉擇》等 15 本書。

早在 25 年前，醫學專家就告訴他活不了多久了。但他以堅定不移的希望和決心，否定了醫生的預言。這些年來，他堅持治療的自我處方就是：維生素 C 加上積極的想法、快樂、信心、幽默和希望。

1954 年，考辛斯 39 歲，為了進行人壽保險而去檢查身體時，心電圖顯示他有冠狀動脈阻塞的跡象。保險公司拒絕為他保險。醫生告訴他只能再活一年半，而且還得放棄工作和體育活動，成天呆坐不動才行。

考辛斯不願意改變他那種積極活躍的生活方式。他寧願以鍛鍊來保持心臟健康，決心為了生存下去另闢新路。

7 年後，他還活著。但又得了一種致命病 —— 僵直性脊椎炎。他又開始進行了一個大膽的自我治療程序：大量服用維生素 C 和自我實行「幽默療法」。他每天看滑稽電影和幽默讀物。他後來說：「我高興的發現，10 分鐘真正的捧腹大笑能產生一種麻醉作用，至少能讓我有兩個小時擺脫疼痛睡上一覺。」

考辛斯認為，消極的力量，如緊張、壓力等都會使身體衰弱，而積極的力量，如快樂、愛情、信念、歡笑、希望等都能產生相反的作用。沒人能斷言我們戰勝自身消極情緒的能力不會引起我們身體內部生物化學的積

極變化，但我們能夠安排自己的生活，去求得生存。

1981 年，考辛斯第三次和死神較量。當時他心臟病發作了。他深知在緊急情況下驚慌是足以致命的，所以他告訴自己：首要的是情緒別激動，要平靜，相信自己能堅持下去，一切都會好的。

經驗使考辛斯相信：人的精神較之藥品更有力量。這一事實應得到醫學專家們的進一步重視，把精神療法當成所有療法的一個組成部分。

記住，當你看到自己還擁有希望而能以幽默的心情對待人生的那一天，也就是你將遇到世上最重要的人的那一天；而這個人就是你自己！你的思想、精神、心理就是你抗拒生命的永恆的力量。

別讓憂慮纏著你不放

「人不是很容易死亡的，他們總是自己把自己弄死。」一位法國作家這樣說。

人往往把自己的生命推入那些憂慮和不安之中，過著那樣陰霾的生活，結果加快了自己的死亡。

快樂有多遠？距離實際只有 0 公尺。

因為，快樂就蘊藏於我們心中。

一個心境開朗，輕鬆享受生活以及達到成功頂點的人，必定是一個懂得健康祕訣的人，而一個擁有強健體魄和身心健康的人，則必定是一個充滿活力、洋溢著青春光彩的人。

「病由心生」，沒有任何一樣東西比憂慮危害更嚴重。

現代醫學越來越發達，各式各樣的疾病層出不窮，人們生活在現代都市中，患上各種疾病的憂慮經常浮現在我們的腦海中。如果我們被這種憂慮纏住不放，那麼我們可能真的正在接近死亡。

柏西是在藥房裡長大的，那時他父親開了一家藥店，所以他對疾病的

名稱、症狀都了解得比一般人多。他開始為了一種毛病擔憂一、兩個小時，接著他就有了那種病的所有症狀。

當時鎮上流行過一次白喉，柏西所恐懼的惡魔便降臨了。

他很快明白自己是患了白喉。醫生檢查過後說：「沒錯，柏西，你是得了白喉。」於是，柏西放心了，他從不擔心他已得的病。柏西翻個身睡著了，第二天他就完全沒事了。

有很長一段時間，柏西罹患一些極不尋常的疾病，他因牙關緊閉症及狂犬病昏死過幾次，後來又困擾於惡性腫瘤。

有好幾年，他真相信自己是在生死邊緣蹣跚而行。春天買新衣服時，他就會自問：「反正我也沒機會穿它，何必浪費這筆錢呢？」

不過，柏西很高興的看到，這 10 年來，他一次也沒死過。

他開始嘲笑他自己：「柏西，一家保險公司剛剛接受你的投保，你也該為它的生意負點責，好好活下去吧。」

從此柏西擺脫了疾病的憂慮，他的人生開始變得健康，他感覺自己正離死亡越來越遠。當然，他的保險公司要感謝他！

正如英國詩人約翰·米爾頓（John Milton）所寫的：「你的心，可以創造一個天堂般的地獄，也可以創造一個地獄般的天堂。」選擇全在於你自己。

在紛繁複雜的現代社會，保持內心平靜，擺脫憂慮，才能得到真正的健康快樂。

你必須相信，擁有積極的心態，生活就帶給你陽光。

好態度好心情，才有好結果

「旱路不通走水路」，當你在進取的路上一再受阻，屢遭挫折時，不必灰心，你可以重新設定一個目標來替代原有的目標。

　　許多時候，表面看來是挫折、打擊或是挑戰的事件，反而給了我們更上一層樓的動力。是的，你有怎樣的心態就有怎樣的生活。

　　為何會有那麼多失敗而平庸的人出現在我們身邊呢？主要原因就是心態有問題，他們往往只看到玫瑰花上的刺，而沒有聞到其花香。

　　連自己的名字都不會寫的田中光夫曾在東京的一所高中當學校工友。儘管週薪只有 50 日圓，但他十分滿足，很認真的做了幾十年。就在他快要退休時，新上任的校長以他「連字都不認識，卻在校園裡工作，太不可思議了」為理由，將他辭退了。

　　田中光夫戀戀不捨的離開了校園。像往常一樣，他去為自己的晚餐買半磅香腸。但快到山田太太的食品店門前時，他猛的一拍額頭 —— 他忘了，山田太太已經去世了，她的食品店也關門多日了。而不巧的是，附近街區竟然沒第二家賣香腸的。忽然，一個念頭在他幽閉的心田一閃 —— 為什麼我不自己開一家專賣香腸的小店呢？他很快拿出自己僅有的一點積蓄接手了山田太太的食品店，專門經營起香腸來。

　　因為田中光夫靈活多變的經營，5 年後，他成了赫赫有名的熟食加工公司的總裁，他的香腸連鎖店遍及了東京的大街小巷，並且是產、供、銷「一條龍」服務，頗有名氣的「田中光夫香腸製作技術學校」也應運而生。

　　一天，當年辭退他的校長得知這位著名的董事長只會寫不多的字，便十分敬佩的打電話稱讚他：「田中光夫先生，您沒有受過正規的學校教育，卻擁有如此成功的事業，實在是太了不起了。」

　　田中光夫卻由衷的回答：「那得感謝您當初辭退了我，讓我摔了個跟頭後，才認知到自己還能做更多的事情，否則，我現在肯定還只是一位週薪 50 日圓的學校工友。」

　　田中光夫的遭遇再次告訴我們一個樸素的真理 —— 跌倒的地方也有

風景，所以不必在此揮灑眼淚。

　　一個人最終能否成功，關鍵在於他付出的是怎樣一顆心。成功者與失敗者的差別在於，前者用積極的心態來支配自己的人生，他們始終以積極的思考、樂觀的精神和輝煌的經歷來支配自己的人生；後者則總被過去的失敗和疑慮支配，他們悲觀失望、消極頹廢，最終走向失敗。

與其幻想一切順遂，不如現在洗洗就睡：

痛苦的不是現實，別讓不如意之事影響你！十招轉念手法，擁抱更美好的生活

編　　著：韓立儀，張權

發 行 人：黃振庭

出 版 者：崧燁文化事業有限公司

發 行 者：崧燁文化事業有限公司

E - m a i l：sonbookservice@gmail.com

粉 絲 頁：https://www.facebook.com/
　　　　　sonbookss/

網　　址：https://sonbook.net/

地　　址：台北市中正區重慶南路一段六十一號八
　　　　　樓 815 室

Rm. 815, 8F., No.61, Sec. 1, Chongqing S. Rd.,
Zhongzheng Dist., Taipei City 100, Taiwan

電　　話：(02)2370-3310

傳　　真：(02)2388-1990

印　　刷：京峯彩色印刷有限公司（京峰數位）

律師顧問：廣華律師事務所 張珮琦律師

定　　價：375 元

發行日期：2022 年 11 月第一版

◎本書以 POD 印製

國家圖書館出版品預行編目資料

與其幻想一切順遂，不如現在洗洗就
睡：痛苦的不是現實，別讓不如意之事
影響你！十招轉念手法，擁抱更美好的
生活 / 韓立儀，張權編著 . -- 第一版 .
-- 臺北市：崧燁文化事業有限公司，
2022.11
　面；　公分
POD 版
ISBN 978-626-332-843-3(平裝)
1.CST: 生活指導 2.CST: 自我實現
177.2　　111016739

電子書購買

臉書